Translated Language Learning

Siddhartha
시다르타

An Indian Poem
인도의 시

Hermann Hesse
헤르만 헤세

English / 한국어

Copyright © 2024 Tranzlaty
All rights reserved
Published by Tranzlaty
Siddhartha – Eine Indische Dichtung
ISBN: 978-1-83566-689-0
Original text by Hermann Hesse
First published in German in 1922
www.tranzlaty.com

The Son of the Brahman
브라만의 아들

In the shade of the house
집의 그늘에서
in the sunshine of the riverbank
강둑의 햇살 아래서
near the boats
보트 근처
in the shade of the Sal-wood forest
살우드 숲 그늘 아래서
in the shade of the fig tree
무화과나무 그늘 아래서
this is where Siddhartha grew up
이곳은 시다르타가 자란 곳입니다
he was the handsome son of a Brahman, the young falcon
그는 브라만의 잘생긴 아들, 젊은 매였습니다.
he grew up with his friend Govinda
그는 친구 고빈다와 함께 자랐다
Govinda was also the son of a Brahman
고빈다는 또한 브라만의 아들이었습니다.
by the banks of the river the sun tanned his light shoulders
강둑에서 태양이 그의 밝은 어깨를 그을렸습니다.
bathing, performing the sacred ablutions, making sacred offerings
목욕, 신성한 세정을 행하고, 신성한 제물을 바칩니다.
In the mango garden, shade poured into his black eyes
망고 정원에서 그의 검은 눈에 그늘이 쏟아졌다
when playing as a boy, when his mother sang
소년 시절에 놀 때, 어머니가 노래를 부르던 때
when the sacred offerings were made
신성한 제물을 바칠 때
when his father, the scholar, taught him
그의 아버지는 학자였으며 그에게 가르쳤습니다.
when the wise men talked

현자들이 이야기할 때
For a long time, Siddhartha had been partaking in the discussions of the wise men
시다르타는 오랫동안 현인들의 토론에 참여해 왔습니다.
he practiced debating with Govinda
그는 고빈다와 토론 연습을 했습니다.
he practiced the art of reflection with Govinda
그는 고빈다와 함께 반성의 예술을 연습했습니다.
and he practiced meditation
그리고 그는 명상을 연습했다
He already knew how to speak the Om silently
그는 이미 옴을 조용히 말하는 방법을 알고 있었습니다.
he knew the word of words
그는 단어의 단어를 알고 있었다
he spoke it silently into himself while inhaling
그는 숨을 들이쉬면서 속으로 조용히 말했다
he spoke it silently out of himself while exhaling
그는 숨을 내쉬면서 조용히 스스로에게 말했다.
he did this with all the concentration of his soul
그는 온 영혼을 다해 이 일을 했습니다.
his forehead was surrounded by the glow of the clear-thinking spirit
그의 이마는 맑은 정신의 빛으로 둘러싸여 있었습니다.
He already knew how to feel Atman in the depths of his being
그는 이미 자신의 존재의 깊은 곳에서 아트만을 느끼는 방법을 알고 있었습니다.
he could feel the indestructible
그는 파괴 불가능한 것을 느낄 수 있었다
he knew what it was to be at one with the universe
그는 우주와 하나가 되는 것이 어떤 것인지 알고 있었습니다.
Joy leapt in his father's heart
그의 아버지의 가슴에는 기쁨이 뛰었다
because his son was quick to learn

그의 아들은 빨리 배웠기 때문에
he was thirsty for knowledge
그는 지식에 목말랐다
his father could see him growing up to become a great wise man
그의 아버지는 그가 위대한 현명한 사람으로 성장하는 것을 볼 수 있었습니다.
he could see him becoming a priest
그는 그가 신부가 되는 것을 볼 수 있었습니다
he could see him becoming a prince among the Brahmans
그는 그가 브라만들 사이에서 왕자가 되는 것을 볼 수 있었습니다.
Bliss leapt in his mother's breast when she saw him walking
그가 걷는 것을 보고 Bliss는 어머니의 가슴에서 뛰었습니다.
Bliss leapt in her heart when she saw him sit down and get up
그녀는 그가 앉고 일어나는 것을 보고 행복감이 가슴에 솟구쳤다.
Siddhartha was strong and handsome
시다르타는 강하고 잘생겼다
he, who was walking on slender legs
그는 가느다란 다리로 걷고 있었다
he greeted her with perfect respect
그는 그녀를 완벽한 존경심으로 맞이했습니다.
Love touched the hearts of the Brahmans' young daughters
사랑은 브라만들의 어린 딸들의 마음을 감동시켰습니다.
they were charmed when Siddhartha walked through the lanes of the town
그들은 시다르타가 마을의 골목길을 걷는 것을 보고 매료되었습니다.
his luminous forehead, his eyes of a king, his slim hips
그의 빛나는 이마, 왕의 눈, 날씬한 엉덩이
But most of all he was loved by Govinda
그러나 무엇보다도 그는 고빈다에게 사랑받았습니다.

Govinda, his friend, the son of a Brahman
그의 친구인 고빈다는 브라만의 아들이다.
He loved Siddhartha's eye and sweet voice
그는 시다르타의 눈과 달콤한 목소리를 사랑했습니다.
he loved the way he walked
그는 걷는 방식을 좋아했다
and he loved the perfect decency of his movements
그리고 그는 자신의 움직임의 완벽한 예의를 사랑했습니다.
he loved everything Siddhartha did and said
그는 시다르타가 하는 모든 일과 말을 사랑했습니다.
but what he loved most was his spirit
하지만 그가 가장 사랑했던 것은 그의 정신이었습니다.
he loved his transcendent, fiery thoughts
그는 자신의 초월적이고 불타는 생각을 사랑했습니다.
he loved his ardent will and high calling
그는 열렬한 의지와 높은 소명을 사랑했습니다.
Govinda knew he would not become a common Brahman
고빈다는 자신이 평범한 브라만이 될 수 없다는 것을 알았습니다.
no, he would not become a lazy official
아니, 그는 게으른 공무원이 되지 않을 것이다.
no, he would not become a greedy merchant
아니, 그는 탐욕스러운 상인이 되지 않을 것이다.
not a vain, vacuous speaker
허영심이 강하고 공허한 말을 하는 사람이 아니다
nor a mean, deceitful priest
또한 비열하고 사기성이 있는 사제도 아니다
and he also would not become a decent, stupid sheep
그리고 그도 또한 괜찮은, 멍청한 양이 되지 않을 것이다.
a sheep in the herd of the many
많은 무리 속의 양
and he did not want to become one of those things
그리고 그는 그런 것들 중 하나가 되고 싶지 않았습니다.

he did not want to be one of those tens of thousands of Brahmans
그는 수만 명의 브라만 중 한 사람이 되고 싶지 않았습니다.
He wanted to follow Siddhartha; the beloved, the splendid
그는 사랑스럽고 훌륭한 시다르타를 따르고 싶어했습니다.
in days to come, when Siddhartha would become a god, he would be there
앞으로 시다르타가 신이 될 때, 그는 거기에 있을 것입니다.
when he would join the glorious, he would be there
그가 영광스러운 곳에 합류할 때, 그는 거기에 있을 것입니다.
Govinda wanted to follow him as his friend
고빈다는 그를 친구로 따르고 싶어했습니다.
he was his companion and his servant
그는 그의 동료이자 하인이었습니다
he was his spear-carrier and his shadow
그는 그의 창을 든 사람이자 그의 그림자였습니다.
Siddhartha was loved by everyone
시다르타는 모든 사람에게 사랑받았습니다
He was a source of joy for everybody
그는 모든 사람에게 기쁨의 원천이었습니다.
he was a delight for them all
그는 그들 모두에게 기쁨이었습니다
But he, Siddhartha, was not a source of joy for himself
그러나 시다르타는 자신에게 기쁨의 원천이 아니었습니다.
he found no delight in himself
그는 자신에게서 기쁨을 찾지 못했다
he walked the rosy paths of the fig tree garden
그는 무화과나무 정원의 장미빛 길을 걸었다
he sat in the bluish shade in the garden of contemplation
그는 명상의 정원에 있는 푸른 그늘에 앉아 있었습니다.

he washed his limbs daily in the bath of repentance
그는 매일 회개의 목욕으로 사지를 씻었습니다.
he made sacrifices in the dim shade of the mango forest
그는 망고 숲의 어두운 그늘에서 희생을 치렀습니다.
his gestures were of perfect decency
그의 몸짓은 완벽한 예의바른 태도였다
he was everyone's love and joy
그는 모든 사람의 사랑이자 기쁨이었습니다
but he still lacked all joy in his heart
그러나 그의 마음에는 여전히 기쁨이 전혀 없었습니다.
Dreams and restless thoughts came into his mind
그의 마음에는 꿈과 불안한 생각이 떠올랐다.
his dreams flowed from the water of the river
그의 꿈은 강물에서 흘러나왔다
his dreams sparked from the stars of the night
그의 꿈은 밤의 별에서 시작되었습니다.
his dreams melted from the beams of the sun
그의 꿈은 태양 광선에 녹아내렸다
dreams came to him, and a restlessness of the soul came to him
그에게 꿈이 찾아왔고, 영혼의 불안이 그에게 찾아왔습니다.
his soul was fuming from the sacrifices
그의 영혼은 희생으로 인해 분노하고 있었습니다.
he breathed forth from the verses of the Rig-Veda
그는 리그베다의 구절에서 숨을 내쉬었다.
the verses were infused into him, drop by drop
그 구절들은 한 방울 한 방울 그에게 주입되었습니다.
the verses from the teachings of the old Brahmans
고대 브라만의 가르침에서 나온 구절
Siddhartha had started to nurse discontent in himself
시다르타는 자신 안에 불만을 품기 시작했습니다.
he had started to feel doubt about the love of his father
그는 아버지의 사랑에 의심을 느끼기 시작했다
he doubted the love of his mother

그는 어머니의 사랑을 의심했다
and he doubted the love of his friend, Govinda
그리고 그는 친구 고빈다의 사랑을 의심했습니다.
he doubted if their love could bring him joy forever and ever
그는 그들의 사랑이 그에게 영원히 기쁨을 가져다 줄 수 있을지 의심했습니다.
their love could not nurse him
그들의 사랑은 그를 간호할 수 없었다
their love could not feed him
그들의 사랑은 그를 먹일 수 없었다
their love could not satisfy him
그들의 사랑은 그를 만족시킬 수 없었다
he had started to suspect his father's teachings
그는 아버지의 가르침을 의심하기 시작했습니다.
perhaps he had shown him everything he knew
아마도 그는 그에게 자신이 아는 모든 것을 보여줬을 것이다
there were his other teachers, the wise Brahmans
그의 다른 스승들, 즉 현명한 브라만들도 있었습니다.
perhaps they had already revealed to him the best of their wisdom
아마도 그들은 이미 그에게 그들의 가장 좋은 지혜를 계시했을 것입니다.
he feared that they had already filled his expecting vessel
그는 그들이 이미 기대했던 배를 채웠을까봐 두려워했습니다.
despite the richness of their teachings, the vessel was not full
그들의 가르침이 풍부함에도 불구하고 그 그릇은 가득 차지 않았습니다.
the spirit was not content
정신은 만족하지 않았다
the soul was not calm
영혼은 평온하지 않았다

the heart was not satisfied
마음이 만족하지 않았다
the ablutions were good, but they were water
세면은 좋았지만 물이었어요
the ablutions did not wash off the sin
세수는 죄를 씻어내지 못했다
they did not heal the spirit's thirst
그들은 영의 갈증을 치유하지 못했습니다
they did not relieve the fear in his heart
그들은 그의 마음 속의 두려움을 해소하지 못했다
The sacrifices and the invocation of the gods were excellent
제사와 신에게 기도하는 모습이 훌륭했습니다.
but was that all there was?
하지만 그게 전부였을까?
did the sacrifices give a happy fortune?
희생제사가 행복한 행운을 가져다 주었는가?
and what about the gods?
그럼 신들은 어떤가?
Was it really Prajapati who had created the world?
정말로 프라자파티가 세상을 창조한 사람이었는가?
Was it not the Atman who had created the world?
세상을 창조한 것이 아트만이 아니었나요?
Atman, the only one, the singular one
아트만, 유일하고 유일한 존재
Were the gods not creations?
신은 창조물이 아니었나요?
were they not created like me and you?
그들도 당신과 나처럼 창조되지 않았나요?
were the Gods not subject to time?
신들은 시간에 종속되지 않았나요?
were the Gods mortal? Was it good?
신들은 필멸자였나요? 좋았나요?
was it right? was it meaningful?
그게 옳았나요? 의미가 있었나요?
was it the highest occupation to make offerings to the gods?

신에게 제물을 바치는 것이 가장 높은 직업이었는가?
For whom else were offerings to be made?
또 누구에게 제물을 바쳐야 하겠는가?
who else was to be worshipped?
또 누구를 숭배해야 했겠는가?
who else was there, but Him?
그 외에 누가 있었겠는가?
The only one, the Atman
유일한 존재, 아트만
And where was Atman to be found?
그러면 아트만은 어디에서 발견될까?
where did He reside?
그는 어디에 거주했나요?
where did His eternal heart beat?
그의 영원한 심장은 어디에서 뛰었는가?
where else but in one's own self?
자기 자신 외에 어디에 있겠는가?
in its innermost indestructible part
가장 깊숙한 파괴 불가능한 부분에서
could he be that which everyone had in himself?
그는 모든 사람이 자기 안에 가지고 있는 그런 존재일 수 있을까?
But where was this self?
하지만 이 자아는 어디에 있었을까?
where was this innermost part?
이 가장 안쪽 부분은 어디에 있었을까?
where was this ultimate part?
이 마지막 부분은 어디에 있었나요?
It was not flesh and bone
그것은 살과 뼈가 아니었습니다
it was neither thought nor consciousness
그것은 생각도 아니고 의식도 아니었다
this is what the wisest ones taught
이게 가장 현명한 사람들이 가르친 거야
So where was it?

그럼 그것은 어디에 있었을까요?
the self, myself, the Atman
자아, 나 자신, 아트만
To reach this place, there was another way
이곳에 도달하려면 또 다른 방법이 있었습니다.
was this other way worth looking for?
이 다른 방법을 찾아볼 가치가 있나요?
Alas, nobody showed him this way
아쉽게도 그에게 이 길을 보여준 사람은 아무도 없었다.
nobody knew this other way
아무도 이것을 다른 방법으로 알지 못했습니다
his father did not know it
그의 아버지는 그것을 몰랐다
and the teachers and wise men did not know it
그리고 선생님들과 지혜로운 사람들은 그것을 알지 못했습니다.
They knew everything, the Brahmans
브라만들은 모든 것을 알고 있었습니다.
and their holy books knew everything
그리고 그들의 성서에는 모든 것이 있었습니다.
they had taken care of everything
그들은 모든 것을 돌보았다
they took care of the creation of the world
그들은 세상의 창조를 돌보았다
they described origin of speech, food, inhaling, exhaling
그들은 말의 기원, 음식, 흡입, 호기의 기원을 설명했습니다.
they described the arrangement of the senses
그들은 감각의 배열을 설명했습니다
they described the acts of the gods
그들은 신들의 행위를 묘사했습니다
their books knew infinitely much
그들의 책은 무한히 많은 것을 알고 있었습니다
but was it valuable to know all of this?
하지만 이 모든 것을 아는 것이 가치 있었을까?

was there not only one thing to be known?
알아야 할 것이 단 하나뿐이 아니었는가?
was there still not the most important thing to know?
아직도 알아야 할 가장 중요한 것이 있지 않은가?
many verses of the holy books spoke of this innermost, ultimate thing
성서의 많은 구절들은 이 가장 깊고 궁극적인 것에 대해 말하고 있습니다.
it was spoken of particularly in the Upanishades of Samaveda
특히 사마베다의 우파니샤드에서 언급되었습니다.
they were wonderful verses
그 구절들은 정말 훌륭했다
"Your soul is the whole world", this was written there
"너의 영혼은 온 세상이다" 이렇게 적혀 있었습니다
and it was written that man in deep sleep would meet with his innermost part
그리고 깊은 잠 속에서 사람이 자기의 가장 깊은 부분을 만날 것이라고 기록되어 있었습니다.
and he would reside in the Atman
그리고 그는 아트만에 거주할 것입니다
Marvellous wisdom was in these verses
이 구절에는 놀라운 지혜가 담겨 있습니다.
all knowledge of the wisest ones had been collected here in magic words
가장 현명한 사람들의 모든 지식은 마법의 단어로 여기 수집되었습니다.
it was as pure as honey collected by bees
그것은 꿀벌이 채집한 꿀처럼 순수했습니다
No, the verses were not to be looked down upon
아니, 그 구절들은 얕잡아 볼 것이 아니었습니다.
they contained tremendous amounts of enlightenment
그것들은 엄청난 양의 깨달음을 담고 있었습니다
they contained wisdom which lay collected and preserved
그것은 수집되어 보존된 지혜를 담고 있었습니다.

wisdom collected by innumerable generations of wise Brahmans
수많은 세대의 현명한 브라만들이 모은 지혜
But where were the Brahmans?
하지만 브라만들은 어디에 있었나요?
where were the priests?
사제들은 어디에 있었나요?
where the wise men or penitents?
지혜로운 사람이나 회개하는 사람은 어디에 있는가?
where were those that had succeeded?
성공한 사람들은 어디에 있었나요?
where were those who knew more than deepest of all knowledge?
모든 지식 중 가장 깊은 지식을 아는 사람들은 어디에 있었는가?
where were those that also lived out the enlightened wisdom?
깨달은 지혜를 실천하는 사람들은 어디에 있었는가?
Where was the knowledgeable one who brought Atman out of his sleep?
아트만을 잠에서 깨운 지식인은 어디에 있었나요?
who had brought this knowledge into the day?
누가 이 지식을 오늘날에 가져왔을까?
who had taken this knowledge into their life?
이 지식을 자신의 삶에 적용한 사람은 누구였을까?
who carried this knowledge with every step they took?
이 지식을 매 걸음마다 품고 살았던 사람은 누구였을까?
who had married their words with their deeds?
말과 행동을 결합한 사람은 누구였을까?
Siddhartha knew many venerable Brahmans
시다르타는 많은 존경받는 브라만을 알고 있었습니다.
his father, the pure one
그의 아버지는 순수한 사람
the scholar, the most venerable one
학자, 가장 존경받는 사람
His father was worthy of admiration

그의 아버지는 존경받을 만한 사람이었다
quiet and noble were his manners
그의 매너는 조용하고 고상했습니다.
pure was his life, wise were his words
그의 삶은 순수했고 그의 말은 현명했습니다.
delicate and noble thoughts lived behind his brow
그의 눈썹 뒤에는 섬세하고 고귀한 생각이 살아 있었습니다.
but even though he knew so much, did he live in blissfulness?
하지만 그는 그렇게 많은 것을 알았음에도 불구하고 행복하게 살았을까?
despite all his knowledge, did he have peace?
그의 모든 지식에도 불구하고, 그는 평화를 누렸을까요?
was he not also just a searching man?
그는 또한 단지 수색꾼이었는가?
was he still not a thirsty man?
그는 아직도 목마른 사람이 아니었는가?
Did he not have to drink from holy sources again and again?
그는 계속해서 신성한 물에서 물을 마셔야 하지 않았나요?
did he not drink from the offerings?
그는 제물에서 물을 마시지 않았는가?
did he not drink from the books?
그는 책에서 술을 마시지 않았나요?
did he not drink from the disputes of the Brahmans?
그는 브라만들의 논쟁에서 술을 마시지 않았는가?
Why did he have to wash off sins every day?
그는 왜 매일 죄를 씻어야 했을까?
must he strive for a cleansing every day?
그는 매일 정화를 위해 노력해야 하나요?
over and over again, every day
계속해서, 매일매일
Was Atman not in him?
그의 안에 아트만이 없었는가?

did not the pristine source spring from his heart?
그의 마음에서 순수한 원천이 솟아나지 않았는가?
the pristine source had to be found in one's own self
순수한 근원은 자기 자신 안에서 찾아야 합니다.
the pristine source had to be possessed!
순수한 근원을 소유해야만 한다!
doing anything else else was searching
그 밖의 다른 일을 하는 것은 검색 중이었습니다.
taking any other pass is a detour
다른 어떤 패스를 취하는 것은 우회전입니다
going any other way leads to getting lost
다른 길로 가면 길을 잃게 된다
These were Siddhartha's thoughts
이것이 시다르타의 생각이었습니다.
this was his thirst, and this was his suffering
이것이 그의 갈증이었고 이것이 그의 고통이었습니다.
Often he spoke to himself from a Chandogya-Upanishad:
그는 종종 찬도기아 우파니샤드에서 스스로에게 이렇게 말했습니다.
"Truly, the name of the Brahman is Satyam"
"진실로 브라만의 이름은 사티얌이다"
"he who knows such a thing, will enter the heavenly world every day"
"이런 것을 아는 자는 날마다 천상세계에 들어가리라"
Often the heavenly world seemed near
종종 하늘의 세계가 가까이 있는 것처럼 보였습니다.
but he had never reached the heavenly world completely
그러나 그는 결코 천상 세계에 완전히 도달하지 못했습니다.
he had never quenched the ultimate thirst
그는 궁극적인 갈증을 결코 해소하지 못했다
And among all the wise and wisest men, none had reached it
그리고 모든 지혜롭고 가장 현명한 사람들 중에 아무도 그것에 도달하지 못했습니다.
he received instructions from them

그는 그들로부터 지시를 받았다
but they hadn't completely reached the heavenly world
그러나 그들은 아직 천상세계에 완전히 도달하지 못했습니다.
they hadn't completely quenched their thirst
그들은 아직 완전히 갈증을 해소하지 못했다
because this thirst is an eternal thirst
이 갈증은 영원한 갈증이기 때문이다

"Govinda" Siddhartha spoke to his friend
"고빈다" 시다르타는 그의 친구에게 말했다
"Govinda, my dear, come with me under the Banyan tree"
"고빈다, 내 사랑, 반얀나무 아래로 나와 함께 가자"
"let's practise meditation"
"명상을 연습하자"
They went to the Banyan tree
그들은 반얀나무로 갔다
under the Banyan tree they sat down
그들은 반얀나무 아래에 앉았다
Siddhartha was right here
시다르타는 바로 여기에 있었습니다.
Govinda was twenty paces away
고빈다는 20걸음 떨어져 있었습니다.
Siddhartha seated himself and he repeated murmuring the verse
시다르타는 자리에 앉아 그 구절을 중얼거리며 반복했습니다.
Om is the bow, the arrow is the soul
옴은 활이고 화살은 영혼이다
The Brahman is the arrow's target
브라만은 화살의 표적이다
the target that one should incessantly hit
끊임없이 맞춰야 할 목표
the usual time of the exercise in meditation had passed
명상의 연습의 평소 시간이 지나갔다

Govinda got up, the evening had come
고빈다는 일어났고 저녁이 왔습니다.
it was time to perform the evening's ablution
저녁의 세수를 할 시간이 되었습니다.
He called Siddhartha's name, but Siddhartha did not answer
그는 시다르타의 이름을 불렀지만 시다르타는 대답하지 않았습니다.
Siddhartha sat there, lost in thought
시다르타는 생각에 잠겨 앉아 있었습니다.
his eyes were rigidly focused towards a very distant target
그의 눈은 아주 먼 목표물을 향해 굳게 집중되어 있었습니다.
the tip of his tongue was protruding a little between the teeth
그의 혀끝이 이빨 사이로 살짝 튀어나와 있었다
he seemed not to breathe
그는 숨을 쉬지 않는 것 같았다
Thus sat he, wrapped up in contemplation
그는 이렇게 앉아서 묵상에 몰두했습니다.
he was deep in thought of the Om
그는 옴에 대한 생각에 깊이 빠져 있었습니다.
his soul sent after the Brahman like an arrow
그의 영혼은 화살처럼 브라만을 향해 보내졌다
Once, Samanas had travelled through Siddhartha's town
어느 날 사마나들은 시다르타의 마을을 여행했습니다.
they were ascetics on a pilgrimage
그들은 순례길에 나선 금욕주의자들이었다
three skinny, withered men, neither old nor young
세 명의 마른, 말라빠진 남자, 늙지도 젊지도 않음
dusty and bloody were their shoulders
그들의 어깨는 먼지투성이고 피투성이였다
almost naked, scorched by the sun, surrounded by loneliness
거의 벌거벗고, 햇볕에 그을리고, 외로움에 둘러싸여
strangers and enemies to the world

세상에 낯선 사람이자 적
strangers and jackals in the realm of humans
인간 세계의 낯선 사람과 자칼
Behind them blew a hot scent of quiet passion
그들 뒤로는 조용한 열정의 뜨거운 향기가 풍겼다.
a scent of destructive service
파괴적인 서비스의 냄새
a scent of merciless self-denial
무자비한 자기 부정의 향기
the evening had come
저녁이 왔다
after the hour of contemplation, Siddhartha spoke to Govinda
한 시간의 명상 후, 시다르타는 고빈다에게 말했습니다.
"Early tomorrow morning, my friend, Siddhartha will go to the Samanas"
"내일 아침 일찍, 내 친구 시다르타가 사마나에게 갈 것입니다"
"He will become a Samana"
"그는 사마나가 될 것이다"
Govinda turned pale when he heard these words
고빈다는 이 말을 듣고 얼굴이 창백해졌습니다.
and he read the decision in the motionless face of his friend
그리고 그는 움직이지 않는 친구의 얼굴에서 결정을 읽었습니다.
the determination was unstoppable, like the arrow shot from the bow
그 결심은 활에서 쏘아진 화살처럼 멈출 수 없었다
Govinda realized at first glance; now it is beginning
고빈다는 첫눈에 깨달았습니다. 이제 시작입니다.
now Siddhartha is taking his own way
이제 시다르타는 자신의 길을 가고 있습니다
now his fate is beginning to sprout
이제 그의 운명이 싹트기 시작했다
and because of Siddhartha, Govinda's fate is sprouting too

그리고 시다르타 때문에 고빈다의 운명도 싹트기
시작한다
he turned pale like a dry banana-skin
그는 마른 바나나 껍질처럼 창백해졌다
"Oh Siddhartha," he exclaimed
"오 시다르타," 그는 외쳤다.
"will your father permit you to do that?"
"당신의 아버지께서 당신이 그렇게 하는 것을
허락하실까요?"
Siddhartha looked over as if he was just waking up
시다르타는 막 깨어난 듯이 바라보았다.
like an Arrow he read Govinda's soul
화살처럼 그는 고빈다의 영혼을 읽었다
he could read the fear and the submission in him
그는 그 안에 있는 두려움과 복종을 읽을 수 있었습니다.
"Oh Govinda," he spoke quietly, "let's not waste words"
"오 고빈다," 그는 조용히 말했다, "말을 낭비하지 말자"
"Tomorrow at daybreak I will begin the life of the Samanas"
"내일 새벽에 나는 사마나의 삶을 시작할 것이다"
"let us speak no more of it"
"더 이상 그것에 대해 말하지 말자"

Siddhartha entered the chamber where his father was sitting
시다르타는 아버지가 앉아 있는 방으로 들어갔다.
his father was was on a mat of bast
그의 아버지는 인피니티 매트 위에 있었습니다.
Siddhartha stepped behind his father
시다르타는 아버지 뒤로 물러섰다.
and he remained standing behind him
그리고 그는 그 뒤에 계속 서 있었습니다.
he stood until his father felt that someone was standing behind him
그는 아버지가 누군가가 자기 뒤에 서 있다고 느낄
때까지 서 있었다.
Spoke the Brahman: "Is that you, Siddhartha?"

브라만이 말했다. "싯다르타, 당신이오?"
"Then say what you came to say"
"그럼 네가 말하려고 온 것을 말해"
Spoke Siddhartha: "With your permission, my father"
시다르타가 말했다: "아버지, 당신의 허락을 받아서요."
"I came to tell you that it is my longing to leave your house tomorrow"
"내일 당신 집을 떠나고 싶다는 마음을 전하러 왔어요"
"I wish to go to the ascetics"
"나는 고행자에게 가고 싶다"
"My desire is to become a Samana"
"내 소원은 사마나가 되는 것입니다"
"May my father not oppose this"
"아버지께서 이에 반대하지 않으셨으면 좋겠습니다"
The Brahman fell silent, and he remained so for long
브라만은 잠잠해졌고 오랫동안 그렇게 지냈다.
the stars in the small window wandered
작은 창문에 별들이 떠돌았다
and they changed their relative positions
그리고 그들은 상대적인 위치를 바꾸었다
Silent and motionless stood the son with his arms folded
아들은 팔짱을 끼고 움직이지 않고 조용히 서 있었습니다.
silent and motionless sat the father on the mat
아버지는 조용하고 움직이지 않고 매트 위에 앉아 있었습니다.
and the stars traced their paths in the sky
그리고 별들은 하늘에서 그들의 길을 따라갔다
Then spoke the father
그러자 아버지가 말씀하셨다.
"it is not proper for a Brahman to speak harsh and angry words"
"브라만이 거칠고 화난 말을 하는 것은 합당하지 않다"
"But indignation is in my heart"
"하지만 분노는 내 마음 속에 있습니다"

"I wish not to hear this request for a second time"
"나는 이 요청을 두 번 다시 듣고 싶지 않습니다"
Slowly, the Brahman rose
브라만은 천천히 일어났다.
Siddhartha stood silently, his arms folded
시다르타는 팔짱을 끼고 조용히 서 있었습니다.
"What are you waiting for?" asked the father
"무엇을 기다리고 있니?" 아버지가 물었습니다.
Spoke Siddhartha, "You know what I'm waiting for"
시다르타가 말했다. "내가 무엇을 기다리고 있는지 알잖아."
Indignant, the father left the chamber
분노한 아버지는 방을 나갔다.
indignant, he went to his bed and lay down
그는 분노하여 침대로 가서 누웠다.
an hour passed, but no sleep had come over his eyes
한 시간이 지났지만 그의 눈은 잠에 들지 않았다
the Brahman stood up and he paced to and fro
브라만은 일어나서 이리저리 왔다 갔다 했습니다.
and he left the house in the night
그리고 그는 밤에 집을 나갔다
Through the small window of the chamber he looked back inside
그는 방의 작은 창문을 통해 안을 다시 들여다보았습니다.
and there he saw Siddhartha standing
그리고 그는 거기 서 있는 싯다르타를 보았습니다.
his arms were folded and he had not moved from his spot
그의 팔은 접혀 있었고 그는 그 자리에서 움직이지 않았습니다.
Pale shimmered his bright robe
Pale은 그의 밝은 옷을 반짝였다
With anxiety in his heart, the father returned to his bed
아버지는 걱정스러운 마음으로 침대로 돌아갔다.
another sleepless hour passed

또 잠 못 이루는 한 시간이 지났습니다
since no sleep had come over his eyes, the Brahman stood up again
그의 눈에 잠이 오지 않자 브라만은 다시 일어섰다.
he paced to and fro, and he walked out of the house
그는 이리저리 왔다 갔다 하며 집 밖으로 나갔다.
and he saw that the moon had risen
그리고 그는 달이 떠오른 것을 보았다
Through the window of the chamber he looked back inside
그는 방의 창문을 통해 안을 다시 들여다보았습니다.
there stood Siddhartha, unmoved from his spot
시다르타는 그 자리에서 움직이지 않고 서 있었습니다.
his arms were folded, as they had been
그의 팔은 접혀 있었습니다.
moonlight was reflecting from his bare shins
달빛이 그의 맨 정강이에 반사되었다
With worry in his heart, the father went back to bed
아버지는 걱정스러운 마음으로 다시 잠자리에 들었다.
he came back after an hour
그는 한 시간 후에 돌아왔다
and he came back again after two hours
그리고 그는 2시간 후에 다시 돌아왔다
he looked through the small window
그는 작은 창문으로 들여다보았다
he saw Siddhartha standing in the moon light
그는 시다르타가 달빛 속에 서 있는 것을 보았다
he stood by the light of the stars in the darkness
그는 어둠 속 별빛 옆에 섰습니다
And he came back hour after hour
그리고 그는 시간이 지날수록 다시 돌아왔다
silently, he looked into the chamber
그는 조용히 방 안을 들여다보았다.
he saw him standing in the same place
그는 그가 같은 자리에 서 있는 것을 보았다
it filled his heart with anger

그것은 그의 마음을 분노로 채웠다
it filled his heart with unrest
그것은 그의 마음을 불안으로 채웠다
it filled his heart with anguish
그것은 그의 마음을 괴로움으로 채웠다
it filled his heart with sadness
그것은 그의 마음을 슬픔으로 채웠다
the night's last hour had come
밤의 마지막 시간이 왔다
his father returned and stepped into the room
그의 아버지가 돌아와 방으로 들어왔다
he saw the young man standing there
그는 거기 서 있는 청년을 보았다
he seemed tall and like a stranger to him
그는 키가 크고 그에게 낯선 사람처럼 보였다
"Siddhartha," he spoke, "what are you waiting for?"
"시다르타," 그는 말했습니다. "무엇을 기다리고 있습니까?"
"You know what I'm waiting for"
"내가 뭘 기다리고 있는지 알잖아"
"Will you always stand that way and wait?
"당신은 언제나 그 자리에 서서 기다릴 거니?
"I will always stand and wait"
"나는 항상 서서 기다릴 것이다"
"will you wait until it becomes morning, noon, and evening?"
"아침이 되고, 낮이 되고, 저녁이 될 때까지 기다리시겠어요?"
"I will wait until it become morning, noon, and evening"
"아침이 되고, 낮이 되고, 저녁이 될 때까지 기다리겠습니다"
"You will become tired, Siddhartha"
"너는 피곤할 것이다, 시다르타"
"I will become tired"
"나는 피곤해질 것이다"

"You will fall asleep, Siddhartha"
"당신은 잠들게 될 것입니다, 시다르타"
"I will not fall asleep"
"나는 잠들지 않을 것이다"
"You will die, Siddhartha"
"너는 죽을 것이다, 시다르타"
"I will die," answered Siddhartha
"나는 죽을 것이다."라고 시다르타가 대답했습니다.
"And would you rather die, than obey your father?"
"그러면 당신은 아버지의 말을 따르기보다는 죽는 게 낫겠소?"
"Siddhartha has always obeyed his father"
"시다르타는 항상 그의 아버지에게 복종했습니다"
"So will you abandon your plan?"
"그럼 당신은 계획을 포기할 거요?"
"Siddhartha will do what his father will tell him to do"
"시다르타는 아버지가 하라고 하는 일을 할 것이다"
The first light of day shone into the room
아침의 첫 빛이 방 안으로 비쳤다
The Brahman saw that Siddhartha knees were softly trembling
브라만은 시다르타의 무릎이 살짝 떨리는 것을 보았습니다.
In Siddhartha's face he saw no trembling
그는 시다르타의 얼굴에 떨림이 전혀 없다는 것을 보았습니다.
his eyes were fixed on a distant spot
그의 눈은 먼 곳에 고정되어 있었다
This was when his father realized
그의 아버지는 이때 깨달았습니다.
even now Siddhartha no longer dwelt with him in his home
지금도 시다르타는 더 이상 그와 함께 그의 집에 살지 않았습니다.
he saw that he had already left him
그는 이미 그 사람을 떠났다는 것을 알았다

The Father touched Siddhartha's shoulder
아버지는 시다르타의 어깨를 만졌다.
"You will," he spoke, "go into the forest and be a Samana"
"너는 숲으로 가서 사마나가 되라"고 그는 말했다.
"When you find blissfulness in the forest, come back"
"숲에서 행복을 찾으면 돌아와라"
"come back and teach me to be blissful"
"돌아와서 나에게 행복해지는 법을 가르쳐줘"
"If you find disappointment, then return"
"실망스러우면 다시 돌아오세요"
"return and let us make offerings to the gods together, again"
"돌아가서 우리 함께 신에게 다시 제물을 바치자"
"Go now and kiss your mother"
"이제 가서 어머니에게 키스하세요"
"tell her where you are going"
"그녀에게 네가 어디로 가는지 말해"
"But for me it is time to go to the river"
"하지만 나에게는 이제 강으로 갈 시간이다"
"it is my time to perform the first ablution"
"이제 첫 번째 세수를 할 시간입니다"
He took his hand from the shoulder of his son, and went outside
그는 아들의 어깨에서 손을 떼어 밖으로 나갔다.
Siddhartha wavered to the side as he tried to walk
시다르타는 걸으려고 하면서 옆으로 흔들렸다.
He put his limbs back under control and bowed to his father
그는 사지를 다시 통제하고 아버지에게 절을 했습니다.
he went to his mother to do as his father had said
그는 아버지가 말한 대로 하기 위해 어머니에게 갔다.
As he slowly left on stiff legs a shadow rose near the last hut
그가 뻣뻣한 다리로 천천히 떠나자 마지막 오두막 근처에 그림자가 솟아올랐습니다.
who had crouched there, and joined the pilgrim?
거기 웅크리고 순례자에 합류했던 사람은 누구였을까?
"Govinda, you have come" said Siddhartha and smiled

"고빈다, 당신이 왔군요." 시다르타가 말하며
미소지었다.
"I have come," said Govinda
"내가 왔다"고 고빈다가 말했다.

With the Samanas
사마나들과 함께

In the evening of this day they caught up with the ascetics
이날 저녁에 그들은 고행자들을 만났다.
the ascetics; the skinny Samanas
고행자; 마른 사마나
they offered them their companionship and obedience
그들은 그들에게 동행과 복종을 제안했습니다.
Their companionship and obedience were accepted
그들의 동행과 순종은 받아들여졌습니다.
Siddhartha gave his garments to a poor Brahman in the street
시다르타는 길거리에서 가난한 브라만에게 자신의 옷을 주었습니다.
He wore nothing more than a loincloth and earth-coloured, unsown cloak
그는 요추보와 흙빛의 덧옷을 입은 것 외에는 아무것도 입지 않았습니다.
He ate only once a day, and never anything cooked
그는 하루에 한 번만 먹었고, 요리한 것은 한 번도 먹지 않았습니다.
He fasted for fifteen days, he fasted for twenty-eight days
그는 15일 동안 금식하였고, 28일 동안 금식하였습니다.
The flesh waned from his thighs and cheeks
그의 허벅지와 뺨의 살이 줄어들었다
Feverish dreams flickered from his enlarged eyes
그의 확대된 눈에서 열에 들뜬 꿈이 깜빡였다.
long nails grew slowly on his parched fingers
그의 마른 손가락에 긴 손톱이 천천히 자랐다
and a dry, shaggy beard grew on his chin
그리고 그의 턱에는 건조하고 덥수룩한 수염이 자랐다
His glance turned to ice when he encountered women
그는 여자를 만나자 눈빛이 얼음처럼 굳어졌다.
he walked through a city of nicely dressed people

그는 예쁘게 차려입은 사람들이 있는 도시를 걸었다
his mouth twitched with contempt for them
그의 입은 그들을 향한 경멸로 꿈틀거렸다
He saw merchants trading and princes hunting
그는 상인들이 거래하고 왕자들이 사냥하는 것을 보았습니다.
he saw mourners wailing for their dead
그는 애도자들이 죽은 자를 위해 통곡하는 것을 보았습니다.
and he saw whores offering themselves
그리고 그는 창녀들이 몸을 바치는 것을 보았습니다.
physicians trying to help the sick
병자를 돕고자 노력하는 의사들
priests determining the most suitable day for seeding
사제들이 파종에 가장 적합한 날을 결정하다
lovers loving and mothers nursing their children
사랑하는 연인과 아이를 키우는 어머니
and all of this was not worthy of one look from his eyes
그리고 이 모든 것은 그의 눈길 한 번 받을 만한 가치가 없었습니다.
it all lied, it all stank, it all stank of lies
다 거짓말이야, 다 냄새났어, 다 거짓말 냄새났어
it all pretended to be meaningful and joyful and beautiful
그 모든 것이 의미 있고 즐겁고 아름답다고 가장했습니다.
and it all was just concealed putrefaction
그리고 그것은 모두 숨겨진 부패일 뿐이었습니다.
the world tasted bitter; life was torture
세상은 쓴맛이 났다; 인생은 고문이었다

A single goal stood before Siddhartha
시다르타 앞에는 단 하나의 목표가 서 있었습니다.
his goal was to become empty
그의 목표는 공허해지는 것이었다
his goal was to be empty of thirst

그의 목표는 갈증이 없어지는 것이었다
empty of wishing and empty of dreams
소원이 없고 꿈이 없다
empty of joy and sorrow
기쁨과 슬픔이 없는
his goal was to be dead to himself
그의 목표는 자신에게 죽는 것이었다
his goal was not to be a self any more
그의 목표는 더 이상 자기 자신이 되는 것이 아니었다
his goal was to find tranquillity with an emptied heart
그의 목표는 비운 마음으로 평화를 찾는 것이었다
his goal was to be open to miracles in unselfish thoughts
그의 목표는 이기심 없는 생각으로 기적에 열려 있는 것이었습니다.
to achieve this was his goal
이것을 달성하는 것이 그의 목표였다
when all of his self was overcome and had died
그의 모든 자아가 극복되어 죽었을 때
when every desire and every urge was silent in the heart
모든 욕망과 모든 충동이 마음속에서 잠잠해졌을 때
then the ultimate part of him had to awake
그러면 그의 궁극적인 부분이 깨어나야만 했습니다.
the innermost of his being, which is no longer his self
그의 존재의 가장 깊은 부분, 즉 더 이상 그의 자아가 아닌 부분
this was the great secret
이것은 위대한 비밀이었습니다

Silently, Siddhartha exposed himself to the burning rays of the sun
시다르타는 조용히 뜨거운 태양 광선에 몸을 드러냈습니다.
he was glowing with pain and he was glowing with thirst
그는 고통으로 빛났고 갈증으로 빛났다
and he stood there until he neither felt pain nor thirst

그리고 그는 고통이나 목마름을 느끼지 못할 때까지
거기 서 있었습니다.
Silently, he stood there in the rainy season
그는 우기에 조용히 그 자리에 서 있었습니다.
from his hair the water was dripping over freezing shoulders
그의 머리카락에서 물이 얼어붙은 어깨 위로 떨어지고 있었습니다.
the water was dripping over his freezing hips and legs
물이 얼어붙은 그의 엉덩이와 다리 위로 떨어지고 있었다
and the penitent stood there
그리고 회개하는 사람은 거기 서 있었습니다.
he stood there until he could not feel the cold any more
그는 더 이상 추위를 느낄 수 없을 때까지 그 자리에 서 있었습니다.
he stood there until his body was silent
그는 몸이 조용해질 때까지 그 자리에 서 있었다
he stood there until his body was quiet
그는 몸이 고요해질 때까지 그 자리에 서 있었다
Silently, he cowered in the thorny bushes
그는 가시덤불 속에 조용히 웅크리고 있었습니다.
blood dripped from the burning skin
불타는 피부에서 피가 떨어졌다
blood dripped from festering wounds
고름이 난 상처에서 피가 떨어졌다
and Siddhartha stayed rigid and motionless
그리고 시다르타는 굳어지고 움직이지 않았습니다.
he stood until no blood flowed any more
그는 더 이상 피가 흐르지 않을 때까지 서 있었다
he stood until nothing stung any more
그는 더 이상 아무것도 아프지 않을 때까지 서 있었다.
he stood until nothing burned any more
그는 아무것도 더 이상 타지 않을 때까지 서 있었다.
Siddhartha sat upright and learned to breathe sparingly

시다르타는 똑바로 앉아서 숨을 아껴서 쉬는 법을
배웠습니다.
he learned to get along with few breaths
그는 몇 번의 호흡으로 지내는 법을 배웠다
he learned to stop breathing
그는 숨을 멈추는 법을 배웠다
He learned, beginning with the breath, to calm the beating of his heart
그는 호흡부터 시작하여 심장의 고동을 진정시키는 법을
배웠습니다.
he learned to reduce the beats of his heart
그는 심장 박동을 줄이는 법을 배웠다
he meditated until his heartbeats were only a few
그는 심장이 몇 번만 뛰는 순간까지 명상을 했습니다.
and then his heartbeats were almost none
그리고 그의 심장 박동은 거의 멈추었습니다.
Instructed by the oldest of the Samanas, Siddhartha practised self-denial
사마나 중 가장 연장자의 지도를 받은 시다르타는 자기
부정을 실천했습니다.
he practised meditation, according to the new Samana rules
그는 새로운 사마나 규칙에 따라 명상을 수행했습니다.
A heron flew over the bamboo forest
왜가리 한 마리가 대나무 숲 위를 날아갔다
Siddhartha accepted the heron into his soul
시다르타는 왜가리를 그의 영혼으로 받아들였습니다.
he flew over forest and mountains
그는 숲과 산 위로 날아갔다
he was a heron, he ate fish
그는 왜가리였고 물고기를 먹었습니다
he felt the pangs of a heron's hunger
그는 왜가리의 배고픔을 느꼈다
he spoke the heron's croak
그는 왜가리의 꽥꽥거리는 소리를 냈다
he died a heron's death

그는 왜가리처럼 죽었다
A dead jackal was lying on the sandy bank
모래사장에 죽은 자칼이 누워 있었습니다.
Siddhartha's soul slipped inside the body of the dead jackal
시다르타의 영혼이 죽은 자칼의 몸 속으로 들어갔다
he was the dead jackal laying on the banks and bloated
그는 강둑에 누워서 부풀어 오른 죽은 자칼이었습니다.
he stank and decayed and was dismembered by hyenas
그는 악취가 나고 썩었으며 하이에나에게 사지가 잘려 나갔습니다.
he was skinned by vultures and turned into a skeleton
그는 독수리에게 가죽을 벗겨 해골로 변했다
he was turned to dust and blown across the fields
그는 먼지로 변해 들판으로 날아갔다
And Siddhartha's soul returned
그리고 시다르타의 영혼이 돌아왔다
it had died, decayed, and was scattered as dust
그것은 죽어서 썩었고 먼지처럼 흩어졌습니다.
it had tasted the gloomy intoxication of the cycle
그것은 사이클의 우울한 취함을 맛보았습니다.
it awaited with a new thirst, like a hunter in the gap
그것은 틈새에 있는 사냥꾼처럼 새로운 갈증으로 기다리고 있었습니다.
in the gap where he could escape from the cycle
그가 사이클에서 벗어날 수 있는 틈새에서
in the gap where an eternity without suffering began
고통 없는 영원이 시작되는 틈새에서
he killed his senses and his memory
그는 자신의 감각과 기억을 죽였다
he slipped out of his self into thousands of other forms
그는 자기 자신으로부터 수천 가지 다른 형태로 빠져나갔습니다.
he was an animal, a carrion, a stone
그는 동물이었고, 사체였고, 돌이었습니다.
he was wood and water

그는 나무와 물이었다
and he awoke every time to find his old self again
그리고 그는 다시 깨어나서 예전의 자신을 찾았습니다.
whether sun or moon, he was his self again
해가 되든 달이 되든 그는 다시 자기 자신이 되었다
he turned round in the cycle
그는 사이클에서 돌아섰다
he felt thirst, overcame the thirst, felt new thirst
그는 목마름을 느꼈고, 목마름을 극복했고, 새로운 목마름을 느꼈습니다.

Siddhartha learned a lot when he was with the Samanas
시다르타는 사마나들과 함께 있을 때 많은 것을 배웠습니다.
he learned many ways leading away from the self
그는 자기로부터 멀어지는 많은 방법을 배웠습니다.
he learned how to let go
그는 놓아주는 법을 배웠다
He went the way of self-denial by means of pain
그는 고통을 통해 자기 부정의 길을 갔다
he learned self-denial through voluntarily suffering and overcoming pain
그는 자발적으로 고통을 겪고 고통을 극복함으로써 자기 부정을 배웠습니다.
he overcame hunger, thirst, and tiredness
그는 배고픔과 목마름, 피로를 이겨냈다
He went the way of self-denial by means of meditation
그는 명상을 통해 자기 부정의 길을 갔다.
he went the way of self-denial through imagining the mind to be void of all conceptions
그는 마음이 모든 개념이 없는 공허함을 상상함으로써 자기 부정의 길을 갔다.
with these and other ways he learned to let go
이런 방법과 다른 방법으로 그는 놓아주는 법을 배웠습니다.

a thousand times he left his self
그는 수천 번이나 자기 자신을 떠났다
for hours and days he remained in the non-self
그는 수 시간, 수 일 동안 무아 상태에 머물렀습니다.
all these ways led away from the self
이 모든 길은 자아로부터 멀어지게 했다
but their path always led back to the self
하지만 그들의 길은 항상 자기 자신에게로 이어졌습니다.
Siddhartha fled from the self a thousand times
시다르타는 천번이나 자아로부터 도망쳤다
but the return to the self was inevitable
그러나 자기로의 회귀는 불가피했다
although he stayed in nothingness, coming back was inevitable
그는 무(無)에 머물렀지만 돌아오는 것은 불가피했다
although he stayed in animals and stones, coming back was inevitable
그가 동물과 돌 속에 머물렀지만 돌아오는 것은 불가피했습니다.
he found himself in the sunshine or in the moonlight again
그는 다시 햇빛 속이나 달빛 속을 찾았습니다.
he found himself in the shade or in the rain again
그는 다시 그늘이나 비 속에 있었습니다.
and he was once again his self; Siddhartha
그리고 그는 다시 한번 자기 자신이 되었습니다. 시다르타
and again he felt the agony of the cycle which had been forced upon him
그리고 그는 다시 그에게 강요된 순환의 고통을 느꼈습니다.

by his side lived Govinda, his shadow
그의 옆에는 고빈다가 살았고 그의 그림자가 있었습니다.

Govinda walked the same path and undertook the same efforts
고빈다도 같은 길을 걸었고 같은 노력을 했습니다.
they spoke to one another no more than the exercises required
그들은 서로에게 필요한 운동 이상의 말을 하지 않았습니다.
occasionally the two of them went through the villages
가끔씩 그 둘은 마을을 지나갔다
they went to beg for food for themselves and their teachers
그들은 스스로와 선생님들을 위해 음식을 구걸하러 갔습니다.
"How do you think we have progressed, Govinda" he asked
"우리가 얼마나 발전했다고 생각하세요, 고빈다"라고 그는 물었습니다.
"Did we reach any goals?" Govinda answered
"우리는 어떤 목표를 달성했나요?" 고빈다가 대답했습니다.
"We have learned, and we'll continue learning"
"우리는 배웠고, 앞으로도 계속 배울 것입니다."
"You'll be a great Samana, Siddhartha"
"당신은 위대한 사마나가 될 것입니다, 시다르타"
"Quickly, you've learned every exercise"
"빨리, 당신은 모든 운동을 배웠습니다"
"often, the old Samanas have admired you"
"옛 사마나들은 당신을 종종 존경했습니다"
"One day, you'll be a holy man, oh Siddhartha"
"어느 날, 너는 거룩한 사람이 될 것이다, 오 시다르타"
Spoke Siddhartha, "I can't help but feel that it is not like this, my friend"
시다르타가 말했다. "나는 이것이 이와 다르다고 생각하지 않을 수 없습니다, 친구여."
"What I've learned being among the Samanas could have been learned more quickly"

"사마나들 사이에서 배운 것을 더 빨리 배울 수 있었을 텐데요."
"it could have been learned by simpler means"
"더 간단한 방법으로 배울 수도 있었을 텐데"
"it could have been learned in any tavern"
"어느 선술집에서나 배울 수 있었을 거야"
"it could have been learned where the whorehouses are"
"창녀집이 어디에 있는지 알 수 있었을 거야"
"I could have learned it among carters and gamblers"
"나는 카터와 도박꾼들 사이에서 그것을 배울 수 있었을 것입니다"
Spoke Govinda, "Siddhartha is joking with me"
고빈다가 말했다. "시다르타가 나에게 농담을 하고 있어요."
"How could you have learned meditation among wretched people?"
"어떻게 비참한 사람들 가운데서 명상을 배울 수 있었을까?"
"how could whores have taught you about holding your breath?"
"창녀들이 당신에게 숨을 참는 법을 어떻게 가르쳤겠어요?"
"how could gamblers have taught you insensitivity against pain?"
"도박꾼들이 당신에게 고통에 대한 무감각함을 어떻게 가르쳤을까요?"
Siddhartha spoke quietly, as if he was talking to himself
시다르타는 마치 혼잣말을 하듯 조용히 말했다.
"What is meditation?"
"명상이란 무엇인가요?"
"What is leaving one's body?"
"몸을 떠나는 것은 무엇인가?"
"What is fasting?"
"단식이란 무엇인가요?"
"What is holding one's breath?"

"숨을 참는다는 것은 무엇인가?"
"It is fleeing from the self"
"자아로부터 도망치는 것"
"it is a short escape of the agony of being a self"
"그것은 자기 자신에 대한 고통으로부터 잠시 벗어나는 것입니다"
"it is a short numbing of the senses against the pain"
"그것은 고통에 대한 감각의 짧은 마비입니다"
"it is avoiding the pointlessness of life"
"그것은 삶의 무의미함을 피하는 것입니다"
"The same numbing is what the driver of an ox-cart finds in the inn"
"마차꾼이 여관에서 느끼는 것과 같은 마비감"
"drinking a few bowls of rice-wine or fermented coconut-milk"
"쌀술이나 발효 코코넛 밀크를 몇 그릇 마신다"
"Then he won't feel his self anymore"
"그러면 그는 더 이상 자기 자신을 느낄 수 없을 거야"
"then he won't feel the pains of life anymore"
"그러면 그는 더 이상 인생의 고통을 느끼지 않을 것이다"
"then he finds a short numbing of the senses"
"그러면 그는 잠시 감각이 마비되는 것을 느낀다"
"When he falls asleep over his bowl of rice-wine, he'll find the same what we find"
"그가 쌀술 한 그릇을 비우고 잠들 때, 그는 우리가 발견하는 것과 똑같은 것을 발견할 것입니다."
"he finds what we find when we escape our bodies through long exercises"
"그는 우리가 긴 운동을 통해 몸에서 벗어날 때 발견하는 것을 발견합니다."
"all of us are staying in the non-self"
"우리 모두는 무아 속에 머물고 있다"
"This is how it is, oh Govinda"
"이게 바로 그거야, 오 고빈다"

Spoke Govinda, "You say so, oh friend"
고빈다가 말했습니다. "그렇게 말씀하시네요, 친구여"
"and yet you know that Siddhartha is no driver of an ox-cart"
"그런데 당신은 시다르타가 소달구지를 몰지 않는다는 것을 알고 있습니다"
"and you know a Samana is no drunkard"
"그리고 사마나는 술고래가 아니라는 걸 알잖아"
"it's true that a drinker numbs his senses"
"술을 마시면 감각이 마비된다는 건 사실이야"
"it's true that he briefly escapes and rests"
"그가 잠시 탈출해서 쉬는 것은 사실입니다"
"but he'll return from the delusion and finds everything to be unchanged"
"하지만 그는 망상에서 돌아와서 모든 것이 변함없는 것을 발견하게 될 것입니다"
"he has not become wiser"
"그는 더 현명해지지 않았다"
"he has gathered any enlightenment"
"그는 어떤 깨달음도 모았다"
"he has not risen several steps"
"그는 몇 걸음도 올라가지 않았다"
And Siddhartha spoke with a smile
그리고 시다르타는 미소를 지으며 말했습니다.
"I do not know, I've never been a drunkard"
"모르겠어요. 저는 술꾼이 아니었어요"
"I know that I find only a short numbing of the senses"
"나는 단지 감각이 잠깐 마비되는 것을 느낀다는 것을 압니다"
"I find it in my exercises and meditations"
"나는 그것을 운동과 명상에서 발견합니다"
"and I find I am just as far removed from wisdom as a child in the mother's womb"
"그리고 나는 어머니의 태중에 있는 아이처럼 지혜에서 멀어져 있음을 깨닫습니다."
"this I know, oh Govinda"

"이건 내가 알아요, 오 고빈다"

And once again, another time, Siddhartha began to speak
그리고 또 다시, 또 다른 시간에, 시다르타가 말하기 시작했습니다.

Siddhartha had left the forest, together with Govinda
시다르타는 고빈다와 함께 숲을 떠났습니다.

they left to beg for some food in the village
그들은 마을에서 음식을 구걸하러 떠났다

he said, "What now, oh Govinda?"
그는 "이제 어떻게 해야 하나요, 오 고빈다?"라고 말했습니다.

"are we on the right path?"
"우리는 올바른 길을 가고 있는 걸까?"

"are we getting closer to enlightenment?"
"우리는 깨달음에 더 가까워지고 있는가?"

"are we getting closer to salvation?"
"우리는 구원에 더 가까워지고 있는가?"

"Or do we perhaps live in a circle?"
"아니면 우리는 원을 그리며 살고 있는 걸까?"

"we, who have thought we were escaping the cycle"
"우리는 우리가 그 순환에서 벗어났다고 생각했던 사람들"

Spoke Govinda, "We have learned a lot"
고빈다는 "우리는 많은 것을 배웠습니다"라고 말했습니다.

"Siddhartha, there is still much to learn"
"시다르타, 아직도 배울 것이 많아요"

"We are not going around in circles"
"우리는 빙빙 돌지 않습니다"

"we are moving up; the circle is a spiral"
"우리는 위로 이동하고 있습니다. 원은 나선형입니다."

"we have already ascended many levels"
"우리는 이미 많은 레벨을 올랐습니다"

Siddhartha answered, "How old would you think our oldest Samana is?"
시다르타가 대답했습니다. "우리 사마나 중 가장 나이 많은 분이 몇 살이라고 생각하세요?"
"how old is our venerable teacher?"
"우리의 존경하는 선생님은 몇 살이십니까?"
Spoke Govinda, "Our oldest one might be about sixty years of age"
고빈다가 말했다. "우리의 가장 나이 많은 사람은 아마 60세쯤 될 거예요."
Spoke Siddhartha, "He has lived for sixty years"
시다르타가 말했다. "그는 60년을 살았습니다."
"and yet he has not reached the nirvana"
"그래도 그는 아직 열반에 이르지 못하였느니라"
"He'll turn seventy and eighty"
"그는 70, 80살이 될 거야"
"you and me, we will grow just as old as him"
"너와 나, 우리는 그 사람만큼 늙어갈 거야"
"and we will do our exercises"
"그리고 우리는 우리의 운동을 할 것이다"
"and we will fast, and we will meditate"
"그리고 우리는 금식하고 묵상할 것입니다"
"But we will not reach the nirvana"
"그러나 우리는 열반에 도달하지 못할 것이다"
"he won't reach nirvana and we won't"
"그는 열반에 도달하지 못할 것이고 우리도 도달하지 못할 것이다"
"there are uncountable Samanas out there"
"거기에는 셀 수 없이 많은 사마나가 있습니다"
"perhaps not a single one will reach the nirvana"
"아마도 한 사람도 열반에 도달하지 못할 것이다"
"We find comfort, we find numbness, we learn feats"
"우리는 위안을 찾고, 무감각함을 찾고, 위업을 배웁니다"
"we learn these things to deceive others"

"우리는 다른 사람들을 속이기 위해 이런 것들을 배웁니다"

"But the most important thing, the path of paths, we will not find"

"하지만 가장 중요한 것은, 길 중의 길을 우리는 찾을 수 없을 것입니다"

Spoke Govinda "If you only wouldn't speak such terrible words, Siddhartha!"

고빈다가 말했습니다. "싯다르타, 그런 끔찍한 말을 하지 않았으면 좋겠어요!"

"there are so many learned men"

"학식이 많은 사람들이 많다"

"how could not one of them not find the path of paths?"

"그 중 한 사람도 길 중의 길을 찾지 못할 수 없겠는가?"

"how can so many Brahmans not find it?"

"왜 이렇게 많은 브라만들이 그것을 찾지 못하는가?"

"how can so many austere and venerable Samanas not find it?"

"왜 그토록 많은 엄격하고 존경받는 사마나들이 그것을 찾지 못할 수 있을까?"

"how can all those who are searching not find it?"

"찾는 사람들이 다 그것을 찾지 못할 수 있겠느냐?"

"how can the holy men not find it?"

"성인들이 그것을 찾지 못할 수 있겠느냐?"

But Siddhartha spoke with as much sadness as mockery

그러나 시다르타는 조롱만큼이나 슬픔에 잠긴 어조로 말했다.

he spoke with a quiet, a slightly sad, a slightly mocking voice

그는 조용하고 약간 슬픈, 약간 조롱하는 듯한 목소리로 말했다.

"Soon, Govinda, your friend will leave the path of the Samanas"

"곧, 당신의 친구인 고빈다는 사마나의 길을 떠날 것입니다."

"he has walked along your side for so long"
"그는 너무 오랫동안 당신 곁을 따라 걸었어요"
"I'm suffering of thirst"
"나는 목마르다"
"on this long path of a Samana, my thirst has remained as strong as ever"
"사마나의 이 긴 길에서 내 갈증은 그 어느 때보다 강했습니다"
"I always thirsted for knowledge"
"나는 항상 지식에 목말랐다"
"I have always been full of questions"
"나는 항상 질문으로 가득 차 있었습니다"
"I have asked the Brahmans, year after year"
"나는 브라만들에게 해마다 물었습니다."
"and I have asked the holy Vedas, year after year"
"그리고 나는 매년 신성한 베다 경전을 물었습니다"
"and I have asked the devoted Samanas, year after year"
"그리고 나는 헌신적인 사마나들에게 해마다 물었습니다."
"perhaps I could have learned it from the hornbill bird"
"아마도 나는 뿔코새에게서 그것을 배울 수 있었을 것이다"
"perhaps I should have asked the chimpanzee"
"아마도 침팬지에게 물어봐야 했을 거야"
"It took me a long time"
"시간이 많이 걸렸어요"
"and I am not finished learning this yet"
"그리고 나는 아직 이것을 배우는 것을 끝내지 않았습니다"
"oh Govinda, I have learned that there is nothing to be learned!"
"오 고빈다, 나는 배울 것이 아무것도 없다는 것을 깨달았어요!"
"There is indeed no such thing as learning"
"실제로 학습이라는 것은 존재하지 않는다"

"There is just one knowledge"
"지식은 하나뿐입니다"
"this knowledge is everywhere, this is Atman"
"이 지식은 어디에나 있습니다. 이것이 아트만입니다."
"this knowledge is within me and within you"
"이 지식은 나 안에 있고 당신 안에도 있습니다"
"and this knowledge is within every creature"
"그리고 이 지식은 모든 피조물 안에 있습니다"
"this knowledge has no worse enemy than the desire to know it"
"이 지식에는 그것을 알고자 하는 욕망보다 더 나쁜 적이 없습니다"
"that is what I believe"
"그게 내가 믿는 거야"
At this, Govinda stopped on the path
이때 고빈다는 길에서 멈췄다.
he rose his hands, and spoke
그는 손을 들어 말했다
"If only you would not bother your friend with this kind of talk"
"이런 얘기로 친구를 괴롭히지 않았으면 좋겠다"
"Truly, your words stir up fear in my heart"
"진실로 당신의 말씀은 내 마음에 두려움을 불러일으킵니다"
"consider, what would become of the sanctity of prayer?"
"기도의 신성함은 어떻게 될지 생각해 보세요."
"what would become of the venerability of the Brahmans' caste?"
"브라만 계급의 존경심은 어떻게 될까요?"
"what would happen to the holiness of the Samanas?
"사마나들의 신성함은 어떻게 되는가?
"What would then become of all of that is holy"
"그러면 거룩한 모든 것들은 어떻게 될 것인가"
"what would still be precious?"
"아직도 소중한 것은 무엇일까?"

And Govinda mumbled a verse from an Upanishad to himself
그리고 고빈다는 우파니샤드에서 한 구절을 중얼거렸습니다.
"He who ponderingly, of a purified spirit, loses himself in the meditation of Atman"
"생각에 잠긴 사람, 정화된 정신으로 아트만의 명상에 자신을 잃는 사람"
"inexpressible by words is the blissfulness of his heart"
"그의 마음의 행복은 말로 표현할 수 없다"
But Siddhartha remained silent
그러나 시다르타는 아무 말도 하지 않았다.
He thought about the words which Govinda had said to him
그는 고빈다가 자신에게 한 말을 생각했다.
and he thought the words through to their end
그리고 그는 끝까지 그 말을 생각해냈다
he thought about what would remain of all that which seemed holy
그는 거룩해 보이는 모든 것 중 무엇이 남을지 생각했습니다.
What remains? What can stand the test?
무엇이 남을까? 무엇이 시험을 견뎌낼 수 있을까?
And he shook his head
그리고 그는 고개를 저었다.

the two young men had lived among the Samanas for about three years
두 청년은 사마나들 사이에서 약 3년 동안 살았습니다.
some news, a rumour, a myth reached them
어떤 소식, 소문, 신화가 그들에게 전해졌다
the rumour had been retold many times
그 소문은 여러 번 다시 전해졌다
A man had appeared, Gotama by name
고타마라는 이름의 남자가 나타났습니다.
the exalted one, the Buddha

가장 높은 분, 부처님

he had overcome the suffering of the world in himself
그는 세상의 고통을 자기 자신 안에서 극복했다
and he had halted the cycle of rebirths
그리고 그는 환생의 순환을 중단시켰습니다.
He was said to wander through the land, teaching
그는 땅을 돌아다니며 가르쳤다고 합니다.
he was said to be surrounded by disciples
그는 제자들에게 둘러싸여 있었다고 합니다.
he was said to be without possession, home, or wife
그는 소유물도 집도 아내도 없다고 합니다.
he was said to be in just the yellow cloak of an ascetic
그는 금욕주의자의 노란 망토만 걸쳤다고 합니다.
but he was with a cheerful brow
하지만 그는 밝은 표정을 지었다
and he was said to be a man of bliss
그리고 그는 행복한 사람이라고 불렸습니다
Brahmans and princes bowed down before him
브라만과 왕자들은 그 앞에 절을 했습니다.
and they became his students
그리고 그들은 그의 학생들이 되었다
This myth, this rumour, this legend resounded
이 신화, 이 소문, 이 전설이 울려 퍼졌습니다.
its fragrance rose up, here and there, in the towns
그 향기는 여기저기서 마을에 퍼졌습니다.
the Brahmans spoke of this legend
브라만들은 이 전설에 대해 말했습니다.
and in the forest, the Samanas spoke of it
그리고 숲 속에서 사마나들은 그것에 대해
이야기했습니다.
again and again, the name of Gotama the Buddha reached the ears of the young men
고타마 부처님의 이름은 거듭거듭 젊은이들의 귀에 전해졌습니다.
there was good and bad talk of Gotama

고타마에 대한 좋은 이야기와 나쁜 이야기가 있었습니다.
some praised Gotama, others defamed him
어떤 사람들은 고타마를 칭찬했고, 어떤 사람들은 그를 모욕했습니다.
It was as if the plague had broken out in a country
마치 전염병이 한 나라에 퍼진 것 같았다.
news had been spreading around that in one or another place there was a man
어떤 곳에 한 남자가 있다는 소식이 퍼졌는데
a wise man, a knowledgeable one
지혜로운 사람, 지식이 풍부한 사람
a man whose word and breath was enough to heal everyone
그의 말과 숨결만으로도 모든 사람을 치유할 수 있는 사람
his presence could heal anyone who had been infected with the pestilence
그의 존재는 전염병에 감염된 사람이라면 누구나 고칠 수 있었습니다.
such news went through the land, and everyone would talk about it
그런 소식이 온 땅에 퍼져서 모두가 그것에 대해 떠들었다.
many believed the rumours, many doubted them
많은 사람들이 소문을 믿었고 많은 사람들이 의심했습니다.
but many got on their way as soon as possible
그러나 많은 사람들이 가능한 한 빨리 길을 떠났습니다.
they went to seek the wise man, the helper
그들은 지혜로운 사람, 돕는 사람을 찾으러 갔다
the wise man of the family of Sakya
사캬파의 현인
He possessed, so the believers said, the highest enlightenment

신자들은 그가 최고의 깨달음을 가지고 있다고
말했습니다.
he remembered his previous lives; he had reached the nirvana
그는 전생을 기억했다. 그는 열반에 도달했다.
and he never returned into the cycle
그리고 그는 다시는 그 순환 속으로 돌아오지 않았다
he was never again submerged in the murky river of physical forms
그는 다시는 물리적 형태의 흐린 강에 잠기지
않았습니다.
Many wonderful and unbelievable things were reported of him
그에 대하여는 놀랍고도 믿을 수 없는 일들이 많이
전해졌습니다.
he had performed miracles
그는 기적을 행했다
he had overcome the devil
그는 악마를 이겼다
he had spoken to the gods
그는 신들에게 말했다
But his enemies and disbelievers said Gotama was a vain seducer
그러나 그의 적들과 불신자들은 고타마가 허영심이 강한
유혹자라고 말했습니다.
they said he spent his days in luxury
그들은 그가 사치스러운 생활을 보냈다고 말했다
they said he scorned the offerings
그들은 그가 제물을 멸시했다고 말했다
they said he was without learning
그들은 그가 배우지 못했다고 말했다
they said he knew neither meditative exercises nor self-castigation
그들은 그가 명상 수행이나 자기 처벌을 모른다고
말했습니다.

The myth of Buddha sounded sweet
부처님 신화는 달콤하게 들렸다
The scent of magic flowed from these reports
이 보고서에서 마법의 향기가 흘러나왔습니다.
After all, the world was sick, and life was hard to bear
결국 세상은 병들었고, 삶은 견디기 힘들었다
and behold, here a source of relief seemed to spring forth
그리고 보라, 여기서 구원의 근원이 솟아나는 것 같았습니다.
here a messenger seemed to call out
여기서 메신저가 부르는 것 같았습니다.
comforting, mild, full of noble promises
위안이 되고, 온화하고, 고귀한 약속으로 가득하다
Everywhere where the rumour of Buddha was heard, the young men listened up
부처님의 소문이 들리는 곳마다 청년들이 귀를 기울여 들으니
everywhere in the lands of India they felt a longing
인도의 모든 땅에서 그들은 그리움에 사로잡혔다.
everywhere where the people searched, they felt hope
사람들이 찾는 곳마다 희망을 느꼈다
every pilgrim and stranger was welcome when he brought news of him
그가 소식을 가져왔을 때 모든 순례자와 낯선 사람들은 환영을 받았습니다.
the exalted one, the Sakyamuni
고귀한 분, 석가모니
The myth had also reached the Samanas in the forest
신화는 숲 속의 사마나들에게도 전해졌습니다.
and Siddhartha and Govinda heard the myth too
그리고 시다르타와 고빈다도 그 신화를 들었습니다.
slowly, drop by drop, they heard the myth
천천히, 한 방울 한 방울씩 그들은 신화를 들었습니다.
every drop was laden with hope
모든 방울에는 희망이 담겨 있었습니다

every drop was laden with doubt
모든 방울에는 의심이 담겨 있었다
They rarely talked about it
그들은 그것에 대해 거의 이야기하지 않았다
because the oldest one of the Samanas did not like this myth
왜냐하면 사마나 중 가장 나이 많은 사람이 이 신화를 좋아하지 않았기 때문입니다.
he had heard that this alleged Buddha used to be an ascetic
그는 이 부처가 고행자였다는 소문을 들었습니다.
he heard he had lived in the forest
그는 숲에서 살았다는 소식을 들었다
but he had turned back to luxury and worldly pleasures
그러나 그는 사치와 세속적 쾌락으로 돌아갔습니다.
and he had no high opinion of this Gotama
그리고 그는 이 고타마에 대하여 그다지 높은 평가를 내리지 않았다.

"Oh Siddhartha," Govinda spoke one day to his friend
"오 시다르타," 고빈다는 어느 날 친구에게 말했습니다.
"Today, I was in the village"
"오늘은 마을에 있었어요"
"and a Brahman invited me into his house"
"그리고 브라만 한 분이 나를 그의 집으로 초대했습니다"
"and in his house, there was the son of a Brahman from Magadha"
"그리고 그의 집에는 마가다 출신 브라만의 아들이 있었습니다."
"he has seen the Buddha with his own eyes"
"그는 부처님을 자기 눈으로 직접 보았다"
"and he has heard him teach"
"그리고 그는 그가 가르치는 것을 들었습니다"
"Verily, this made my chest ache when I breathed"
"참으로 이것은 내가 숨을 쉴 때 가슴이 아팠습니다"
"and I thought this to myself:"
"그리고 나는 이렇게 생각했습니다:"

"if only we heard the teachings from the mouth of this perfected man!"
"만약 우리가 이 완전한 사람의 입에서 나오는 가르침을 들었더라면!"
"Speak, friend, wouldn't we want to go there too"
"말해봐, 친구야. 우리도 거기 가고 싶지 않아?"
"wouldn't it be good to listen to the teachings from the Buddha's mouth?"
"부처님의 입에서 나오는 가르침을 듣는 것이 좋지 않겠습니까?"
Spoke Siddhartha, "I had thought you would stay with the Samanas"
시다르타가 말했습니다. "나는 당신이 사마나들과 함께 있을 것이라고 생각했습니다."
"I always had believed your goal was to live to be seventy"
"나는 항상 당신의 목표는 70살까지 사는 것이라고 믿었어요"
"I thought you would keep practising those feats and exercises"
"당신이 계속해서 그런 묘기와 운동을 연습할 줄 알았는데요"
"and I thought you would become a Samana"
"그리고 나는 당신이 사마나가 될 것이라고 생각했습니다"
"But behold, I had not known Govinda well enough"
"하지만 보십시오, 나는 고빈다를 충분히 잘 알지 못했습니다"
"I knew little of his heart"
"나는 그의 마음을 거의 알지 못했다"
"So now you want to take a new path"
"그래서 이제 새로운 길을 가고 싶은 거군요"
"and you want to go there where the Buddha spreads his teachings"
"그리고 당신은 부처님이 그의 가르침을 전파하는 곳에 가고 싶어합니다"

Spoke Govinda, "You're mocking me"
고빈다가 말했다, "당신은 나를 조롱하고 있어요."
"Mock me if you like, Siddhartha!"
"좋으면 나를 조롱해도 괜찮아, 시다르타!"
"But have you not also developed a desire to hear these teachings?"
"하지만 당신도 이러한 가르침을 듣고 싶은 마음을 품지 않았나요?"
"have you not said you would not walk the path of the Samanas for much longer?"
"당신은 더 이상 사마나의 길을 걷지 않겠다고 말하지 않았나요?"
At this, Siddhartha laughed in his very own manner
그러자 시다르타는 그만의 방식으로 웃었다.
the manner in which his voice assumed a touch of sadness
그의 목소리가 슬픔의 기색을 띠는 방식
but it still had that touch of mockery
하지만 여전히 조롱의 터치가 있었습니다
Spoke Siddhartha, "Govinda, you've spoken well"
시다르타가 말했습니다. "고빈다, 당신은 잘 말씀하셨습니다."
"you've remembered correctly what I said"
"내가 한 말을 정확히 기억하고 있군요"
"If only you remembered the other thing you've heard from me"
"내가 들은 다른 이야기도 기억해 주었으면 좋겠어"
"I have grown distrustful and tired against teachings and learning"
"나는 가르침과 학습에 대해 불신과 피로감을 느꼈습니다"
"my faith in words, which are brought to us by teachers, is small"
"선생님들이 우리에게 전해주는 말에 대한 나의 믿음은 작습니다"
"But let's do it, my dear"

"하지만 그렇게 하자, 자기야"
"I am willing to listen to these teachings"
"나는 이 가르침을 듣고 싶습니다"
"though in my heart I do not have hope"
"내 마음에는 소망이 없나니"
"I believe that we've already tasted the best fruit of these teachings"
"우리는 이미 이 가르침의 가장 좋은 열매를 맛보았다고 믿습니다"
Spoke Govinda, "Your willingness delights my heart"
고빈다는 말했다, "당신의 의지가 내 마음을 기쁘게 합니다."
"But tell me, how should this be possible?"
"하지만 이게 어떻게 가능할까요?"
"How can the Gotama's teachings have already revealed their best fruit to us?"
"고타마의 가르침이 어떻게 이미 우리에게 가장 좋은 열매를 보여 주었을까요?"
"we have not heard his words yet"
"우리는 아직 그의 말을 듣지 못했습니다"
Spoke Siddhartha, "Let us eat this fruit"
시다르타가 말했습니다. "이 과일을 먹자"
"and let us wait for the rest, oh Govinda!"
"그리고 나머지는 기다리자, 오 고빈다!"
"But this fruit consists in him calling us away from the Samanas"
"그러나 이 열매는 그가 우리를 사마나들로부터 멀어지게 부르는 데에 있습니다."
"and we have already received it thanks to the Gotama!"
"그리고 우리는 고타마 덕분에 이미 그것을 받았습니다!"
"Whether he has more, let us await with calm hearts"
"그가 더 많은 것을 가지고 있는지, 우리는 차분한 마음으로 기다리자"

On this very same day Siddhartha spoke to the oldest Samana
바로 이 날 시다르타는 가장 나이 많은 사마나에게 말했습니다.

he told him of his decision to leaves the Samanas
그는 사마나를 떠나기로 한 자신의 결정을 그에게 말했습니다.

he informed the oldest one with courtesy and modesty
그는 가장 나이 많은 사람에게 예의 바르고 겸손하게 말했습니다.

but the Samana became angry that the two young men wanted to leave him
그러나 사마나는 두 청년이 자기를 떠나려고 하자 화가 났다.

and he talked loudly and used crude words
그리고 그는 큰 소리로 말했고 저속한 말을 했습니다.

Govinda was startled and became embarrassed
고빈다는 깜짝 놀라서 당황했다.

But Siddhartha put his mouth close to Govinda's ear
그러나 시다르타는 고빈다의 귀에 입을 가까이 대었다.

"Now, I want to show the old man what I've learned from him"
"이제 나는 그 노인에게 내가 그에게서 배운 것을 보여주고 싶다"

Siddhartha positioned himself closely in front of the Samana
시다르타는 사마나 앞에 가까이 자리를 잡았습니다.

with a concentrated soul, he captured the old man's glance
그는 집중된 영혼으로 노인의 시선을 사로잡았다.

he deprived him of his power and made him mute
그는 그에게 권력을 박탈하고 말을 못하게 만들었다

he took away his free will
그는 그의 자유의지를 빼앗았다

he subdued him under his own will, and commanded him

그는 그를 자신의 뜻에 복종시키고 그에게
명령했습니다.
his eyes became motionless, and his will was paralysed
그의 눈은 움직이지 않았고 그의 의지는
마비되었습니다.
his arms were hanging down without power
그의 팔은 힘없이 처져 있었다
he had fallen victim to Siddhartha's spell
그는 시다르타의 주문에 걸렸습니다.
Siddhartha's thoughts brought the Samana under their control
시다르타의 생각은 사마나를 그들의 통제 하에 두었습니다.
he had to carry out what they commanded
그는 그들이 명령한 것을 수행해야 했습니다.
And thus, the old man made several bows
그리하여 노인은 여러 번 절을 하였다.
he performed gestures of blessing
그는 축복의 몸짓을 했다
he spoke stammeringly a godly wish for a good journey
그는 더듬더듬거리며 좋은 여행을 기원하는 경건한 소원을 말했다.
the young men returned the good wishes with thanks
청년들은 감사의 인사로 좋은 인사를 돌려주었다.
they went on their way with salutations
그들은 인사를 하며 길을 떠났다
On the way, Govinda spoke again
길에서 고빈다는 다시 말했다
"Oh Siddhartha, you have learned more from the Samanas than I knew"
"오 시다르타, 당신은 내가 아는 것보다 사마나들로부터 더 많은 것을 배웠습니다."
"It is very hard to cast a spell on an old Samana"
"늙은 사마나에게 주문을 걸기란 정말 어렵다"

"Truly, if you had stayed there, you would soon have learned to walk on water"
"참으로, 네가 거기 머물렀더라면, 너는 곧 물 위를 걷는 법을 배웠을 것이다"

"I do not seek to walk on water" said Siddhartha
시다르타는 "나는 물 위를 걷는 것을 추구하지 않는다"고 말했습니다.

"Let old Samanas be content with such feats!"
"늙은 사마나들은 그런 위업에 만족해야 합니다!"

Gotama
고타마

In Savathi, every child knew the name of the exalted Buddha
사바티에서는 모든 아이들이 고귀한 부처님의 이름을 알고 있었습니다.

every house was prepared for his coming
모든 집이 그의 오심을 위하여 준비되었느니라

each house filled the alms-dishes of Gotama's disciples
각 집마다 고타마 제자들의 구호품이 가득 차 있었습니다.

Gotama's disciples were the silently begging ones
고타마의 제자들은 조용히 구걸하는 사람들이었습니다.

Near the town was Gotama's favourite place to stay
도시 근처에는 고타마가 머물기 가장 좋아하는 장소가 있었습니다.

he stayed in the garden of Jetavana
그는 제타바나 정원에 머물렀다

the rich merchant Anathapindika had given the garden to Gotama
부유한 상인 아나타핀디카는 정원을 고타마에게 주었습니다.

he had given it to him as a gift
그는 그것을 그에게 선물로 주었다

he was an obedient worshipper of the exalted one
그는 높으신 분을 순종적으로 경배하는 사람이었습니다.

the two young ascetics had received tales and answers
두 젊은 수행자는 이야기와 답변을 받았습니다.

all these tales and answers pointed them to Gotama's abode
이 모든 이야기와 답변은 그들을 고타마의 거처로 인도했습니다.

they arrived in the town of Savathi
그들은 사바티 마을에 도착했습니다.

they went to the very first door of the town

그들은 마을의 첫 번째 문으로 갔다
and they begged for food at the door
그리고 그들은 문 앞에서 음식을 구걸했습니다.
a woman offered them food
한 여자가 그들에게 음식을 제공했습니다.
and they accepted the food
그리고 그들은 음식을 받아들였다
Siddhartha asked the woman
시다르타는 그 여자에게 물었습니다.
"oh charitable one, where does the Buddha dwell?"
"오 자비로운 분이시여, 부처님은 어디에 계시는가요?"
"we are two Samanas from the forest"
"우리는 숲에서 온 두 명의 사마나입니다"
"we have come to see the perfected one"
"우리는 완전한 것을 보러 왔습니다"
"we have come to hear the teachings from his mouth"
"우리는 그의 입에서 나오는 가르침을 듣기 위해 왔습니다"
Spoke the woman, "you Samanas from the forest"
그 여인이 말했습니다. "숲 속의 사마나들이여"
"you have truly come to the right place"
"당신은 정말로 올바른 곳에 왔습니다"
"you should know, in Jetavana, there is the garden of Anathapindika"
"당신은 알아야 합니다. 제타바나에는 아나타핀디카 정원이 있습니다."
"that is where the exalted one dwells"
"거기는 높은 자가 거주하는 곳이다"
"there you pilgrims shall spend the night"
"거기서 순례자들은 밤을 보내게 될 것이다"
"there is enough space for the innumerable, who flock here"
"여기에는 수많은 사람들이 모여들기에 충분한 공간이 있습니다"
"they too come to hear the teachings from his mouth"
"그들도 그의 입에서 나오는 가르침을 듣기 위해 온다"

This made Govinda happy, and full of joy
이것은 고빈다를 행복하게 했고 기쁨으로 가득 채웠습니다.
he exclaimed, "we have reached our destination"
그는 "우리는 목적지에 도착했습니다"라고 외쳤다.
"our path has come to an end!"
"우리의 길은 끝났다!"
"But tell us, oh mother of the pilgrims"
"그러나 순례자들의 어머니여, 우리에게 말씀해 주십시오"
"do you know him, the Buddha?"
"그 사람을 아십니까? 부처님이시죠?"
"have you seen him with your own eyes?"
"당신은 그를 당신의 눈으로 본 적이 있나요?"
Spoke the woman, "Many times I have seen him, the exalted one"
그 여인이 말했습니다. "나는 그를 여러 번 보았습니다. 그 높은 분을요."
"On many days I have seen him"
"나는 그를 여러 날 동안 보았다"
"I have seen him walking through the alleys in silence"
"나는 그가 골목길을 조용히 걷는 것을 보았습니다"
"I have seen him wearing his yellow cloak"
"나는 그가 노란색 망토를 입고 있는 것을 보았습니다"
"I have seen him presenting his alms-dish in silence"
"나는 그가 침묵 속에 자신의 구호품을 내놓는 것을 보았습니다"
"I have seen him at the doors of the houses"
"나는 그가 집 문 앞에 있는 것을 보았습니다"
"and I have seen him leaving with a filled dish"
"그리고 나는 그가 가득 찬 접시를 가지고 떠나는 것을 보았습니다"
Delightedly, Govinda listened to the woman
고빈다는 기쁘게 그 여자의 말을 경청했습니다.
and he wanted to ask and hear much more

그리고 그는 더 많은 것을 묻고 듣고 싶어했습니다.
But Siddhartha urged him to walk on
그러나 시다르타는 그에게 계속 걸으라고 권했습니다.
They thanked the woman and left
그들은 그 여자에게 감사를 표하고 떠났다.
they hardly had to ask for directions
그들은 길을 물어볼 필요도 거의 없었다
many pilgrims and monks were on their way to the Jetavana
많은 순례자와 승려들이 제타바나로 가는 길에 있었습니다.
they reached it at night, so there were constant arrivals
그들은 밤에 도착했기 때문에 끊임없이 도착했습니다.
and those who sought shelter got it
그리고 피난처를 찾은 사람들은 그것을 얻었다
The two Samanas were accustomed to life in the forest
두 사마나는 숲 속 생활에 익숙해 있었습니다.
so without making any noise they quickly found a place to stay
그래서 그들은 소리를 내지 않고 빨리 머물 곳을 찾았습니다.
and they rested there until the morning
그리고 그들은 아침까지 거기서 쉬었다

At sunrise, they saw with astonishment the size of the crowd
해가 뜨자 그들은 군중의 규모를 보고 깜짝 놀랐다.
a great many number of believers had come
많은 신자들이 왔습니다
and a great number of curious people had spent the night here
그리고 많은 호기심 많은 사람들이 여기서 밤을 보냈습니다.
On all paths of the marvellous garden, monks walked in yellow robes
경이로운 정원의 모든 길에서 승려들은 노란 가사를 걸치고 걸었습니다.

under the trees they sat here and there, in deep contemplation
그들은 나무 아래 여기저기 앉아서 깊은 생각에 잠겨 있었습니다.
or they were in a conversation about spiritual matters
아니면 그들은 영적인 문제에 관해 대화를 나누고 있었을 수도 있다.
the shady gardens looked like a city
그늘진 정원은 도시처럼 보였다
a city full of people, bustling like bees
사람들로 가득하고 벌처럼 활기찬 도시
The majority of the monks went out with their alms-dish
대부분의 스님들은 탁발용 접시를 가지고 나갔다.
they went out to collect food for their lunch
그들은 점심을 위한 음식을 모으러 나갔다
this would be their only meal of the day
이게 그들의 하루의 유일한 식사가 될 거야
The Buddha himself, the enlightened one, also begged in the mornings
깨달은 부처님께서도 아침에 구걸하셨습니다.
Siddhartha saw him, and he instantly recognised him
시다르타는 그를 보고 즉시 그를 알아보았습니다.
he recognised him as if a God had pointed him out
그는 마치 신이 그를 지적해 준 것처럼 그를 알아봤다.
He saw him, a simple man in a yellow robe
그는 노란색 옷을 입은 단순한 남자를 보았습니다.
he was bearing the alms-dish in his hand, walking silently
그는 손에 구호품을 들고 조용히 걷고 있었습니다.
"Look here!" Siddhartha said quietly to Govinda
"여기 보세요!" 시다르타가 고빈다에게 조용히 말했습니다.
"This one is the Buddha"
"이 사람이 부처님이시다"
Attentively, Govinda looked at the monk in the yellow robe

고빈다는 주의 깊게 노란 옷을 입은 스님을
바라보았습니다.
this monk seemed to be in no way different from any of the others
이 스님은 다른 사람들과 별반 다르지 않은 것 같았습니다.
but soon, Govinda also realized that this is the one
그러나 곧 고빈다도 이것이 바로 그 사람임을 깨달았습니다.
And they followed him and observed him
그리고 그들은 그를 따라가며 그를 관찰했습니다.
The Buddha went on his way, modestly and deep in his thoughts
부처님께서는 겸손하고 깊은 생각으로 길을 떠나셨습니다.
his calm face was neither happy nor sad
그의 차분한 얼굴은 행복하지도 슬퍼하지도 않았다
his face seemed to smile quietly and inwardly
그의 얼굴은 조용하고 내면적으로 미소 짓는 것 같았다
his smile was hidden, quiet and calm
그의 미소는 숨겨져 있었고 조용하고 차분했다
the way the Buddha walked somewhat resembled a healthy child
부처님의 걸음걸이는 건강한 아이의 걸음걸이와 비슷했다
he walked just as all of his monks did
그는 그의 모든 승려들과 똑같이 걸었다
he placed his feet according to a precise rule
그는 정확한 규칙에 따라 발을 놓았습니다.
his face and his walk, his quietly lowered glance
그의 얼굴과 걸음걸이, 조용히 시선을 낮추는 그의 눈빛
his quietly dangling hand, every finger of it
그의 조용히 흔들리는 손, 그 손의 모든 손가락
all these things expressed peace
이 모든 것들은 평화를 표현했다

all these things expressed perfection
이 모든 것들은 완벽함을 표현했다
he did not search, nor did he imitate
그는 찾지도 않았고, 모방하지도 않았다
he softly breathed inwardly an unwhithering calm
그는 희미해지지 않는 평온함을 속으로 부드럽게 숨쉬었다.
he shone outwardly an unwhithering light
그는 겉으로는 변함없는 빛을 발했다
he had about him an untouchable peace
그는 만질 수 없는 평화를 가지고 있었습니다
the two Samanas recognised him solely by the perfection of his calm
두 사마나는 그의 완벽한 평온함으로만 그를 알아보았습니다.
they recognized him by the quietness of his appearance
그들은 그의 조용한 외모로 그를 알아봤다
the quietness in his appearance in which there was no searching
그의 모습에는 아무도 찾을 수 없는 고요함이 있었다.
there was no desire, nor imitation
욕망도 없고 모방도 없었다
there was no effort to be seen
눈에 보이는 노력이 없었다
only light and peace was to be seen in his appearance
그의 모습에는 빛과 평화만이 보였다
"Today, we'll hear the teachings from his mouth" said Govinda
"오늘 우리는 그의 입에서 나온 가르침을 듣게 될 것입니다"라고 고빈다는 말했습니다.
Siddhartha did not answer
시다르타는 대답하지 않았다.
He felt little curiosity for the teachings
그는 가르침에 대해 별로 호기심을 느끼지 못했습니다.
he did not believe that they would teach him anything new

그는 그들이 그에게 새로운 것을 가르쳐 줄 것이라고
믿지 않았다

he had heard the contents of this Buddha's teachings again and again
그는 이 부처님의 가르침의 내용을 여러 번 들었습니다.

but these reports only represented second hand information
그러나 이러한 보고서는 간접적인 정보만을
나타냈습니다.

But attentively he looked at Gotama's head
그러나 그는 주의 깊게 고타마의 머리를
바라보았습니다.

his shoulders, his feet, his quietly dangling hand
그의 어깨, 그의 발, 그의 조용히 흔들리는 손

it was as if every finger of this hand was of these teachings
마치 이 손의 모든 손가락이 이 가르침의 일부인 것
같았습니다.

his fingers spoke of truth
그의 손가락은 진실을 말했다

his fingers breathed and exhaled the fragrance of truth
그의 손가락은 진실의 향기를 숨쉬고 내쉬었다

his fingers glistened with truth
그의 손가락은 진실로 반짝였다

this Buddha was truthful down to the gesture of his last finger
이 부처님은 마지막 손가락의 움직임까지 진실했습니다.

Siddhartha could see that this man was holy
시다르타는 이 사람이 거룩한 사람임을 알 수
있었습니다.

Never before, Siddhartha had venerated a person so much
시다르타는 이전에는 사람을 그토록 존경한 적이
없었습니다.

he had never before loved a person as much as this one
그는 이전에 이 사람만큼 사람을 사랑한 적이 없었다

They both followed the Buddha until they reached the town
두 사람은 모두 부처님을 따라 마을에 도착했습니다.

and then they returned to their silence
그리고 그들은 다시 침묵 속으로 돌아갔다
they themselves intended to abstain on this day
그들은 이날 스스로 금식을 하기로 했습니다.
They saw Gotama returning the food that had been given to him
그들은 고타마가 자기에게 주어진 음식을 돌려주는 것을 보았습니다.
what he ate could not even have satisfied a bird's appetite
그가 먹은 것은 새의 식욕을 만족시킬 수 없었을 것이다
and they saw him retiring into the shade of the mango-trees
그리고 그들은 그가 망고나무 그늘로 물러나는 것을 보았습니다.

in the evening the heat had cooled down
저녁에는 더위가 식었다
everyone in the camp started to bustle about and gathered around
캠프에 있는 모든 사람들이 분주히 움직이기 시작했고 주위에 모였습니다.
they heard the Buddha teaching, and his voice
그들은 부처님의 가르침과 음성을 들었습니다.
and his voice was also perfected
그리고 그의 목소리도 완벽해졌다
his voice was of perfect calmness
그의 목소리는 완벽한 차분함이었다
his voice was full of peace
그의 목소리는 평화로 가득 차 있었습니다
Gotama taught the teachings of suffering
고타마는 고통의 가르침을 가르쳤다
he taught of the origin of suffering
그는 고통의 기원을 가르쳤다
he taught of the way to relieve suffering
그는 고통을 덜어주는 방법을 가르쳤다
Calmly and clearly his quiet speech flowed on

그의 조용한 연설은 차분하고 명확하게 흘러나왔습니다.
Suffering was life, and full of suffering was the world
고통은 삶이요, 세상은 고통으로 가득 차 있었습니다.
but salvation from suffering had been found
그러나 고통으로부터의 구원이 발견되었습니다.
salvation was obtained by him who would walk the path of the Buddha
부처님의 길을 걷는 자는 구원을 얻을 것이니라
With a soft, yet firm voice the exalted one spoke
부드럽지만 확고한 목소리로 고귀한 분이 말씀하셨습니다.
he taught the four main doctrines
그는 네 가지 주요 교리를 가르쳤다
he taught the eight-fold path
그는 팔정도를 가르쳤다
patiently he went the usual path of the teachings
그는 인내심을 가지고 평소의 가르침의 길을 갔다
his teachings contained the examples
그의 가르침에는 다음과 같은 예가 포함되어 있었습니다.
his teaching made use of the repetitions
그의 가르침은 반복을 이용했습니다
brightly and quietly his voice hovered over the listeners
그의 목소리는 밝고 조용히 청취자들 위에 맴돌았다
his voice was like a light
그의 목소리는 빛과 같았다
his voice was like a starry sky
그의 목소리는 별이 빛나는 하늘 같았다
When the Buddha ended his speech, many pilgrims stepped forward
부처님께서 말씀을 마치시자 많은 순례자들이 앞으로 나왔습니다.
they asked to be accepted into the community
그들은 사회에 받아들여지기를 원했다
they sought refuge in the teachings

그들은 가르침에 피난처를 찾았습니다.
And Gotama accepted them by speaking
그리고 고타마는 말씀으로 그들을 받아들였습니다.
"You have heard the teachings well"
"너는 가르침을 잘 들었구나"
"join us and walk in holiness"
"우리와 함께 거룩함 안에서 걷자"
"put an end to all suffering"
"모든 고통을 끝내다"
Behold, then Govinda, the shy one, also stepped forward and spoke
그러자 수줍은 고빈다도 앞으로 나서서 말했습니다.
"I also take my refuge in the exalted one and his teachings"
"나는 또한 존귀하신 분과 그의 가르침에 의지합니다"
and he asked to be accepted into the community of his disciples
그리고 그는 제자들의 공동체에 받아들여지기를 요청했습니다.
and he was accepted into the community of Gotama's disciples
그리고 그는 고타마의 제자들의 공동체에 받아들여졌습니다.

the Buddha had retired for the night
부처님은 밤에 은퇴하셨습니다.
Govinda turned to Siddhartha and spoke eagerly
고빈다는 시다르타에게로 돌아서서 열렬하게 말했습니다.
"Siddhartha, it is not my place to scold you"
"시다르타, 내가 당신을 꾸짖는 것은 내 자리가 아닙니다"
"We have both heard the exalted one"
"우리 둘 다 높으신 분의 말씀을 들었습니다"
"we have both perceived the teachings"
"우리는 둘 다 가르침을 인식했습니다"

"Govinda has heard the teachings"
"고빈다는 가르침을 들었습니다"
"he has taken refuge in the teachings"
"그는 가르침에 의지했다"
"But, my honoured friend, I must ask you"
"하지만, 나의 존경하는 친구여, 나는 당신에게 묻겠습니다."
"don't you also want to walk the path of salvation?"
"너도 구원의 길을 걷고 싶지 않니?"
"Would you want to hesitate?"
"망설이시겠어요?"
"do you want to wait any longer?"
"더 이상 기다리시겠습니까?"
Siddhartha awakened as if he had been asleep
시다르타는 잠자던 것처럼 깨어났다.
For a long time, he looked into Govinda's face
그는 오랫동안 고빈다의 얼굴을 들여다보았다.
Then he spoke quietly, in a voice without mockery
그런 다음 그는 조롱하지 않는 목소리로 조용히 말했습니다.
"Govinda, my friend, now you have taken this step"
"고빈다, 친구야, 이제 너는 이 단계를 밟았어"
"now you have chosen this path"
"이제 당신은 이 길을 선택했습니다"
"Always, oh Govinda, you've been my friend"
"오 고빈다, 당신은 항상 내 친구였어요"
"you've always walked one step behind me"
"넌 항상 나보다 한발짝 뒤처져 있었어"
"Often I have thought about you"
"나는 종종 당신에 대해 생각했습니다"
"'Won't Govinda for once also take a step by himself'"
"'고빈다도 한 번 스스로 한 걸음 내딛어보지 않겠나'"
"'won't Govinda take a step without me?'"
"고빈다가 나 없이 한 걸음도 나아가지 않을까?"
"'won't he take a step driven by his own soul?'"

"'그는 자신의 영혼에 이끌려 한 걸음 내딛지 않을까?'"
"Behold, now you've turned into a man"
"보라, 이제 네가 사람이 되었구나"
"you are choosing your path for yourself"
"당신은 당신 자신을 위해 당신의 길을 선택하고 있습니다"
"I wish that you would go it up to its end"
"당신이 그것을 끝까지 해냈으면 좋겠다"
"oh my friend, I hope that you shall find salvation!"
"오, 친구여, 당신이 구원을 찾기를 바랍니다!"
Govinda, did not completely understand it yet
고빈다는 아직 그것을 완전히 이해하지 못했습니다.
he repeated his question in an impatient tone
그는 참을성 없는 어조로 질문을 반복했다.
"Speak up, I beg you, my dear!"
"말씀하세요, 부탁드려요, 내 사랑!"
"Tell me, since it could not be any other way"
"말해 보세요. 다른 방법이 있을 수 없으니까요"
"won't you also take your refuge with the exalted Buddha?"
"당신도 부처님께 귀의하지 않겠습니까?"
Siddhartha placed his hand on Govinda's shoulder
시다르타는 고빈다의 어깨에 손을 얹었다.
"You failed to hear my good wish for you"
"너는 내 소원을 들어주지 않았어"
"I'm repeating my wish for you"
"나는 당신을 위한 내 소원을 반복합니다"
"I wish that you would go this path"
"당신이 이 길을 가기를 바랍니다"
"I wish that you would go up to this path's end"
"이 길 끝까지 가셨으면 좋겠어요"
"I wish that you shall find salvation!"
"당신이 구원을 찾기를 바랍니다!"
In this moment, Govinda realized that his friend had left him

이 순간, 고빈다는 친구가 자신을 떠났다는 것을 깨달았습니다.
when he realized this he started to weep
그는 이것을 깨달았을 때 울기 시작했습니다.
"Siddhartha!" he exclaimed lamentingly
"시다르타!" 그는 탄식하며 외쳤다.
Siddhartha kindly spoke to him
시다르타는 그에게 친절하게 말했습니다.
"don't forget, Govinda, who you are"
"고빈다, 네가 누구인지 잊지마"
"you are now one of the Samanas of the Buddha"
"당신은 이제 부처님의 사마나 중 한 분이십니다"
"You have renounced your home and your parents"
"너는 집과 부모를 버렸다"
"you have renounced your birth and possessions"
"당신은 당신의 출생과 소유물을 포기했습니다"
"you have renounced your free will"
"당신은 자유의지를 포기했습니다"
"you have renounced all friendship"
"당신은 모든 우정을 포기했습니다"
"This is what the teachings require"
"이것이 가르침이 요구하는 것입니다"
"this is what the exalted one wants"
"이것이 바로 고귀한 분이 원하시는 것입니다"
"This is what you wanted for yourself"
"이게 바로 당신이 원하던 것이에요"
"Tomorrow, oh Govinda, I will leave you"
"내일, 오 고빈다, 나는 당신을 떠날 것입니다"
For a long time, the friends continued walking in the garden
오랜 시간 동안 친구들은 정원을 계속 산책했습니다.
for a long time, they lay there and found no sleep
그들은 오랫동안 거기 누워서 잠을 자지 못했습니다.
And over and over again, Govinda urged his friend
그리고 Govinda는 계속해서 그의 친구에게 촉구했습니다.

"why would you not want to seek refuge in Gotama's teachings?"
"왜 당신은 고타마의 가르침에 의지하고 싶어하지 않습니까?"
"what fault could you find in these teachings?"
"이런 가르침에서 어떤 잘못을 찾을 수 있나요?"
But Siddhartha turned away from his friend
그러나 시다르타는 친구에게서 돌아섰습니다.
every time he said, "Be content, Govinda!"
그는 그때마다 "만족하세요, 고빈다!"라고 말했습니다.
"Very good are the teachings of the exalted one"
"존귀하신 분의 가르침은 참으로 훌륭합니다"
"how could I find a fault in his teachings?"
"그의 가르침에 어떻게 잘못을 찾을 수 있겠어요?"

it was very early in the morning
그것은 아침 아주 이른 시간이었습니다
one of the oldest monks went through the garden
가장 오래된 승려 중 한 명이 정원을 지나갔습니다.
he called to those who had taken their refuge in the teachings
그는 가르침에 의지한 사람들에게 이렇게 말했습니다.
he called them to dress them up in the yellow robe
그는 그들에게 노란색 옷을 입히라고 불렀습니다.
and he instruct them in the first teachings and duties of their position
그리고 그는 그들에게 그들의 지위의 첫 번째 가르침과 의무를 가르쳤습니다.
Govinda once again embraced his childhood friend
고빈다는 다시 한번 어린 시절 친구를 껴안았습니다.
and then he left with the novices
그리고 그는 초심자들과 함께 떠났다
But Siddhartha walked through the garden, lost in thought
그러나 시다르타는 생각에 잠겨 정원을 걷고 있었습니다.

Then he happened to meet Gotama, the exalted one
그때 그는 우연히 고타마를 만났습니다.
he greeted him with respect
그는 그를 존경심으로 맞이했다
the Buddha's glance was full of kindness and calm
부처님의 시선은 자애로움과 고요함으로 가득 차 있었습니다.
the young man summoned his courage
그 청년은 용기를 북돋우었다
he asked the venerable one for the permission to talk to him
그는 존경하는 분에게 그와 이야기할 수 있는 허락을 구했습니다.
Silently, the exalted one nodded his approval
고귀한 자는 조용히 고개를 끄덕여 승인했다.
Spoke Siddhartha, "Yesterday, oh exalted one"
시다르타가 말했습니다. "어제였습니다, 오, 고귀한 분이시여."
"I had been privileged to hear your wondrous teachings"
"나는 당신의 놀라운 가르침을 들을 수 있는 특권을 얻었습니다"
"Together with my friend, I had come from afar, to hear your teachings"
"저는 친구와 함께 멀리서 당신의 가르침을 듣기 위해 왔습니다"
"And now my friend is going to stay with your people"
"그리고 이제 내 친구는 당신네 사람들과 함께 있을 거야"
"he has taken his refuge with you"
"그는 당신에게 피난처를 제공했습니다"
"But I will again start on my pilgrimage"
"하지만 나는 다시 순례를 시작할 것이다"
"As you please," the venerable one spoke politely
"당신이 원하시는 대로 하십시오." 존경하는 분이 정중하게 말씀하셨습니다.
"Too bold is my speech," Siddhartha continued

"내 말이 너무 대담하군요." 시다르타가 계속해서 말했습니다.

"but I do not want to leave the exalted on this note"
"하지만 나는 이 말을 고귀한 자들에게 남겨두고 싶지 않습니다."

"I want to share with the most venerable one my honest thoughts"
"나는 가장 존경하는 분과 내 솔직한 생각을 공유하고 싶습니다"

"Does it please the venerable one to listen for one moment longer?"
"존경하시는 분께서는 한 순간 더 들어주시는 것을 기뻐하십니까?"

Silently, the Buddha nodded his approval
부처님은 조용히 고개를 끄덕여 승인하셨습니다.

Spoke Siddhartha, "oh most venerable one"
시다르타가 말했습니다. "오, 가장 존경받는 분이시여."

"there is one thing I have admired in your teachings most of all"
"당신의 가르침에서 내가 가장 존경하는 것이 하나 있습니다"

"Everything in your teachings is perfectly clear"
"당신의 가르침은 모두 완벽하게 명확합니다"

"what you speak of is proven"
"네가 말하는 것은 증명된 거야"

"you are presenting the world as a perfect chain"
"당신은 세상을 완벽한 사슬로 표현하고 있습니다"

"a chain which is never and nowhere broken"
"결코 끊어지지 않고 어디에도 끊어지지 않는 사슬"

"an eternal chain the links of which are causes and effects"
"원인과 결과가 연결되는 영원한 사슬"

"Never before, has this been seen so clearly"
"이렇게 명확하게 본 적은 전에 한 번도 없었다"

"never before, has this been presented so irrefutably"
"이렇게 확실하게 제시된 적은 전에 한 번도 없었다"

"truly, the heart of every Brahman has to beat stronger with love"
"진실로 모든 브라만의 마음은 사랑으로 더욱 강해져야 합니다"
"he has seen the world through your perfectly connected teachings"
"그는 당신의 완벽하게 연결된 가르침을 통해 세상을 보았습니다"
"without gaps, clear as a crystal"
"틈이 없고 수정같이 맑다"
"not depending on chance, not depending on Gods"
"우연에 의지하지 않고, 신에 의지하지 않는다"
"he has to accept it whether it may be good or bad"
"좋은 것이든 나쁜 것이든 그는 그것을 받아들여야 한다"
"he has to live by it whether it would be suffering or joy"
"그는 고통이든 기쁨이든 그것을 살아야 합니다"
"but I do not wish to discuss the uniformity of the world"
"하지만 나는 세계의 획일성에 대해 논의하고 싶지 않습니다."
"it is possible that this is not essential"
"이것이 필수적이지 않을 수도 있습니다"
"everything which happens is connected"
"모든 일은 서로 연결되어 있다"
"the great and the small things are all encompassed"
"큰 것과 작은 것 모두 포함되어 있습니다"
"they are connected by the same forces of time"
"그들은 같은 시간의 힘으로 연결되어 있습니다"
"they are connected by the same law of causes"
"그것들은 같은 원인의 법칙에 의해 연결되어 있습니다"
"the causes of coming into being and of dying"
"생성과 죽음의 원인"
"this is what shines brightly out of your exalted teachings"
"이것이 당신의 고귀한 가르침에서 밝게 빛나는 것입니다"

"But, according to your very own teachings, there is a small gap"
"그러나 당신의 가르침에 따르면, 작은 틈이 있습니다"
"this unity and necessary sequence of all things is broken in one place"
"모든 것의 이러한 통일성과 필연적인 순서는 한곳에서 깨졌습니다"
"this world of unity is invaded by something alien"
"이 통일의 세계는 외계인의 침략을 받고 있습니다"
"there is something new, which had not been there before"
"이전에 없었던 새로운 것이 있다"
"there is something which cannot be demonstrated"
"증명할 수 없는 것이 있다"
"there is something which cannot be proven"
"증명할 수 없는 것이 있다"
"these are your teachings of overcoming the world"
"이것이 세상을 이기는 당신의 가르침입니다"
"these are your teachings of salvation"
"이것이 너희의 구원의 가르침이니라"
"But with this small gap, the eternal breaks apart again"
"하지만 이 작은 틈으로 영원은 다시 갈라진다"
"with this small breach, the law of the world becomes void"
"이 작은 위반으로 세상의 법은 무효화된다"
"Please forgive me for expressing this objection"
"이러한 반대 의사를 표명한 것을 용서해 주십시오."
Quietly, Gotama had listened to him, unmoved
고타마는 조용히 그의 말을 듣고 있었습니다.
Now he spoke, the perfected one, with his kind and polite clear voice
이제 그는 더 완벽해진 사람으로 친절하고 예의 바르고 맑은 목소리로 말했습니다.
"You've heard the teachings, oh son of a Brahman"
"브라만의 아들아, 너는 가르침을 들었구나"
"and good for you that you've thought about it this deeply"

"그리고 당신이 그것에 대해 이렇게 깊이 생각한 것이 참 좋다"
"You've found a gap in my teachings, an error"
"당신은 내 가르침에서 빈틈을 발견했어요, 오류예요"
"You should think about this further"
"이 문제에 대해 더 생각해 보세요"
"But be warned, oh seeker of knowledge, of the thicket of opinions"
"그러나 지식을 추구하는 사람이여, 의견의 덤불에 대해 경고받으십시오"
"be warned of arguing about words"
"말로 논쟁하지 않도록 주의하세요"
"There is nothing to opinions"
"의견이란 없다"
"they may be beautiful or ugly"
"그것들은 아름다울 수도 있고 추할 수도 있다"
"opinions may be smart or foolish"
"의견은 똑똑할 수도 있고 어리석을 수도 있다"
"everyone can support opinions, or discard them"
"모든 사람이 의견을 지지할 수도 있고, 무시할 수도 있다"
"But the teachings, you've heard from me, are no opinion"
"그러나 당신이 나에게서 들은 가르침은 의견이 아닙니다"
"their goal is not to explain the world to those who seek knowledge"
"그들의 목표는 지식을 추구하는 사람들에게 세상을 설명하는 것이 아니다"
"They have a different goal"
"그들은 다른 목표를 가지고 있어요"
"their goal is salvation from suffering"
"그들의 목표는 고통으로부터의 구원이다"
"This is what Gotama teaches, nothing else"
"고타마께서 가르치시는 것은 이것뿐이며, 그 외의 것은 없습니다."

"I wish that you, oh exalted one, would not be angry with me" said the young man
"오, 고귀한 분이시여, 당신이 나에게 노하지 않으셨으면 좋겠습니다." 청년이 말했습니다.
"I have not spoken to you like this to argue with you"
"내가 너희에게 이렇게 말한 것은 너희와 다투기 위해서가 아니다"
"I do not wish to argue about words"
"나는 단어에 대해 논쟁하고 싶지 않습니다"
"You are truly right, there is little to opinions"
"당신 말이 맞아요, 의견이 거의 없어요"
"But let me say one more thing"
"하지만 한 가지 더 말씀드리겠습니다"
"I have not doubted in you for a single moment"
"나는 당신을 한순간도 의심하지 않았습니다"
"I have not doubted for a single moment that you are Buddha"
"나는 당신이 부처님이라는 것을 한순간도 의심하지 않았습니다"
"I have not doubted that you have reached the highest goal"
"나는 당신이 최고의 목표에 도달했다는 것을 의심하지 않았습니다"
"the highest goal towards which so many Brahmans are on their way"
"그렇게 많은 브라만들이 향하고 있는 가장 높은 목표"
"You have found salvation from death"
"너는 죽음으로부터 구원을 얻었느니라"
"It has come to you in the course of your own search"
"당신이 스스로 찾는 과정에서 당신에게 찾아온 것입니다"
"it has come to you on your own path"
"그것은 당신의 길에서 당신에게 왔습니다"
"it has come to you through thoughts and meditation"
"그것은 생각과 명상을 통해 당신에게 왔습니다"
"it has come to you through realizations and enlightenment"

"그것은 깨달음과 깨달음을 통해 당신에게 왔습니다"
"but it has not come to you by means of teachings!"
"그러나 그것은 가르침을 통해 여러분에게 주어진 것이 아닙니다!"
"And this is my thought"
"그리고 이것은 내 생각입니다"
"nobody will obtain salvation by means of teachings!"
"아무도 가르침을 통해서 구원을 얻을 수 없습니다!"
"You will not be able to convey your hour of enlightenment"
"당신은 당신의 깨달음의 시간을 전달할 수 없을 것입니다"
"words of what has happened to you won't convey the moment!"
"당신에게 무슨 일이 일어났는지 말로 표현해도 그 순간을 전달할 수 없어요!"
"The teachings of the enlightened Buddha contain much"
"깨달은 부처님의 가르침에는 많은 것이 담겨 있습니다"
"it teaches many to live righteously"
"많은 사람들에게 의롭게 사는 법을 가르쳐준다"
"it teaches many to avoid evil"
"그것은 많은 사람들에게 악을 피하는 법을 가르쳐줍니다"
"But there is one thing which these teachings do not contain"
"그러나 이 가르침에는 포함되지 않은 것이 하나 있습니다."
"they are clear and venerable, but the teachings miss something"
"그것들은 명확하고 존경스럽지만 가르침에는 뭔가가 빠져 있습니다"
"the teachings do not contain the mystery"
"가르침에는 신비가 담겨 있지 않다"
"the mystery of what the exalted one has experienced for himself"
"높아진 자가 스스로 경험한 것의 신비"
"among hundreds of thousands, only he experienced it"

"수십만 명 중에 오직 그 사람만이 그것을 경험했다"
"This is what I have thought and realized, when I heard the teachings"
"내가 가르침을 듣고 생각한 것과 깨달은 것은 이러하다"
"This is why I am continuing my travels"
"내가 여행을 계속하는 이유가 바로 이거야"
"this is why I do not to seek other, better teachings"
"이것이 내가 다른 더 나은 가르침을 찾지 않는 이유입니다"
"I know there are no better teachings"
"나는 이보다 더 나은 가르침이 없다는 것을 알고 있습니다"
"I leave to depart from all teachings and all teachers"
"나는 모든 가르침과 모든 스승에게서 떠납니다"
"I leave to reach my goal by myself, or to die"
"나는 내 스스로 목표를 달성하거나 죽기 위해 떠난다"
"But often, I'll think of this day, oh exalted one"
"그러나 나는 종종 이 날을 생각할 것입니다, 오, 고귀한 분이시여"
"and I'll think of this hour, when my eyes beheld a holy man"
"그리고 나는 이 시간을 생각할 것이다. 내 눈이 거룩한 사람을 보았을 때"
The Buddha's eyes quietly looked to the ground
부처님의 눈은 조용히 땅을 바라보았다
quietly, in perfect equanimity, his inscrutable face was smiling
조용히, 완벽한 평정심으로, 그의 이해할 수 없는 얼굴은 미소 짓고 있었습니다.
the venerable one spoke slowly
그 존경하는 분은 천천히 말씀하셨다.
"I wish that your thoughts shall not be in error"
"나는 당신의 생각이 잘못되지 않기를 바랍니다"
"I wish that you shall reach the goal!"
"당신이 목표에 도달하기를 바랍니다!"

"But there is something I ask you to tell me"
"하지만 내가 당신에게 부탁할 것이 있어요"
"Have you seen the multitude of my Samanas?"
"나의 사마나들이 얼마나 많은지 보셨나요?"
"they have taken refuge in the teachings"
"그들은 가르침에 의지했습니다"
"do you believe it would be better for them to abandon the teachings?"
"그들이 가르침을 버리는 것이 더 낫다고 생각하십니까?"
"should they to return into the world of desires?"
"그들은 욕망의 세계로 돌아가야 할까요?"
"Far is such a thought from my mind" exclaimed Siddhartha
시다르타는 "그런 생각은 내 마음에서 멀리 떨어져 있습니다"라고 외쳤습니다.
"I wish that they shall all stay with the teachings"
"나는 그들이 모두 가르침을 따라 살기를 바랍니다"
"I wish that they shall reach their goal!"
"그들이 목표에 도달하기를 바랍니다!"
"It is not my place to judge another person's life"
"다른 사람의 삶을 판단하는 것은 내 자리가 아니다"
"I can only judge my own life "
"나는 내 인생만 판단할 수 있다"
"I must decide, I must chose, I must refuse"
"나는 결정해야 해, 나는 선택해야 해, 나는 거부해야 해"
"Salvation from the self is what we Samanas search for"
"자아로부터의 구원은 우리 사마나들이 찾는 것입니다."
"oh exalted one, if only I were one of your disciples"
"오, 고귀하신 분, 제가 당신의 제자 중 한 사람이었다면 좋았을 텐데요."
"I'd fear that it might happen to me"
"나에게도 그런 일이 일어날까 봐 두렵다"
"only seemingly, would my self be calm and be redeemed"
"겉보기에 내 자신이 차분해지고 구원받을 수 있을 것 같았습니다"

"but in truth it would live on and grow"
"하지만 진실로 그것은 계속 살아가고 성장할 것입니다"
"because then I would replace my self with the teachings"
"그러면 내가 나 자신을 가르침으로 대체할 수 있을 테니까"
"my self would be my duty to follow you"
"나 자신은 당신을 따르는 것이 내 의무입니다"
"my self would be my love for you"
"나 자신은 당신을 향한 내 사랑이 될 것입니다"
"and my self would be the community of the monks!"
"그리고 나 자신이 수도사들의 공동체가 될 것이다!"
With half of a smile Gotama looked into the stranger's eyes
고타마는 반쯤 미소를 지으며 낯선 사람의 눈을 들여다보았습니다.
his eyes were unwaveringly open and kind
그의 눈은 흔들리지 않게 열려 있었고 친절했습니다.
he bid him to leave with a hardly noticeable gesture
그는 거의 눈에 띄지 않는 몸짓으로 그에게 떠나라고 명령했습니다.
"You are wise, oh Samana" the venerable one spoke
"오 사마나, 당신은 현명합니다." 존경하는 분이 말씀하셨습니다.
"You know how to talk wisely, my friend"
"당신은 지혜롭게 말하는 법을 알고 있습니다, 친구야"
"Be aware of too much wisdom!"
"지혜가 너무 많다는 것을 주의하라!"
The Buddha turned away
부처님은 돌아서셨다
Siddhartha would never forget his glance
시다르타는 그의 시선을 결코 잊지 못할 것이다.
his half smile remained forever etched in Siddhartha's memory
그의 반쯤 웃는 모습은 시다르타의 기억 속에 영원히 새겨졌습니다.
Siddhartha thought to himself

시다르타는 스스로에게 생각했다.
"I have never before seen a person glance and smile this way"
"나는 이전에 사람이 이렇게 쳐다보고 웃는 것을 본 적이 없습니다"
"no one else sits and walks like he does"
"그 사람처럼 앉아서 걷는 사람은 아무도 없어"
"truly, I wish to be able to glance and smile this way"
"진짜, 이렇게 쳐다보고 웃을 수 있었으면 좋겠다"
"I wish to be able to sit and walk this way, too"
"나도 이렇게 앉아서 걸을 수 있었으면 좋겠다"
"liberated, venerable, concealed, open, childlike and mysterious"
"해방되고, 존경스럽고, 은폐되고, 개방적이고, 유치하고 신비롭다"
"he must have succeeded in reaching the innermost part of his self"
"그는 자신의 가장 깊은 부분에 도달하는 데 성공했을 것입니다"
"only then can someone glance and walk this way"
"그때에야 누군가가 눈을 돌려 이쪽으로 걸어갈 수 있다"
"I will also seek to reach the innermost part of my self"
"나는 또한 내 자아의 가장 깊은 부분에 도달하려고 노력할 것입니다"
"I saw a man" Siddhartha thought
"나는 한 남자를 보았다" 시다르타는 생각했다.
"a single man, before whom I would have to lower my glance"
"내가 그 앞에서 시선을 낮추어야 할 한 남자"
"I do not want to lower my glance before anyone else"
"나는 다른 사람들보다 먼저 시선을 낮추고 싶지 않다"
"No teachings will entice me more anymore"
"더 이상 어떤 가르침도 나를 유혹하지 못할 것이다"
"because this man's teachings have not enticed me"
"이 사람의 가르침이 나를 유혹하지 못하였기 때문이라"

"I am deprived by the Buddha" thought Siddhartha
시다르타는 "나는 부처님으로부터 박탈당했다"고 생각했습니다.
"I am deprived, although he has given so much"
"그가 아무리 많이 주었는데도 나는 모자라다"
"he has deprived me of my friend"
"그는 나에게서 친구를 빼앗았어요"
"my friend who had believed in me"
"나를 믿어준 친구"
"my friend who now believes in him"
"이제 그를 믿는 내 친구"
"my friend who had been my shadow"
"나의 그림자였던 친구"
"and now he is Gotama's shadow"
"그리고 지금 그는 고타마의 그림자입니다"
"but he has given me Siddhartha"
"하지만 그는 나에게 시다르타를 주셨어요"
"he has given me myself"
"그는 나에게 나 자신을 주었다"

Awakening
각성

Siddhartha left the mango grove behind him
시다르타는 망고 숲을 뒤로 하고 떠났다.
but he felt his past life also stayed behind
하지만 그는 자신의 지난 삶도 뒤에 남았다고 느꼈다
the Buddha, the perfected one, stayed behind
부처님은 완전한 분이시어서 뒤에 남으셨습니다.
and Govinda stayed behind too
그리고 고빈다도 뒤에 남았어요
and his past life had parted from him
그리고 그의 지난 삶은 그와 헤어졌다
he pondered as he was walking slowly
그는 천천히 걸으면서 생각했다
he pondered about this sensation, which filled him completely
그는 자신을 완전히 채운 이 감각에 대해 생각했습니다.
He pondered deeply, like diving into a deep water
그는 깊은 물속으로 뛰어드는 것처럼 깊이 생각했다.
he let himself sink down to the ground of the sensation
그는 그 감각의 땅으로 가라앉게 내버려 두었다.
he let himself sink down to the place where the causes lie
그는 원인이 있는 곳으로 자신을 가라앉혔습니다.
to identify the causes is the very essence of thinking
원인을 파악하는 것이 바로 생각의 본질이다
this was how it seemed to him
그에게는 그게 그렇게 보였다
and by this alone, sensations turn into realizations
그리고 이것만으로도 감각은 실현으로 바뀝니다.
and these sensations are not lost
그리고 이러한 감각은 사라지지 않는다
but the sensations become entities
하지만 감각은 실체가 됩니다
and the sensations start to emit what is inside of them

그리고 그 감각들은 그 안에 있는 것을 방출하기 시작합니다.
they show their truths like rays of light
그들은 빛줄기처럼 그들의 진실을 보여준다
Slowly walking along, Siddhartha pondered
시다르타는 천천히 걸으며 생각에 잠겼습니다.
He realized that he was no youth any more
그는 자신이 더 이상 젊지 않다는 것을 깨달았습니다.
he realized that he had turned into a man
그는 자신이 남자로 변했다는 것을 깨달았다
He realized that something had left him
그는 무언가가 자신을 떠났다는 것을 깨달았습니다.
the same way a snake is left by its old skin
뱀이 옛 피부를 그대로 유지하는 것과 같은 방식입니다.
what he had throughout his youth no longer existed in him
그가 젊은 시절에 가졌던 것들이 더 이상 그에게 존재하지 않았습니다.
it used to be a part of him; the wish to have teachers
그것은 그에게 있어서 일부였습니다. 선생님을 갖고 싶다는 소망
the wish to listen to teachings
가르침을 듣고 싶은 마음
He had also left the last teacher who had appeared on his path
그는 또한 자신의 길에 나타난 마지막 스승을 떠났습니다.
he had even left the highest and wisest teacher
그는 가장 높고 가장 현명한 선생님을 떠났습니다.
he had left the most holy one, Buddha
그는 가장 거룩한 분, 부처님을 떠났습니다.
he had to part with him, unable to accept his teachings
그는 그의 가르침을 받아들일 수 없어서 그와 헤어져야 했습니다.
Slower, he walked along in his thoughts
그는 더 느리게 생각 속을 걸어갔다

and he asked himself, "But what is this?"
그리고 그는 스스로에게 "이게 뭔데?"라고 물었습니다.
"what have you sought to learn from teachings and from teachers?"
"당신은 가르침과 교사로부터 무엇을 배우고자 했나요?"
"and what were they, who have taught you so much?"
"그럼 당신에게 그토록 많은 것을 가르쳐 준 사람들은 누구였을까요?"
"what are they if they have been unable to teach you?"
"그들이 당신에게 가르쳐 줄 수 없다면 그들은 무엇입니까?"
And he found, "It was the self"
그리고 그는 "그것은 자기 자신"이라는 것을 발견했습니다.
"it was the purpose and essence of which I sought to learn"
"그것은 내가 배우고자 했던 목적이자 본질이었습니다"
"It was the self I wanted to free myself from"
"내가 자유로워지고 싶었던 것은 바로 나 자신이었다"
"the self which I sought to overcome"
"내가 극복하고자 했던 자아"
"But I was not able to overcome it"
"하지만 나는 그것을 극복할 수 없었다"
"I could only deceive it"
"나는 그것을 속일 수만 있었다"
"I could only flee from it"
"나는 그것으로부터 도망칠 수밖에 없었다"
"I could only hide from it"
"나는 그것으로부터 숨을 수만 있었습니다"
"Truly, no thing in this world has kept my thoughts so busy"
"진실로, 이 세상에는 내 생각을 이렇게 바쁘게 만든 것이 없습니다"
"I have been kept busy by the mystery of me being alive"
"나는 살아 있다는 신비 때문에 바빴다"
"the mystery of me being one"
"내가 하나라는 것의 신비"

"the mystery if being separated and isolated from all others"
"다른 모든 사람들과 분리되고 고립되는 것이 신비하다"
"the mystery of me being Siddhartha!"
"내가 시다르타라는 것의 신비!"
"And there is no thing in this world I know less about"
"그리고 이 세상에 내가 모르는 것이 하나도 없다"
he had been pondering while slowly walking along
그는 천천히 걷는 동안 숙고하고 있었습니다.
he stopped as these thoughts caught hold of him
그는 이런 생각에 사로잡히자 멈췄다.
and right away another thought sprang forth from these thoughts
그리고 곧바로 이 생각에서 또 다른 생각이 떠올랐습니다.
"there's one reason why I know nothing about myself"
"내가 나 자신에 대해 아무것도 모르는 데에는 한 가지 이유가 있다"
"there's one reason why Siddhartha has remained alien to me"
"시다르타가 나에게 여전히 낯선 존재인 데에는 한 가지 이유가 있다"
"all of this stems from one cause"
"이 모든 것은 하나의 원인에서 비롯된다"
"I was afraid of myself, and I was fleeing"
"나는 나 자신을 두려워했고 도망쳤습니다"
"I have searched for both Atman and Brahman"
"나는 아트만과 브라흐만을 찾았습니다"
"for this I was willing to dissect my self"
"이를 위해 나는 나 자신을 해부할 의향이 있었습니다"
"and I was willing to peel off all of its layers"
"그리고 나는 그 모든 층을 벗겨내고 싶었어요"
"I wanted to find the core of all peels in its unknown interior"
"나는 모든 껍질의 핵심을 알려지지 않은 내부에서 찾고 싶었습니다."

"the Atman, life, the divine part, the ultimate part"
"아트만, 삶, 신성한 부분, 궁극적인 부분"
"But I have lost myself in the process"
"하지만 나는 그 과정에서 나 자신을 잃어버렸습니다."
Siddhartha opened his eyes and looked around
시다르타는 눈을 뜨고 주위를 둘러보았다.
looking around, a smile filled his face
주위를 둘러보며 그의 얼굴에 미소가 가득 찼다
a feeling of awakening from long dreams flowed through him
긴 꿈에서 깨어난 듯한 느낌이 그를 휩쓸었다.
the feeling flowed from his head down to his toes
그 감정은 머리부터 발끝까지 흘러내렸다
And it was not long before he walked again
그리고 얼마 지나지 않아 그는 다시 걸을 수 있었습니다.
he walked quickly, like a man who knows what he has got to do
그는 무엇을 해야 할지 아는 사람처럼 재빨리 걸었다.
"now I will not let Siddhartha escape from me again!"
"이제 나는 싯다르타가 다시 나에게서 도망치는 것을 허용하지 않을 것이다!"
"I no longer want to begin my thoughts and my life with Atman"
"나는 더 이상 내 생각과 내 삶을 아트만과 함께 시작하고 싶지 않습니다."
"nor do I want to begin my thoughts with the suffering of the world"
"나는 세상의 고통으로 내 생각을 시작하고 싶지도 않습니다"
"I do not want to kill and dissect myself any longer"
"나는 더 이상 나 자신을 죽이고 해부하고 싶지 않습니다"
"Yoga-Veda shall not teach me anymore"
"요가베다는 더 이상 나에게 가르쳐주지 않을 거야"
"nor Atharva-Veda, nor the ascetics"

"아타르바베다도 아니고 고행자도 아니다"
"there will not be any kind of teachings"
"어떤 종류의 가르침도 없을 것이다"
"I want to learn from myself and be my student"
"나는 나 자신에게서 배우고 나의 학생이 되고 싶다"
"I want to get to know myself; the secret of Siddhartha"
"나는 나 자신을 알고 싶다; 시다르타의 비밀"

He looked around, as if he was seeing the world for the first time
그는 마치 세상을 처음 보는 듯 주변을 둘러보았다.
Beautiful and colourful was the world
세상은 아름답고 다채로웠다
strange and mysterious was the world
세상은 이상하고 신비로웠다
Here was blue, there was yellow, here was green
여기에는 파란색이 있었고, 여기에는 노란색이 있었고, 여기에는 초록색이 있었습니다.
the sky and the river flowed
하늘과 강이 흐르다
the forest and the mountains were rigid
숲과 산은 딱딱했다
all of the world was beautiful
세상은 다 아름다웠다
all of it was mysterious and magical
그 모든 것이 신비롭고 마법같았어요
and in its midst was he, Siddhartha, the awakening one
그리고 그 가운데에는 깨어나는 자, 시다르타가 있었습니다.
and he was on the path to himself
그리고 그는 자기 자신에게로 가는 길에 있었습니다
all this yellow and blue and river and forest entered Siddhartha
이 모든 노란색과 파란색과 강과 숲이 시다르타에게 들어왔습니다.

for the first time it entered through the eyes
처음으로 눈을 통해 들어왔다
it was no longer a spell of Mara
그것은 더 이상 마라의 주문이 아니었습니다.
it was no longer the veil of Maya
그것은 더 이상 마야의 베일이 아니었습니다.
it was no longer a pointless and coincidental
그것은 더 이상 무의미하고 우연한 일이 아니었습니다.
things were not just a diversity of mere appearances
사물은 단순한 외관의 다양성이 아니었습니다.
appearances despicable to the deeply thinking Brahman
깊이 생각하는 브라만에게는 멸시받을 만한 모습
the thinking Brahman scorns diversity, and seeks unity
생각하는 브라만은 다양성을 경멸하고 통일을 추구합니다.
Blue was blue and river was river
파란색은 파란색이었고 강은 강이었습니다.
the singular and divine lived hidden in Siddhartha
독특하고 신성한 것은 시다르타에 숨겨져 살았습니다.
divinity's way and purpose was to be yellow here, and blue there
신의 길과 목적은 여기서는 노란색이고 저기서는 파란색이었습니다.
there sky, there forest, and here Siddhartha
저기 하늘, 저기 숲, 그리고 여기 시다르타
The purpose and essential properties was not somewhere behind the things
목적과 본질적인 속성은 사물의 뒤에 어딘가에 있지 않았습니다.
the purpose and essential properties was inside of everything
목적과 필수 속성은 모든 것의 내부에 있었습니다.
"How deaf and stupid have I been!" he thought
"나는 얼마나 귀머거리이고 멍청했을까!" 그는 생각했습니다.

and he walked swiftly along
그리고 그는 빠르게 걸었다
"When someone reads a text he will not scorn the symbols and letters"
"누군가가 텍스트를 읽을 때 그는 기호와 문자를 경멸하지 않을 것입니다"
"he will not call the symbols deceptions or coincidences"
"그는 그 상징들을 기만이나 우연이라고 부르지 않을 것이다"
"but he will read them as they were written"
"그러나 그는 그것들을 기록된 대로 읽을 것이다"
"he will study and love them, letter by letter"
"그는 글자 하나하나를 연구하고 사랑할 것입니다"
"I wanted to read the book of the world and scorned the letters"
"나는 세상의 책을 읽고 싶었고 글자를 경멸했다"
"I wanted to read the book of myself and scorned the symbols"
"나는 나 자신에 대한 책을 읽고 싶었고 상징을 경멸했습니다"
"I called my eyes and my tongue coincidental"
"나는 내 눈과 내 혀가 우연이라고 불렀다"
"I said they were worthless forms without substance"
"나는 그것들이 실체가 없는 쓸모없는 형태라고 말했습니다"
"No, this is over, I have awakened"
"아니, 끝났어, 내가 깨어났어"
"I have indeed awakened"
"나는 정말로 깨어났다"
"I had not been born before this very day"
"나는 오늘 이전에 태어나지 않았다"
In thinking these thoughts, Siddhartha suddenly stopped once again
이런 생각을 하던 중 시다르타는 갑자기 다시 한 번 멈췄습니다.

he stopped as if there was a snake lying in front of him
그는 마치 앞에 뱀이 누워 있는 것처럼 멈췄다.
suddenly, he had also become aware of something else
갑자기 그는 또 다른 것을 알게 되었다
He was indeed like someone who had just woken up
그는 마치 막 깨어난 사람과 같았다.
he was like a new-born baby starting life anew
그는 마치 새로운 삶을 시작하는 신생아와 같았다
and he had to start again at the very beginning
그리고 그는 처음부터 다시 시작해야 했습니다.
in the morning he had had very different intentions
아침에 그는 매우 다른 의도를 가지고 있었습니다.
he had thought to return to his home and his father
그는 그의 집과 그의 아버지에게 돌아갈 것을 생각했습니다
But now he stopped as if a snake was lying on his path
그러나 이제 그는 마치 뱀이 그의 길에 누워 있는 것처럼 멈췄습니다.
he made a realization of where he was
그는 자신이 어디에 있는지 깨달았습니다
"I am no longer the one I was"
"나는 더 이상 내가 아니다"
"I am no ascetic anymore"
"나는 더 이상 금욕주의자가 아니다"
"I am not a priest anymore"
"나는 더 이상 신부가 아니다"
"I am no Brahman anymore"
"나는 더 이상 브라만이 아니다"
"Whatever should I do at my father's place?"
"아버지 집에 가면 뭘 해야 하나요?"
"Study? Make offerings? Practise meditation?"
"공부? 제물 바치기? 명상 연습?"
"But all this is over for me"
"하지만 이 모든 일은 나에게 끝났어"
"all of this is no longer on my path"

"이 모든 것이 더 이상 내 길에 없습니다"
Motionless, Siddhartha remained standing there
시다르타는 움직이지 않고 그 자리에 서 있었습니다.
and for the time of one moment and breath, his heart felt cold
그리고 한순간, 한숨쉬는 동안 그의 가슴은 차가워졌다.
he felt a coldness in his chest
그는 가슴에 차가움을 느꼈다
the same feeling a small animal feels when it sees how alone it is
작은 동물이 자신이 얼마나 외로운지 보았을 때 느끼는 것과 같은 감정
For many years, he had been without home and had felt nothing
그는 오랫동안 집이 없이 살았고 아무것도 느끼지 못했습니다.
Now, he felt he had been without a home
이제 그는 집이 없는 것 같은 기분을 느꼈다.
Still, even in the deepest meditation, he had been his father's son
그런데도 가장 깊은 명상 속에서도 그는 아버지의 아들이었습니다.
he had been a Brahman, of a high caste
그는 높은 카스트의 브라만이었습니다.
he had been a cleric
그는 성직자였다
Now, he was nothing but Siddhartha, the awoken one
이제 그는 깨어난 자, 시다르타에 불과했습니다.
nothing else was left of him
그 외에는 그에게 남은 것이 없었다
Deeply, he inhaled and felt cold
그는 깊이 숨을 들이쉬고 추위를 느꼈다.
a shiver ran through his body
그의 몸에 떨림이 퍼졌다
Nobody was as alone as he was

그 누구도 그처럼 외롭지 않았다

There was no nobleman who did not belong to the noblemen
귀족에 속하지 않은 귀족은 한 명도 없었다.

there was no worker that did not belong to the workers
노동자에 속하지 않은 노동자는 없었다

they had all found refuge among themselves
그들은 모두 서로 피난처를 찾았습니다

they shared their lives and spoke their languages
그들은 서로의 삶을 공유하고 서로의 언어를 사용했다

there are no Brahman who would not be regarded as Brahmans
브라만이라고 여겨지지 않는 브라만은 없습니다.

and there are no Brahmans that didn't live as Brahmans
그리고 브라만으로서 살지 않은 브라만은 없습니다.

there are no ascetic who could not find refuge with the Samanas
사마나에게서 피난처를 찾지 못한 고행자는 한 명도 없습니다.

and even the most forlorn hermit in the forest was not alone
그리고 숲 속의 가장 외로운 은둔자조차도 혼자가 아니었습니다.

he was also surrounded by a place he belonged to
그는 또한 자신이 속한 장소에 둘러싸여 있었습니다.

he also belonged to a caste in which he was at home
그는 또한 그가 집에 있었던 카스트에 속해 있었습니다.

Govinda had left him and became a monk
고빈다는 그를 떠나 수도사가 되었습니다.

and a thousand monks were his brothers
그리고 그의 형제는 천 명의 승려였습니다.

they wore the same robe as him
그들은 그와 같은 옷을 입었다

they believed in his faith and spoke his language
그들은 그의 신앙을 믿었고 그의 언어를 사용했습니다.

But he, Siddhartha, where did he belong to?

하지만 시다르타는 어디에 속했나요?
With whom would he share his life?
그는 누구와 자신의 삶을 공유할 것인가?
Whose language would he speak?
그는 누구의 언어로 말할까?
the world melted away all around him
그의 주위의 세상이 녹아내렸다
he stood alone like a star in the sky
그는 하늘의 별처럼 홀로 서 있었다
cold and despair surrounded him
추위와 절망이 그를 에워쌌다
but Siddhartha emerged out of this moment
그러나 시다르타는 이 순간에서 나왔다.
Siddhartha emerged more his true self than before
시다르타는 이전보다 더 진정한 자아를 드러냈습니다.
he was more firmly concentrated than he had ever been
그는 그 어느 때보다 더 확고하게 집중했습니다.
He felt; "this had been the last tremor of the awakening"
그는 "이것이 깨어남의 마지막 떨림이었다"고 느꼈다.
"the last struggle of this birth"
"이 탄생의 마지막 투쟁"
And it was not long until he walked again in long strides
그리고 그는 다시 긴 걸음으로 걷기까지 오래 걸리지 않았습니다.
he started to proceed swiftly and impatiently
그는 재빠르고 참을성 없이 진행하기 시작했습니다.
he was no longer going home
그는 더 이상 집에 가지 않았다
he was no longer going to his father
그는 더 이상 그의 아버지에게 가지 않았다

Part Two
두 번째 부분

***

Kamala
카말라

Siddhartha learned something new on every step of his path
시다르타는 그의 길의 모든 단계에서 새로운 것을 배웠습니다.

because the world was transformed and his heart was enchanted
세상이 변했고 그의 마음은 매혹되었기 때문이다

He saw the sun rising over the mountains
그는 산 위로 해가 뜨는 것을 보았다

and he saw the sun setting over the distant beach
그리고 그는 먼 해변 위로 해가 지는 것을 보았습니다.

At night, he saw the stars in the sky in their fixed positions
밤에 그는 하늘에 있는 별들이 고정된 위치에 있는 것을 보았습니다.

and he saw the crescent of the moon floating like a boat in the blue
그리고 그는 푸른 바다에 배처럼 떠다니는 초승달을 보았습니다.

He saw trees, stars, animals, and clouds
그는 나무, 별, 동물, 구름을 보았습니다.

rainbows, rocks, herbs, flowers, streams and rivers
무지개, 바위, 허브, 꽃, 개울과 강

he saw the glistening dew in the bushes in the morning
그는 아침에 덤불에 반짝이는 이슬을 보았습니다.

he saw distant high mountains which were blue
그는 멀리서 푸른 높은 산을 보았다

wind blew through the rice-field
바람이 논을 지나갔다

all of this, a thousand-fold and colourful, had always been there
이 모든 것은 천 가지가 넘고 다채로웠으며 항상 거기에 있었습니다.
the sun and the moon had always shone
태양과 달은 항상 빛났다
rivers had always roared and bees had always buzzed
강은 항상 울부짖었고 벌들은 항상 윙윙거렸습니다.
but in former times all of this had been a deceptive veil
그러나 예전에는 이 모든 것이 기만적인 베일이었습니다.
to him it had been nothing more than fleeting
그에게 그것은 덧없는 것에 불과했다
it was supposed to be looked upon in distrust
그것은 불신의 대상으로 여겨질 예정이었습니다.
it was destined to be penetrated and destroyed by thought
그것은 생각에 의해 침투되고 파괴될 운명이었습니다.
since it was not the essence of existence
그것은 존재의 본질이 아니었기 때문에
since this essence lay beyond, on the other side of, the visible
이 본질은 눈에 보이는 것 너머, 그 반대편에 있었기 때문입니다.
But now, his liberated eyes stayed on this side
하지만 이제 그의 해방된 눈은 이쪽에 머물렀다
he saw and became aware of the visible
그는 눈에 보이는 것을 보고 알게 되었다
he sought to be at home in this world
그는 이 세상에서 집에 있기를 원했습니다
he did not search for the true essence
그는 진정한 본질을 찾지 않았다
he did not aim at a world beyond
그는 그 너머의 세상을 목표로 하지 않았습니다.
this world was beautiful enough for him
이 세상은 그에게 충분히 아름다웠다

looking at it like this made everything childlike
이렇게 보면 모든 게 유치해 보인다
Beautiful were the moon and the stars
달과 별은 아름다웠다
beautiful was the stream and the banks
개울과 강둑은 아름다웠다
the forest and the rocks, the goat and the gold-beetle
숲과 바위, 염소와 금딱정벌레
the flower and the butterfly; beautiful and lovely it was
꽃과 나비; 아름답고 사랑스러웠습니다
to walk through the world was childlike again
세상을 걷는 것은 다시 어린아이와 같았다
this way he was awoken
이렇게 그는 깨어났다
this way he was open to what is near
이런 식으로 그는 가까이 있는 것에 열려 있었습니다.
this way he was without distrust
이런 식으로 그는 불신이 없었다
differently the sun burnt the head
다르게 태양이 머리를 태웠다
differently the shade of the forest cooled him down
다르게 숲의 그늘이 그를 식혀주었다
differently the pumpkin and the banana tasted
호박과 바나나의 맛이 달랐다
Short were the days, short were the nights
낮은 짧았고 밤도 짧았습니다
every hour sped swiftly away like a sail on the sea
매 시간은 바다 위의 돛처럼 빠르게 흘러갔다
and under the sail was a ship full of treasures, full of joy
그리고 돛 아래에는 보물이 가득하고 기쁨이 가득한 배가 있었습니다.
Siddhartha saw a group of apes moving through the high canopy
시다르타는 높은 캐노피를 지나가는 원숭이 무리를 보았습니다.

they were high in the branches of the trees
그들은 나무 가지의 높은 곳에 있었습니다
and he heard their savage, greedy song
그리고 그는 그들의 야만적이고 탐욕스러운 노래를 들었습니다.
Siddhartha saw a male sheep following a female one and mating with her
시다르타는 수컷 양이 암컷 양을 따라가며 짝짓기를 하는 것을 보았습니다.
In a lake of reeds, he saw the pike hungrily hunting for its dinner
갈대 호수에서 그는 파이크가 배고프게 저녁을 사냥하는 것을 보았습니다.
young fish were propelling themselves away from the pike
어린 물고기들이 파이크에서 멀어져 가고 있었습니다.
they were scared, wiggling and sparkling
그들은 무서워서 꿈틀거리고 반짝거렸다
the young fish jumped in droves out of the water
어린 물고기들이 물 밖으로 떼지어 뛰어올랐다.
the scent of strength and passion came forcefully out of the water
물속에서 힘과 열정의 향기가 강하게 느껴졌다
and the pike stirred up the scent
그리고 파이크가 냄새를 일으켰다
All of this had always existed
이 모든 것은 항상 존재해 왔습니다
and he had not seen it, nor had he been with it
그리고 그는 그것을 보지도 않았고 그것과 함께 있지도 않았습니다.
Now he was with it and he was part of it
이제 그는 그것과 함께 있었고 그것의 일부였습니다.
Light and shadow ran through his eyes
그의 눈에는 빛과 그림자가 흘렀다
stars and moon ran through his heart
별과 달이 그의 가슴을 가로질러 달렸다

Siddhartha remembered everything he had experienced in the Garden Jetavana
시다르타는 제타바나 정원에서 경험한 모든 것을 기억했습니다.

he remembered the teaching he had heard there from the divine Buddha
그는 그곳에서 신성한 부처님으로부터 들은 가르침을 기억했습니다.

he remembered the farewell from Govinda
그는 고빈다의 작별 인사를 기억했다

he remembered the conversation with the exalted one
그는 고귀한 분과의 대화를 기억했습니다.

Again he remembered his own words that he had spoken to the exalted one
그는 다시 자신이 높으신 분께 한 말씀을 기억해냈습니다.

he remembered every word
그는 모든 단어를 기억했다

he realized he had said things which he had not really known
그는 자신이 실제로 알지 못했던 말을 했다는 것을 깨달았습니다.

he astonished himself with what he had said to Gotama
그는 고타마에게 한 말에 스스로 놀랐다.

the Buddha's treasure and secret was not the teachings
부처님의 보물과 비밀은 가르침이 아니었습니다.

but the secret was the inexpressible and not teachable
그러나 그 비밀은 표현할 수 없고 가르칠 수 없는 것이었습니다.

the secret which he had experienced in the hour of his enlightenment
그가 깨달음의 시간에 경험했던 비밀

the secret was nothing but this very thing which he had now gone to experience

그 비밀은 그가 지금 경험하게 된 바로 이 일 외에는 아무것도 아니었습니다.
the secret was what he now began to experience
비밀은 그가 지금 경험하기 시작한 것이었습니다.
Now he had to experience his self
이제 그는 자신의 자아를 경험해야만 했다.
he had already known for a long time that his self was Atman
그는 이미 오래 전부터 자기가 아트만이라는 사실을 알고 있었습니다.
he knew Atman bore the same eternal characteristics as Brahman
그는 아트만이 브라흐만과 같은 영원한 특성을 지니고 있다는 것을 알고 있었습니다.
But he had never really found this self
하지만 그는 결코 이 자아를 찾지 못했습니다.
because he had wanted to capture the self in the net of thought
그는 생각의 그물 속에 자기를 포획하고 싶었기 때문이다.
but the body was not part of the self
그러나 그 몸은 자아의 일부가 아니었습니다.
it was not the spectacle of the senses
그것은 감각의 광경이 아니었습니다
so it also was not the thought, nor the rational mind
그래서 그것은 또한 생각도 아니었고 합리적인 마음도 아니었습니다.
it was not the learned wisdom, nor the learned ability
그것은 배운 지혜도 아니고 배운 능력도 아니었습니다.
from these things no conclusions could be drawn
이러한 것들로부터는 어떤 결론도 도출할 수 없었다.
No, the world of thought was also still on this side
아니, 사상의 세계도 아직 이쪽에 있었어
Both, the thoughts as well as the senses, were pretty things
생각과 감각은 둘 다 아름다운 것들이었습니다.

but the ultimate meaning was hidden behind both of them
하지만 그 둘의 뒤에는 궁극적인 의미가 숨겨져 있었다
both had to be listened to and played with
둘 다 들어야 하고 연주해야 했습니다.
neither had to be scorned nor overestimated
둘 다 경멸받을 필요도 없고 과대평가받을 필요도 없었다
there were secret voices of the innermost truth
가장 깊은 진실의 비밀스러운 목소리가 있었습니다
these voices had to be attentively perceived
이 목소리들은 주의 깊게 인식되어야 했습니다
He wanted to strive for nothing else
그는 다른 어떤 것도 위해 노력하고 싶지 않았습니다.
he would do what the voice commanded him to do
그는 목소리가 명령한 대로 할 것이다
he would dwell where the voices advised him to
그는 목소리가 그에게 조언하는 곳에 머물 것입니다.
Why had Gotama sat down under the Bodhi tree?
고타마는 왜 보리수 아래에 앉았을까요?
He had heard a voice in his own heart
그는 자신의 마음 속에서 목소리를 들었습니다.
a voice which had commanded him to seek rest under this tree
이 나무 아래에서 휴식을 취하라고 명령한 목소리
he could have gone on to make offerings
그는 제물을 바칠 수도 있었을 것이다
he could have performed his ablutions
그는 자신의 세수를 할 수 있었을 것이다
he could have spent that moment in prayer
그는 그 순간을 기도에 바칠 수도 있었을 것이다
he had chosen not to eat or drink
그는 먹지도 마시지도 않기로 선택했다
he had chosen not to sleep or dream
그는 잠을 자지 않고 꿈을 꾸지 않기로 선택했다
instead, he had obeyed the voice

그 대신 그는 그 목소리에 순종했습니다.
To obey like this was good
이렇게 순종하는 것이 좋았다
it was good not to obey to an external command
외부 명령에 따르지 않는 것이 좋았습니다
it was good to obey only the voice
목소리만 따르는게 좋았어
to be ready like this was good and necessary
이렇게 준비가 되어 있는 건 좋고 필요한 일이에요
there was nothing else that was necessary
그 외에 필요한 것은 아무것도 없었다

in the night Siddhartha got to a river
밤에 시다르타는 강에 도착했습니다.
he slept in the straw hut of a ferryman
그는 나룻배꾼의 짚집에서 잤다
this night Siddhartha had a dream
이 밤에 시다르타는 꿈을 꾸었습니다.
Govinda was standing in front of him
고빈다는 그의 앞에 서 있었습니다.
he was dressed in the yellow robe of an ascetic
그는 고행자의 노란 옷을 입고 있었습니다.
Sad was how Govinda looked
고빈다의 모습은 슬펐다
sadly he asked, "Why have you forsaken me?"
그는 슬프게도 "왜 나를 버리셨습니까?"하고 물었습니다.
Siddhartha embraced Govinda, and wrapped his arms around him
시다르타는 고빈다를 껴안고 그의 팔을 그의 몸에 감았습니다.
he pulled him close to his chest and kissed him
그는 그를 가슴에 꼭 끌어안고 키스했다
but it was not Govinda anymore, but a woman
그러나 그것은 더 이상 고빈다가 아니라 여자였습니다.

a full breast popped out of the woman's dress
여자의 드레스에서 풍만한 가슴이 튀어나왔다
Siddhartha lay and drank from the breast
시다르타는 누워서 젖을 마셨다
sweetly and strongly tasted the milk from this breast
이 가슴에서 나온 우유의 맛이 달콤하고 강렬했다
It tasted of woman and man
여자와 남자의 맛이었다
it tasted of sun and forest
그것은 태양과 숲의 맛이었다
it tasted of animal and flower
동물의 맛과 꽃의 맛이 났다
it tasted of every fruit and every joyful desire
그것은 모든 과일과 모든 즐거운 욕망의 맛을
보았습니다
It intoxicated him and rendered him unconscious
그것은 그를 취하게 만들고 의식을 잃게 만들었습니다.
Siddhartha woke up from the dream
시다르타는 꿈에서 깨어났다.
the pale river shimmered through the door of the hut
창백한 강물이 오두막 문을 통해 반짝반짝 빛났다
a dark call of an owl resounded deeply through the forest
올빼미의 어두운 울음소리가 숲 속에 깊이 울려 퍼졌다
Siddhartha asked the ferryman to get him across the river
시다르타는 나룻배꾼에게 그를 강 건너로 데려가 달라고
부탁했습니다.
The ferryman got him across the river on his bamboo-raft
뱃사공은 대나무 뗏목을 타고 그를 강 건너로 데려갔다.
the water shimmered reddish in the light of the morning
아침 햇살에 물이 붉게 반짝였다
"This is a beautiful river," he said to his companion
그는 동료에게 "이 강은 정말 아름답군요"라고
말했습니다.
"Yes," said the ferryman, "a very beautiful river"

"그렇습니다." 뱃사공이 말했다. "정말 아름다운 강입니다."
"I love it more than anything"
"나는 그것을 무엇보다도 사랑한다"
"Often I have listened to it"
"나는 그것을 자주 들었습니다"
"often I have looked into its eyes"
"나는 종종 그 눈을 들여다보았다"
"and I have always learned from it"
"그리고 나는 항상 그것으로부터 배웠습니다"
"Much can be learned from a river"
"강으로부터 많은 것을 배울 수 있다"
"I thank you, my benefactor" spoke Siddhartha
"저는 당신께 감사드립니다, 저의 은인님" 시다르타가 말했습니다.
he disembarked on the other side of the river
그는 강 건너편에 내렸다
"I have no gift I could give you for your hospitality, my dear"
"당신의 환대에 대한 보답으로 내가 줄 수 있는 선물은 없습니다, 내 사랑"
"and I also have no payment for your work"
"그리고 나는 당신의 일에 대한 대가를 받지도 않습니다"
"I am a man without a home"
"나는 집 없는 남자다"
"I am the son of a Brahman and a Samana"
"나는 브라만과 사문의 아들입니다"
"I did see it," spoke the ferryman
"나는 그것을 봤어요." 뱃사공이 말했다.
"I did not expect any payment from you"
"나는 당신에게서 어떤 대가도 기대하지 않았습니다"
"it is custom for guests to bear a gift"
"손님이 선물을 가지고 가는 것이 관례입니다"
"but I did not expect this from you either"

"하지만 나도 너한테서 이런 일이 일어날 거라고는 예상하지 못했어"
"You will give me the gift another time"
"다음에 또 선물 주세요"
"Do you think so?" asked Siddhartha, bemusedly
"그렇게 생각하세요?" 시다르타가 당황한 듯이 물었습니다.
"I am sure of it," replied the ferryman
"나는 그것을 확신합니다."라고 나룻배꾼이 대답했습니다.
"This too, I have learned from the river"
"이것도 강에서 배웠어요"
"everything that goes comes back!"
"모든 것은 돌아온다!"
"You too, Samana, will come back"
"사마나, 너도 돌아올 것이다"
"Now farewell! Let your friendship be my reward"
"이제 작별인사! 당신의 우정이 내 보상이 되게 하세요"
"Commemorate me, when you make offerings to the gods"
"신에게 제물을 바칠 때 나를 기억해라"
Smiling, they parted from each other
웃으며 두 사람은 헤어졌다
Smiling, Siddhartha was happy about the friendship
시다르타는 미소를 지으며 우정에 대해 행복했습니다.
and he was happy about the kindness of the ferryman
그리고 그는 나룻배꾼의 친절에 기뻤다
"He is like Govinda," he thought with a smile
그는 미소를 지으며 "그는 고빈다와 같다"고 생각했습니다.
"all I meet on my path are like Govinda"
"내 길에서 만나는 모든 사람은 고빈다와 같다"
"All are thankful for what they have"
"모두가 자신이 가진 것에 감사하고 있습니다"
"but they are the ones who would have a right to receive thanks"

"그러나 그들은 감사를 받을 권리가 있는 자들입니다"
"all are submissive and would like to be friends"
"모두 복종적이고 친구가 되고 싶어해요"
"all like to obey and think little"
"모두가 복종하고 적게 생각하는 것을 좋아한다"
"all people are like children"
"모든 사람은 어린아이와 같다"

At about noon, he came through a village
정오쯤에 그는 마을을 지나갔다.
In front of the mud cottages, children were rolling about in the street
진흙집 앞 길바닥에는 아이들이 뒹굴고 있었다
they were playing with pumpkin-seeds and sea-shells
그들은 호박씨앗과 조개껍질로 놀고 있었습니다
they screamed and wrestled with each other
그들은 서로 비명을 지르고 씨름을 했습니다.
but they all timidly fled from the unknown Samana
그러나 그들은 모두 겁먹은 채로 알려지지 않은 사마나로부터 도망쳤습니다.
In the end of the village, the path led through a stream
마을 끝에서 길은 개울을 지나 이어졌다
by the side of the stream, a young woman was kneeling
개울가에 한 젊은 여성이 무릎을 꿇고 있었습니다.
she was washing clothes in the stream
그녀는 개울에서 옷을 빨고 있었다
When Siddhartha greeted her, she lifted her head
시다르타가 그녀를 맞이하자 그녀는 머리를 들어올렸다.
and she looked up to him with a smile
그리고 그녀는 미소를 지으며 그를 올려다보았다.
he could see the white in her eyes glistening
그는 그녀의 눈에서 흰자가 반짝이는 것을 볼 수 있었습니다.
He called out a blessing to her
그는 그녀에게 축복을 외쳤다

this was the custom among travellers
이것은 여행자들의 관습이었습니다
and he asked how far it was to the large city
그리고 그는 큰 도시까지 얼마나 떨어져 있는지 물었습니다.
Then she got up and came to him
그러자 그 여자가 일어나 그에게로 다가갔다.
beautifully her wet mouth was shimmering in her young face
그녀의 젖은 입술이 어린 얼굴에 아름답게 반짝였다
She exchanged humorous banter with him
그녀는 그와 유머러스한 농담을 나누었습니다.
she asked whether he had eaten already
그녀는 그가 이미 먹었는지 물었다
and she asked curious questions
그리고 그녀는 호기심 많은 질문을 했습니다.
"is it true that the Samanas slept alone in the forest at night?"
"사마나들이 밤에 숲 속에서 혼자 잤다는 건 사실인가요?"
"is it true Samanas are not allowed to have women with them"
"사마나들은 여자를 데리고 다닐 수 없다는 게 사실인가요?"
While talking, she put her left foot on his right one
그녀는 이야기하는 동안 자신의 왼발을 그의 오른발 위에 올려 놓았다.
the movement of a woman who would want to initiate sexual pleasure
성적 쾌감을 얻고 싶어하는 여성의 움직임
the textbooks call this "climbing a tree"
교과서에서는 이것을 "나무 오르기"라고 부릅니다.
Siddhartha felt his blood heating up
시다르타는 자신의 피가 뜨거워지는 것을 느꼈습니다.
he had to think of his dream again
그는 다시 자신의 꿈에 대해 생각해야 했다

he bend slightly down to the woman
그는 여자에게 살짝 몸을 숙였다
and he kissed with his lips the brown nipple of her breast
그리고 그는 그녀의 가슴의 갈색 젖꼭지를 입술로 키스했습니다.
Looking up, he saw her face smiling
그는 고개를 들어 그녀의 얼굴이 미소 짓는 것을 보았다.
and her eyes were full of lust
그녀의 눈은 정욕으로 가득 차 있었습니다
Siddhartha also felt desire for her
시다르타 역시 그녀에 대한 욕망을 느꼈다.
he felt the source of his sexuality moving
그는 자신의 성적 욕망의 근원이 움직이는 것을 느꼈다
but he had never touched a woman before
하지만 그는 전에 여자를 만진 적이 없었다
so he hesitated for a moment
그래서 그는 잠시 주저했다
his hands were already prepared to reach out for her
그의 손은 이미 그녀를 향해 뻗어나갈 준비가 되어 있었다
but then he heard the voice of his innermost self
그런데 그는 자신의 가장 깊은 자아의 목소리를 들었습니다.
he shuddered with awe at his voice
그는 그의 목소리에 경외감에 몸을 떨었다
and this voice told him no
그리고 이 목소리는 그에게 아니라고 말했습니다.
all charms disappeared from the young woman's smiling face
젊은 여성의 웃는 얼굴에서 모든 매력이 사라졌습니다.
he no longer saw anything else but a damp glance
그는 더 이상 축축한 눈빛 외에는 아무것도 보지 못했습니다.
all he could see was female animal in heat

그가 볼 수 있었던 것은 발정기의 암컷
동물뿐이었습니다.
Politely, he petted her cheek
그는 정중하게 그녀의 뺨을 쓰다듬었다.
he turned away from her and disappeared away
그는 그녀에게서 돌아서 사라졌다
he left from the disappointed woman with light steps
그는 실망한 여자에게서 가벼운 발걸음으로 떠났다.
and he disappeared into the bamboo-wood
그리고 그는 대나무 숲 속으로 사라졌다

he reached the large city before the evening
그는 저녁 전에 큰 도시에 도착했다
and he was happy to have reached the city
그리고 그는 도시에 도착하게 되어 행복했다
because he felt the need to be among people
그는 사람들 사이에 있어야 한다는 필요성을 느꼈기 때문이다.
or a long time, he had lived in the forests
아니면 오랫동안 그는 숲에서 살았다
for first time in a long time he slept under a roof
오랜만에 그는 지붕 밑에서 잤다
Before the city was a beautifully fenced garden
도시가 아름답게 울타리로 둘러싸인 정원이 되기 전에
the traveller came across a small group of servants
여행자는 하인들의 작은 무리를 만났습니다.
the servants were carrying baskets of fruit
하인들은 과일 바구니를 들고 있었습니다
four servants were carrying an ornamental sedan-chair
네 명의 하인들이 장식용 가마를 들고 있었습니다.
on this chair sat a woman, the mistress
이 의자에는 한 여인이 앉아 있었는데, 그 여인은 여주인이었습니다.
she was on red pillows under a colourful canopy

그녀는 화려한 캐노피 아래 붉은 베개 위에 누워
있었습니다.
Siddhartha stopped at the entrance to the pleasure-garden
시다르타는 쾌락의 정원 입구에 멈춰 섰다.

and he watched the parade go by
그리고 그는 퍼레이드가 지나가는 것을 지켜보았다

he saw saw the servants and the maids
그는 하인들과 하녀들을 보았다

he saw the baskets and the sedan-chair
그는 바구니와 가마를 보았다

and he saw the lady on the chair
그리고 그는 의자에 앉은 여인을 보았다

Under her black hair he saw a very delicate face
그는 그녀의 검은 머리카락 아래에 매우 섬세한 얼굴을
보았습니다.

a bright red mouth, like a freshly cracked fig
갓 딴 무화과처럼 밝은 붉은 입

eyebrows which were well tended and painted in a high arch
잘 관리된 눈썹과 높은 아치 모양으로 칠해진 눈썹

they were smart and watchful dark eyes
그들은 똑똑하고 주의 깊은 검은 눈을 가지고
있었습니다

a clear, tall neck rose from a green and golden garment
녹색과 황금색의 옷 위로 맑고 키가 큰 목이
솟아올랐습니다.

her hands were resting, long and thin
그녀의 손은 길고 가늘게 쉬고 있었다

she had wide golden bracelets over her wrists
그녀는 손목에 넓은 금팔찌를 착용하고 있었습니다.

Siddhartha saw how beautiful she was, and his heart rejoiced
시다르타는 그녀가 얼마나 아름다운지 보고 마음이
기뻤습니다.

He bowed deeply, when the sedan-chair came closer

그는 가마가 가까이 다가오자 깊이 절을 했습니다.
straightening up again, he looked at the fair, charming face
그는 다시 몸을 일으켜 아름답고 매력적인 얼굴을 바라보았다.

he read her smart eyes with the high arcs
그는 그녀의 높은 호로 똑똑함을 읽었습니다.

he breathed in a fragrance of something he did not know
그는 자신이 모르는 무언가의 향기를 들이마셨다

With a smile, the beautiful woman nodded for a moment
미소를 지으며 그 아름다운 여인은 잠시 고개를 끄덕였다.

then she disappeared into the garden
그러고 나서 그녀는 정원으로 사라졌다.

and then the servants disappeared as well
그리고 하인들도 사라졌다

"I am entering this city with a charming omen" Siddhartha thought
"나는 매혹적인 징조와 함께 이 도시에 들어간다" 시다르타는 생각했다.

He instantly felt drawn into the garden
그는 즉시 정원으로 끌리는 것을 느꼈습니다.

but he thought about his situation
하지만 그는 자신의 상황을 생각했다

he became aware of how the servants and maids had looked at him
그는 하인들과 하녀들이 자신을 바라보는 모습을 알게 되었다.

they thought him despicable, distrustful, and rejected him
그들은 그를 멸시하고 불신하며 거부했습니다.

"I am still a Samana" he thought
"나는 여전히 사마나다"라고 그는 생각했습니다.

"I am still an ascetic and beggar"
"나는 아직도 고행자이며 거지입니다"

"I must not remain like this"
"나는 이렇게 머물러서는 안 된다"

"I will not be able to enter the garden like this," he laughed
"이대로는 정원에 들어갈 수 없겠지" 그는 웃으며 말했다.

he asked the next person who came along the path about the garden
그는 길을 따라 오는 다음 사람에게 정원에 대해 물었습니다.

and he asked for the name of the woman
그리고 그는 그 여자의 이름을 물었습니다.

he was told that this was the garden of Kamala, the famous courtesan
그는 이곳이 유명한 창녀 카말라의 정원이라고 들었습니다.

and he was told that she also owned a house in the city
그리고 그녀도 도시에 집을 소유하고 있다는 말을 들었다

Then, he entered the city with a goal
그러고 나서 그는 목표를 가지고 도시에 들어갔다.

Pursuing his goal, he allowed the city to suck him in
그는 자신의 목표를 추구하면서 도시가 그를 빨아들이도록 내버려 두었습니다.

he drifted through the flow of the streets
그는 거리의 흐름 속을 떠돌았다

he stood still on the squares in the city
그는 도시의 광장에 멈춰 서 있었다

he rested on the stairs of stone by the river
그는 강가의 돌계단에 앉아 쉬었다

When the evening came, he made friends with a barber's assistant
저녁이 되자 그는 이발소 조수와 친구가 되었다.

he had seen him working in the shade of an arch
그는 그가 아치 그늘에서 일하는 것을 보았습니다.

and he found him again praying in a temple of Vishnu
그리고 그는 다시 비슈누 사원에서 기도하는 그를 발견했습니다.

he told about stories of Vishnu and the Lakshmi
그는 비슈누와 락슈미에 대한 이야기를 들려주었습니다.
Among the boats by the river, he slept this night
그는 강가의 배들 사이에서 이 밤을 잤다
Siddhartha came to him before the first customers came into his shop
시다르타는 첫 손님이 그의 가게에 들어오기 전에 그에게 왔습니다.
he had the barber's assistant shave his beard and cut his hair
그는 이발사 조수에게 그의 수염을 깎고 머리를 자르게 했다.
he combed his hair and anointed it with fine oil
그는 그의 머리카락을 빗고 고운 기름을 바르고
Then he went to take his bath in the river
그런 다음 그는 강에서 목욕을 하러 갔습니다.

late in the afternoon, beautiful Kamala approached her garden
오후 늦게, 아름다운 카말라가 그녀의 정원에 다가갔습니다.
Siddhartha was standing at the entrance again
시다르타는 다시 입구에 서 있었습니다.
he made a bow and received the courtesan's greeting
그는 절을 하고 기생의 인사를 받았다.
he got the attention of one of the servant
그는 하인 중 한 사람의 관심을 끌었다
he asked him to inform his mistress
그는 그에게 그의 여주인에게 알려달라고 요청했습니다.
"a young Brahman wishes to talk to her"
"어린 브라만이 그녀와 이야기하고 싶어한다"
After a while, the servant returned
얼마 후 하인이 돌아왔다.
the servant asked Siddhartha to follow him
하인은 시다르타에게 자신을 따라오라고 했습니다.
Siddhartha followed the servant into a pavilion

시다르타는 하인을 따라 정자로 들어갔다.
here Kamala was lying on a couch
여기 카말라는 소파에 누워 있었어요
and the servant left him alone with her
그리고 그 하인은 그를 그녀와 함께 남겨 두었다
"Weren't you also standing out there yesterday, greeting me?" asked Kamala
"어제도 당신도 저기 서서 나를 맞이하지 않았나요?" 카말라가 물었다.
"It's true that I've already seen and greeted you yesterday"
"어제 이미 뵙고 인사드린 것은 사실입니다"
"But didn't you yesterday wear a beard, and long hair?"
"하지만 어제는 수염과 긴 머리를 하고 있지 않았나요?"
"and was there not dust in your hair?"
"그리고 당신의 머리카락에 먼지가 묻어 있지 않았나요?"
"You have observed well, you have seen everything"
"당신은 잘 관찰했고, 모든 것을 보았습니다"
"You have seen Siddhartha, the son of a Brahman"
"당신은 브라만의 아들 시다르타를 보았습니다"
"the Brahman who has left his home to become a Samana"
"자신의 집을 떠나 사마나가 된 브라만"
"the Brahman who has been a Samana for three years"
"3년 동안 사마나였던 브라만"
"But now, I have left that path and came into this city"
"그러나 이제 나는 그 길을 떠나 이 도시로 왔습니다"
"and the first one I met, even before I had entered the city, was you"
"그리고 내가 도시에 들어가기도 전에 만난 첫 번째 사람은 바로 당신이었습니다"
"To say this, I have come to you, oh Kamala!"
"이 말을 하기 위해, 나는 당신에게 왔습니다, 오 카말라!"
"before, Siddhartha addressed all woman with his eyes to the ground"

"이전에 시다르타는 모든 여성을 향해 눈을 땅으로 향하게 했습니다"
"You are the first woman whom I address otherwise"
"당신은 내가 다르게 말하는 첫번째 여자야"
"Never again do I want to turn my eyes to the ground"
"나는 다시는 내 눈을 땅으로 돌리고 싶지 않다"
"I won't turn when I'm coming across a beautiful woman"
"아름다운 여인을 만나면 돌아서지 않을 거야"
Kamala smiled and played with her fan of peacocks' feathers
카말라는 미소를 지으며 공작 깃털로 만든 부채로 놀았습니다.
"And only to tell me this, Siddhartha has come to me?"
"그리고 시다르타가 나에게 왔다는 것을 알려주기 위해서인가?"
"To tell you this and to thank you for being so beautiful"
"이걸 전하고 싶고, 너무 예뻐서 고맙다고 말하고 싶어"
"I would like to ask you to be my friend and teacher"
"당신께 제 친구이자 선생님이 되어 달라고 부탁드리고 싶습니다"
"for I know nothing yet of that art which you have mastered"
"나는 아직 당신이 터득한 그 기술에 대해 아무것도 모릅니다"
At this, Kamala laughed aloud
이에 카말라는 큰 소리로 웃었다.
"Never before this has happened to me, my friend"
"이런 일은 전에 한 번도 나에게 일어난 적이 없습니다, 친구야"
"a Samana from the forest came to me and wanted to learn from me!"
"숲 속의 사마나 한 분이 나를 찾아와서 배우고 싶어하셨어요!"
"Never before this has happened to me"
"이런 일은 전에 한 번도 나에게 일어난 적이 없습니다"

"a Samana came to me with long hair and an old, torn loincloth!"
"사만다가 긴 머리와 낡고 찢어진 요추보를 두른 채로 나에게 왔습니다!"
"Many young men come to me"
"많은 젊은이들이 나에게 온다"
"and there are also sons of Brahmans among them"
"그리고 그들 중에는 브라만의 아들들도 있습니다"
"but they come in beautiful clothes"
"하지만 그들은 아름다운 옷을 입고 온다"
"they come in fine shoes"
"그들은 좋은 신발을 신고 온다"
"they have perfume in their hair
"그들은 머리카락에 향수를 가지고 있어요
"and they have money in their pouches"
"그리고 그들은 주머니에 돈을 가지고 있어요"
"This is how the young men are like, who come to me"
"나한테 오는 젊은이들은 이런 식이야"
Spoke Siddhartha, "Already I am starting to learn from you"
시다르타가 말했다. "나는 이미 당신에게서 배우기 시작했습니다."
"Even yesterday, I was already learning"
"어제도 이미 배우고 있었어요"
"I have already taken off my beard"
"나는 이미 수염을 벗었어요"
"I have combed the hair"
"나는 머리를 빗었다"
"and I have oil in my hair"
"그리고 내 머리카락에 기름이 묻어있어요"
"There is little which is still missing in me"
"나에게는 아직 부족한 것이 거의 없다"
"oh excellent one, fine clothes, fine shoes, money in my pouch"
"아, 훌륭한 분, 좋은 옷, 좋은 신발, 주머니에 돈이 있네요"

"You shall know Siddhartha has set harder goals for himself"
"싯다르타가 자신을 위해 더 어려운 목표를 설정했다는 것을 당신은 알게 될 것입니다"
"and he has reached these goals"
"그리고 그는 이러한 목표를 달성했습니다"
"How shouldn't I reach that goal?"
"어떻게 하면 그 목표에 도달할 수 없나요?"
"the goal which I have set for myself yesterday"
"어제 내가 정한 목표"
"to be your friend and to learn the joys of love from you"
"당신의 친구가 되고 당신에게서 사랑의 기쁨을 배우고 싶습니다"
"You'll see that I'll learn quickly, Kamala"
"내가 빨리 배울 수 있다는 걸 알게 될 거야, 카말라"
"I have already learned harder things than what you're supposed to teach me"
"나는 당신이 가르쳐야 할 것보다 더 어려운 것을 이미 배웠습니다"
"And now let's get to it"
"이제 시작하자"
"You aren't satisfied with Siddhartha as he is?"
"당신은 시다르타가 있는 그대로로는 만족하지 못하다는 거요?"
"with oil in his hair, but without clothes"
"머리카락에는 기름을 바르고 있었지만 옷은 입지 않았다"
"Siddhartha without shoes, without money"
"신발도 없고 돈도 없는 시다르타"
Laughing, Kamala exclaimed, "No, my dear"
카말라는 웃으면서 "아니요, 자기야"라고 외쳤다.
"he doesn't satisfy me, yet"
"그는 아직 나를 만족시키지 못해요"
"Clothes are what he must have"
"그가 꼭 가져야 할 것은 옷이에요"

"pretty clothes, and shoes is what he needs"
"예쁜 옷과 신발이 그에게 필요한 거야"
"pretty shoes, and lots of money in his pouch"
"예쁜 신발, 그리고 주머니에 돈이 가득"
"and he must have gifts for Kamala"
"그리고 그는 카말라에게 줄 선물이 있어야 합니다"
"Do you know it now, Samana from the forest?"
"이제 알았나요, 숲의 사마나?"
"Did you mark my words?"
"내 말을 기억했어?"
"Yes, I have marked your words," Siddhartha exclaimed
"예, 나는 당신의 말을 기억했습니다." 시다르타가 외쳤다.
"How should I not mark words which are coming from such a mouth!"
"이런 입에서 나오는 말에 어떻게 주목하지 않을 수 있겠어!"
"Your mouth is like a freshly cracked fig, Kamala"
"당신의 입은 갓 딴 무화과 같아요, 카말라"
"My mouth is red and fresh as well"
"내 입도 빨갛고 상큼해요"
"it will be a suitable match for yours, you'll see"
"그게 당신에게 딱 맞는 매치가 될 거야, 알게 될 거야"
"But tell me, beautiful Kamala"
"하지만 말해봐요, 아름다운 카말라"
"aren't you at all afraid of the Samana from the forest""
"너는 숲 속의 사마나를 전혀 두려워하지 않니?"
"the Samana who has come to learn how to make love"
"사랑을 하는 법을 배우러 온 사마나"
"Whatever for should I be afraid of a Samana?"
"내가 사마나를 두려워해야 하는 이유가 뭡니까?"
"a stupid Samana from the forest"
"숲에서 온 멍청한 사마나"
"a Samana who is coming from the jackals"
"자칼에서 온 사마나"

"a Samana who doesn't even know yet what women are?"
"여자들이 무엇인지도 아직 모르는 사마나?"
"Oh, he's strong, the Samana"
"아, 그는 강해요, 사마나"
"and he isn't afraid of anything"
"그리고 그는 아무것도 두려워하지 않는다"
"He could force you, beautiful girl"
"그는 당신을 강제로 만들 수 있어요, 아름다운 소녀"
"He could kidnap you and hurt you"
"그는 당신을 납치하고 다치게 할 수도 있어요"
"No, Samana, I am not afraid of this"
"아니요, 사마나, 저는 이것을 두려워하지 않습니다"
"Did any Samana or Brahman ever fear someone might come and grab him?"
"사문이나 브라만 중에 누군가가 와서 자기를 잡아갈까 봐 두려워한 사람이 있었나요?"
"could he fear someone steals his learning?
"누군가가 자신의 학습을 훔칠 것을 두려워할 수 있을까?
"could anyone take his religious devotion"
"누구든지 그의 종교적 헌신을 빼앗을 수 있을까"
"is it possible to take his depth of thought?
"그의 생각의 깊이를 측정하는 것이 가능할까?
"No, because these things are his very own"
"아니요, 이것들은 바로 그의 것이기 때문입니다"
"he would only give away the knowledge he is willing to give"
"그는 자신이 기꺼이 줄 지식만을 줄 것입니다"
"he would only give to those he is willing to give to"
"그는 자신이 주고 싶어하는 사람에게만 줄 것입니다"
"precisely like this it is also with Kamala"
"정확히 카말라도 그렇습니다"
"and it is the same way with the pleasures of love"
"그리고 그것은 사랑의 즐거움에도 마찬가지입니다"
"Beautiful and red is Kamala's mouth," answered Siddhartha

"카말라의 입은 아름답고 붉습니다." 시다르타가 대답했습니다.

"but don't try to kiss it against Kamala's will"
"하지만 카말라의 뜻에 반하여 키스하려고 하지 마세요"

"because you will not obtain a single drop of sweetness from it"
"그것은 네가 그로부터 단 한 방울의 달콤함도 얻지 못할 것이기 때문이니라"

"You are learning easily, Siddhartha"
"당신은 쉽게 배우고 있습니다, 시다르타"

"you should also learn this"
"너도 이걸 배워야 해"

"love can be obtained by begging, buying"
"사랑은 구걸하고, 사서 얻을 수 있다"

"you can receive it as a gift"
"선물로 받을 수도 있어요"

"or you can find it in the street"
"아니면 거리에서 찾을 수도 있어요"

"but love cannot be stolen"
"하지만 사랑은 훔칠 수 없다"

"In this, you have come up with the wrong path"
"이것에 있어서 당신은 잘못된 길을 택했습니다"

"it would be a pity if you would want to tackle love in such a wrong manner"
"사랑을 그렇게 잘못된 방식으로 다루고 싶어한다면 안타까운 일이겠죠"

Siddhartha bowed with a smile
시다르타는 미소를 지으며 절을 했습니다.

"It would be a pity, Kamala, you are so right"
"그건 안타까운 일이야, 카말라. 네 말이 정말 맞아"

"It would be such a great pity"
"정말 안타까운 일이네요"

"No, I shall not lose a single drop of sweetness from your mouth"

"아니, 나는 당신 입에서 단 한 방울의 달콤함도 잃지 않을 거야"
"nor shall you lose sweetness from my mouth"
"내 입에서 달콤함을 잃지 않을 것이다"
"So it is agreed. Siddhartha will return"
"그러면 합의가 됩니다. 시다르타가 돌아올 것입니다."
"Siddhartha will return once he has what he still lacks"
"시다르타는 자신에게 아직 부족한 것을 다 갖추면 돌아올 것이다"
"he will come back with clothes, shoes, and money"
"그는 옷과 신발, 돈을 가지고 돌아올 것이다"
"But speak, lovely Kamala, couldn't you still give me one small advice?"
"하지만, 사랑스러운 카말라, 당신은 나에게 작은 조언 하나만 해줄 수 없나요?"
"Give you an advice? Why not?"
"조언을 해줘? 왜 안 돼?"
"Who wouldn't like to give advice to a poor, ignorant Samana?"
"가난하고 무식한 사마나에게 조언을 해주고 싶지 않은 사람이 어디 있겠습니까?"
"Dear Kamala, where I should go to find these three things most quickly?"
"카말라 씨, 이 세 가지를 가장 빨리 찾으려면 어디로 가야 하나요?"
"Friend, many would like to know this"
"친구여, 많은 사람들이 이것을 알고 싶어합니다"
"You must do what you've learned and ask for money"
"당신은 당신이 배운 것을 실천하고 돈을 요청해야 합니다"
"There is no other way for a poor man to obtain money"
"가난한 사람이 돈을 얻는 다른 방법은 없습니다"
"What might you be able to do?"
"당신이 할 수 있는 일은 무엇입니까?"
"I can think. I can wait. I can fast" said Siddhartha

"나는 생각할 수 있다. 나는 기다릴 수 있다. 나는 금식할 수 있다"고 시다르타가 말했다.
"Nothing else?" asked Kamala
"다른 건 없나요?" 카말라가 물었다.
"yes, I can also write poetry"
"네, 저도 시를 쓸 수 있어요"
"Would you like to give me a kiss for a poem?"
"시를 써서 키스해 주시겠어요?"
"I would like to, if I like your poem"
"내가 당신의 시를 좋아한다면, 그렇게 하고 싶습니다."
"What would be its title?"
"제목이 뭐지?"
Siddhartha spoke, after he had thought about it for a moment
시다르타는 잠시 생각한 뒤 이렇게 말했습니다.
"Into her shady garden stepped the pretty Kamala"
"그녀의 그늘진 정원으로 예쁜 카말라가 들어왔습니다."
"At the garden's entrance stood the brown Samana"
"정원 입구에는 갈색 사마나가 서 있었습니다."
"Deeply, seeing the lotus's blossom, Bowed that man"
"깊이 생각하여 연꽃이 피는 것을 보고 그 사람은 절을 하였습니다."
"and smiling, Kamala thanked him"
"그리고 미소를 지으며 카말라는 그에게 감사했다"
"More lovely, thought the young man, than offerings for gods"
"신에게 바치는 제물보다 더 사랑스럽다"고 청년은 생각했습니다.
Kamala clapped her hands so loud that the golden bracelets clanged
카말라는 금팔찌가 쿵쿵 울릴 정도로 큰 소리로 손뼉을 쳤다.
"Beautiful are your verses, oh brown Samana"
"당신의 구절은 아름답습니다, 오 갈색 사마나여"

"and truly, I'm losing nothing when I'm giving you a kiss for them"
"그리고 정말로, 내가 너에게 키스를 해줄 때 나는 아무것도 잃지 않을 거야"

She beckoned him with her eyes
그녀는 눈으로 그를 손짓했다

he tilted his head so that his face touched hers
그는 머리를 기울여 그의 얼굴이 그녀의 얼굴에 닿도록 했다.

and he placed his mouth on her mouth
그리고 그는 자신의 입을 그녀의 입에 대었다

the mouth which was like a freshly cracked fig
갓 깬 무화과 같은 입

For a long time, Kamala kissed him
오랫동안 카말라는 그에게 키스했다

and with a deep astonishment Siddhartha felt how she taught him
그리고 깊은 놀라움과 함께 시다르타는 그녀가 그에게 어떻게 가르쳤는지 느꼈습니다.

he felt how wise she was
그는 그녀가 얼마나 현명한지 느꼈다

he felt how she controlled him
그는 그녀가 자신을 어떻게 조종하는지 느꼈다

he felt how she rejected him
그는 그녀가 자신을 거부하는 것을 느꼈다

he felt how she lured him
그는 그녀가 자신을 어떻게 유혹하는지 느꼈다

and he felt how there were to be more kisses
그리고 그는 더 많은 키스가 있을 것이라고 느꼈습니다.

every kiss was different from the others
모든 키스는 다른 키스와 달랐다

he was still, when he received the kisses
그는 키스를 받았을 때 움직이지 않았다

Breathing deeply, he remained standing where he was
그는 심호흡을 하고 그 자리에 그대로 서 있었다.

he was astonished like a child about the things worth learning
그는 배울 가치가 있는 것에 대해 아이처럼 놀랐다
the knowledge revealed itself before his eyes
지식은 그의 눈앞에 드러났다
"Very beautiful are your verses" exclaimed Kamala
"당신의 시는 정말 아름답군요" 카말라가 외쳤다.
"if I were rich, I would give you pieces of gold for them"
"내가 부자라면 그들에게 금화 몇 개를 주었을 거야"
"But it will be difficult for you to earn enough money with verses"
"하지만 당신이 구절로 충분한 돈을 벌기란 어려울 것입니다"
"because you need a lot of money, if you want to be Kamala's friend"
"카말라의 친구가 되고 싶다면 돈이 많이 필요하거든요"
"The way you're able to kiss, Kamala!" stammered Siddhartha
"당신이 키스할 수 있는 방식, 카말라!" 시다르타가 더듬거리며 말했습니다.
"Yes, this I am able to do"
"네, 저는 할 수 있습니다"
"therefore I do not lack clothes, shoes, bracelets"
"그러므로 나는 옷도 신발도 팔찌도 부족함이 없노라"
"I have all the beautiful things"
"나는 아름다운 것들을 모두 가지고 있어요"
"But what will become of you?"
"하지만 당신은 어떻게 될 건가요?"
"Aren't you able to do anything else?"
"다른 건 할 수 없니?"
"can you do more than think, fast, and make poetry?"
"생각하고, 빠르게, 시를 만드는 것 외에 다른 것을 할 수 있나요?"
"I also know the sacrificial songs" said Siddhartha

시다르타는 "나는 또한 희생의 노래를 알고 있습니다"라고 말했습니다.
"but I do not want to sing those songs anymore"
"하지만 나는 더 이상 그 노래를 부르고 싶지 않아요"
"I also know how to make magic spells"
"나는 마법 주문을 만드는 법도 알고 있어요"
"but I do not want to speak them anymore"
"하지만 나는 더 이상 말하고 싶지 않아요"
"I have read the scriptures"
"나는 성경을 읽었습니다"
"Stop!" Kamala interrupted him
"그만해!" 카말라가 그를 가로채며 말했다.
"You're able to read and write?"
"읽고 쓸 줄 아세요?"
"Certainly, I can do this, many people can"
"물론, 저는 할 수 있고 많은 사람들이 할 수 있어요"
"Most people can't," Kamala replied
"대부분의 사람들은 할 수 없어요." 카말라가 대답했습니다.
"I am also one of those who can't do it"
"나도 그걸 못하는 사람 중 하나예요"
"It is very good that you're able to read and write"
"당신이 읽고 쓸 줄 아는 건 참 좋은 일이에요"
"you will also find use for the magic spells"
"마법 주문도 유용하게 쓰일 거야"
In this moment, a maid came running in
이때 하녀가 달려왔다.
she whispered a message into her mistress's ear
그녀는 여주인의 귀에 속삭이는 메시지를 전했습니다.
"There's a visitor for me" exclaimed Kamala
"나에게 방문객이 왔어요" 카말라가 외쳤다.
"Hurry and get yourself away, Siddhartha"
"빨리 떠나라, 시다르타"
"nobody may see you in here, remember this!"

"여기 있는 사람은 아무도 당신을 볼 수 없습니다. 이걸 기억하세요!"
"Tomorrow, I'll see you again"
"내일 또 만나요"
Kamala ordered her maid to give Siddhartha white garments
카말라는 하인에게 시다르타에게 흰 옷을 주라고 명령했습니다.
and then Siddhartha found himself being dragged away by the maid
그리고 시다르타는 하녀에게 끌려가는 자신을 발견했습니다.
he was brought into a garden-house out of sight of any paths
그는 어떤 길에서도 보이지 않는 정원집으로 옮겨졌습니다.
then he was led into the bushes of the garden
그런 다음 그는 정원의 덤불 속으로 인도되었습니다.
he was urged to get himself out of the garden as soon as possible
그는 가능한 한 빨리 정원에서 나가라는 권고를 받았습니다.
and he was told he must not be seen
그리고 그는 보이지 않아야 한다고 들었습니다.
he did as he had been told
그는 들은 대로 했다
he was accustomed to the forest
그는 숲에 익숙해 있었다
so he managed to get out without making a sound
그래서 그는 소리도 내지 않고 빠져나올 수 있었다

he returned to the city carrying the rolled up garments under his arm
그는 팔 아래에 말아 놓은 옷을 안고 도시로 돌아갔다.
At the inn, where travellers stay, he positioned himself by the door

여행자들이 머무는 여관에서 그는 문 옆에 자리를 잡았습니다.

without words he asked for food
그는 말없이 음식을 요구했다

without a word he accepted a piece of rice-cake
그는 아무 말 없이 떡 한 조각을 받았다.

he thought about how he had always begged
그는 자신이 항상 간청했던 일을 생각했다

"Perhaps as soon as tomorrow I will ask no one for food anymore"
"아마도 내일이면 더 이상 누구에게도 음식을 요구하지 않을 거야"

Suddenly, pride flared up in him
갑자기 그에게 교만함이 불타올랐다.

He was no Samana any more
그는 더 이상 사마나가 아니었습니다.

it was no longer appropriate for him to beg for food
그에게는 더 이상 음식을 구걸하는 것이 적절하지 않았습니다.

he gave the rice-cake to a dog
그는 떡을 개에게 주었다

and that night he remained without food
그리고 그날 밤 그는 아무것도 먹지 않고 지냈다.

Siddhartha thought to himself about the city
시다르타는 도시에 대해 생각했습니다.

"Simple is the life which people lead in this world"
"이 세상 사람들은 단순한 삶을 살아간다"

"this life presents no difficulties"
"이 삶에는 어려움이 없다"

"Everything was difficult and toilsome when I was a Samana"
"내가 사마나였을 때는 모든 것이 어렵고 힘들었습니다."

"as a Samana everything was hopeless"
"사마나로서 모든 것이 희망이 없었습니다"

"but now everything is easy"
"하지만 지금은 모든 게 쉬워졌어요"
"it is easy like the lesson in kissing from Kamala"
"카말라의 키스 레슨처럼 쉬운 일이에요"
"I need clothes and money, nothing else"
"옷과 돈이 필요해요. 그 외에는 아무것도 필요 없어요."
"these goals are small and achievable"
"이러한 목표는 작고 달성 가능합니다"
"such goals won't make a person lose any sleep"
"그런 목표는 사람을 잠 못 이루게 하지 않을 것이다"

the next day he returned to Kamala's house
다음날 그는 카말라의 집으로 돌아갔다
"Things are working out well" she called out to him
"일이 잘 풀리고 있어요" 그녀가 그에게 소리쳤다.
"They are expecting you at Kamaswami's"
"그들은 카마스와미네에 당신을 기다리고 있어요"
"he is the richest merchant of the city"
"그는 그 도시에서 가장 부유한 상인이다"
"If he likes you, he'll accept you into his service"
"그가 당신을 좋아한다면 그는 당신을 그의 부하로 받아들일 것입니다"
"but you must be smart, brown Samana"
"하지만 당신은 똑똑해야 해요, 갈색 사마나"
"I had others tell him about you"
"나는 다른 사람들에게 당신에 대해 그에게 말하게 했습니다"
"Be polite towards him, he is very powerful"
"그에게 공손하게 대해주세요. 그는 매우 강력해요"
"But I warn you, don't be too modest!"
"하지만 경고하는데, 너무 겸손하지 마세요!"
"I do not want you to become his servant"
"나는 네가 그의 종이 되기를 원치 않는다"
"you shall become his equal"
"너는 그의 동등자가 될 것이다"

"or else I won't be satisfied with you"
"그렇지 않으면 나는 너에게 만족하지 않을 것이다"
"Kamaswami is starting to get old and lazy"
"카마스와미는 늙고 게으르기 시작했습니다"
"If he likes you, he'll entrust you with a lot"
"그가 당신을 좋아한다면 그는 당신에게 많은 것을 맡길 것입니다"
Siddhartha thanked her and laughed
시다르타는 그녀에게 고맙다고 말하고 웃었다.
she found out that he had not eaten
그녀는 그가 아무것도 먹지 않았다는 것을 알았다
so she sent him bread and fruits
그래서 그녀는 그에게 빵과 과일을 보냈습니다.
"You've been lucky" she said when they parted
그들은 헤어질 때 "너는 운이 좋았어"라고 말했다.
"I'm opening one door after another for you"
"나는 당신을 위해 하나하나 문을 열어줄게요"
"How come? Do you have a spell?"
"왜요? 주문이 있나요?"
"I told you I knew how to think, to wait, and to fast"
"나는 생각하는 법, 기다리는 법, 금식하는 법을 안다고 말했어요"
"but you thought this was of no use"
"하지만 당신은 이게 쓸모없다고 생각했어요"
"But it is useful for many things"
"하지만 그것은 많은 것에 유용합니다"
"Kamala, you'll see that the stupid Samanas are good at learning"
"카말라, 멍청한 사마나들도 배우는 데 능숙하다는 것을 알게 될 거야"
"you'll see they are able to do many pretty things in the forest"
"너는 그들이 숲에서 많은 아름다운 일을 할 수 있다는 것을 보게 될 거야"
"things which the likes of you aren't capable of"

"너 같은 놈들이 할 수 없는 일"
"The day before yesterday, I was still a shaggy beggar"
"그저께만 해도 나는 털 많은 거지였어"
"as recently as yesterday I have kissed Kamala"
"어제만 해도 나는 카말라에게 키스를 했어"
"and soon I'll be a merchant and have money"
"그리고 곧 나는 상인이 되어 돈을 벌게 될 거야"
"and I'll have all those things you insist upon"
"그리고 당신이 주장하는 모든 것을 내가 갖게 될 거야"
"Well yes," she admitted, "but where would you be without me?"
"물론이죠." 그녀가 인정했다. "하지만 나 없이 당신은 어디에 있었겠어요?"
"What would you be, if Kamala wasn't helping you?"
"카말라가 당신을 돕지 않는다면, 당신은 무엇이 될 것인가요?"
"Dear Kamala" said Siddhartha
시다르타는 "사랑하는 카말라"라고 말했습니다.
and he straightened up to his full height
그리고 그는 온몸을 쭉 뻗었다.
"when I came to you into your garden, I did the first step"
"내가 당신의 정원으로 왔을 때, 나는 첫 걸음을 내딛었습니다"
"It was my resolution to learn love from this most beautiful woman"
"이 아름다운 여인에게서 사랑을 배우기로 결심했습니다"
"that moment I had made this resolution"
"그 순간 나는 이런 결심을 했어"
"and I knew I would carry it out"
"그리고 나는 그것을 실행할 것이라는 것을 알았습니다"
"I knew that you would help me"
"당신이 나를 도울 것이라는 것을 알았습니다"
"at your first glance at the entrance of the garden I already knew it"

"정원 입구를 처음 본 순간 나는 이미 그것을 알고 있었습니다"

"But what if I hadn't been willing?" asked Kamala
"하지만 내가 기꺼이 하지 않았다면 어땠을까?" 카말라가 물었다.

"You were willing" replied Siddhartha
"당신은 기꺼이 그렇게 했습니다."라고 시다르타가 대답했습니다.

"When you throw a rock into water, it takes the fastest course to the bottom"
"물속에 돌을 던지면 바닥까지 가장 빨리 도달합니다"

"This is how it is when Siddhartha has a goal"
"시다르타가 목표를 가지면 이런 것이다"

"Siddhartha does nothing; he waits, he thinks, he fasts"
"시다르타는 아무것도 하지 않는다; 그는 기다리고, 생각하고, 금식한다"

"but he passes through the things of the world like a rock through water"
"그러나 그는 물 속의 바위와 같이 세상의 것들을 통과합니다"

"he passed through the water without doing anything"
"그는 아무것도 하지 않고 물 속을 지나갔다"

"he is drawn to the bottom of the water"
"그는 물 밑으로 끌려간다"

"he lets himself fall to the bottom of the water"
"그는 자신을 물속으로 빠지게 했다"

"His goal attracts him towards it"
"그의 목표는 그를 그쪽으로 끌어당긴다"

"he doesn't let anything enter his soul which might oppose the goal"
"그는 목표에 반대되는 어떤 것도 그의 영혼에 들어오지 못하게 했습니다"

"This is what Siddhartha has learned among the Samanas"
"이것이 시다르타가 사마나들 사이에서 배운 것입니다."

"This is what fools call magic"

"이게 바로 바보들이 마법이라고 부르는 거야"
"they think it is done by daemons"
"그들은 그것이 데몬에 의해 이루어진다고 생각한다"
"but nothing is done by daemons"
"하지만 데몬은 아무것도 하지 않는다"
"there are no daemons in this world"
"이 세상에는 데몬이 없다"
"Everyone can perform magic, should they choose to"
"누구나 마법을 쓸 수 있습니다. 원한다면요"
"everyone can reach his goals if he is able to think"
"생각할 수만 있다면 누구나 자신의 목표를 달성할 수 있다"
"everyone can reach his goals if he is able to wait"
"누구나 기다릴 수만 있다면 목표를 달성할 수 있다"
"everyone can reach his goals if he is able to fast"
"누구나 금식만 하면 자신의 목표를 달성할 수 있다"
Kamala listened to him; she loved his voice
카말라는 그의 말을 경청했습니다. 그녀는 그의 목소리를 좋아했습니다.
she loved the look from his eyes
그녀는 그의 눈빛이 너무 마음에 들었다
"Perhaps it is as you say, friend"
"아마도 당신이 말한 대로일 거예요, 친구야"
"But perhaps there is another explanation"
"하지만 아마도 또 다른 설명이 있을 수도 있을 겁니다"
"Siddhartha is a handsome man"
"시다르타는 잘생긴 남자다"
"his glance pleases the women"
"그의 시선은 여성들을 기쁘게 한다"
"good fortune comes towards him because of this"
"그 사람 때문에 행운이 찾아온다"
With one kiss, Siddhartha bid his farewell
시다르타는 한 번의 키스로 작별 인사를 했습니다.
"I wish that it should be this way, my teacher"
"저도 이렇게 되기를 바랍니다, 선생님"

"I wish that my glance shall please you"
"내 시선이 당신을 기쁘게 하기를 바랍니다"
"I wish that that you always bring me good fortune"
"당신이 항상 나에게 행운을 가져다 주길 바랍니다"

With the Childlike People
어린아이 같은 사람들과 함께

Siddhartha went to Kamaswami the merchant
시다르타는 상인 카마스와미에게 갔다.

he was directed into a rich house
그는 부유한 집으로 인도되었다

servants led him between precious carpets into a chamber
하인들은 그를 귀중한 카펫 사이로 인도하여 방으로 들어갔다.

in the chamber was where he awaited the master of the house
그 방은 그가 집주인을 기다리던 곳이었다

Kamaswami entered swiftly into the room
카마스와미는 재빨리 방 안으로 들어왔다.

he was a smoothly moving man
그는 움직임이 매끄러운 남자였다

he had very gray hair and very intelligent, cautious eyes
그는 매우 회색 머리카락과 매우 지적이고 조심스러운 눈을 가지고 있었습니다.

and he had a greedy mouth
그리고 그는 탐욕스러운 입을 가지고 있었다

Politely, the host and the guest greeted one another
호스트와 손님은 정중하게 서로 인사를 나누었습니다.

"I have been told that you were a Brahman" the merchant began
"당신이 브라만이라고 들었습니다." 상인이 말을 시작했습니다.

"I have been told that you are a learned man"
"당신은 학식이 풍부하다는 말을 들었습니다"

"and I have also been told something else"
"그리고 또 다른 말도 들었습니다"

"you seek to be in the service of a merchant"
"당신은 상인의 서비스를 원합니다"

"Might you have become destitute, Brahman, so that you seek to serve?"
"브라만이여, 당신이 가난해져서 봉사하고자 하는 것 아니겠습니까?"
"No," said Siddhartha, "I have not become destitute"
"아니요." 시다르타가 말했다. "나는 가난해지지 않았습니다."
"nor have I ever been destitute" added Siddhartha
"나는 결코 가난했던 적이 없습니다"라고 시다르타가 덧붙였습니다.
"You should know that I'm coming from the Samanas"
"내가 사마나에서 왔다는 걸 알아야 해"
"I have lived with them for a long time"
"나는 그들과 오랫동안 살았다"
"you are coming from the Samanas"
"당신은 사마나에서 왔어요"
"how could you be anything but destitute?"
"당신이 가난하지 않을 수 있겠어?"
"Aren't the Samanas entirely without possessions?"
"사마나들은 전혀 소유물이 없지 않나요?"
"I am without possessions, if that is what you mean" said Siddhartha
"내가 소유물이 없다는 말이 맞다면" 시다르타가 말했다.
"But I am without possessions voluntarily"
"하지만 나는 자발적으로 소유물이 없습니다"
"and therefore I am not destitute"
"그러므로 나는 가난하지 아니하니라"
"But what are you planning to live from, being without possessions?"
"하지만 당신은 소유물 없이 무엇으로 살아갈 생각이야?"
"I haven't thought of this yet, sir"
"저는 아직 그것에 대해 생각해 본 적이 없습니다, 선생님"
"For more than three years, I have been without possessions"

"나는 3년 이상 무소유 상태였습니다"
"and I have never thought about of what I should live"
"그리고 나는 내가 어떻게 살아야 할지 한 번도 생각해 본 적이 없다"
"So you've lived of the possessions of others"
"그래서 당신은 다른 사람의 소유물로 살았군요"
"Presumable, this is how it is?"
"그럴 수도 있겠지, 이런 식일 거야?"
"Well, merchants also live of what other people own"
"그럼 상인들도 남의 소유물로 살아가잖아"
"Well said," granted the merchant
"잘 말씀하셨습니다." 상인이 허락했습니다.
"But he wouldn't take anything from another person for nothing"
"하지만 그는 다른 사람에게서 아무것도 무료로 받지는 않을 것입니다."
"he would give his merchandise in return" said Kamaswami
카마스와미는 "그는 대가로 자신의 상품을 줄 것"이라고 말했다.
"So it seems to be indeed"
"그렇게 보이는 건 사실이에요"
"Everyone takes, everyone gives, such is life"
"모두가 받고, 모두가 주는 것이 인생이다"
"But if you don't mind me asking, I have a question"
"하지만 제가 묻는 것이 괜찮다면, 질문이 하나 있어요."
"being without possessions, what would you like to give?"
"소유물이 없는데, 무엇을 주고 싶나요?"
"Everyone gives what he has"
"모든 사람은 자신이 가진 것을 제공합니다"
"The warrior gives strength"
"전사는 힘을 준다"
"the merchant gives merchandise"
"상인은 상품을 준다"
"the teacher gives teachings"
"선생님은 가르침을 주십니다"

"the farmer gives rice"
"농부가 쌀을 준다"
"the fisher gives fish"
"어부가 물고기를 준다"
"Yes indeed. And what is it that you've got to give?"
"그렇죠. 그리고 당신이 줄 수 있는 것은 뭐예요?"
"What is it that you've learned?"
"당신은 무엇을 배웠나요?"
"what you're able to do?"
"당신은 무엇을 할 수 있나요?"
"I can think. I can wait. I can fast"
"나는 생각할 수 있어요. 나는 기다릴 수 있어요. 나는 금식할 수 있어요"
"That's everything?" asked Kamaswami
"그게 전부예요?" 카마스와미가 물었습니다.
"I believe that is everything there is!"
"나는 그것이 전부라고 믿어요!"
"And what's the use of that?"
"그게 무슨 소용이겠어요?"
"For example; fasting. What is it good for?"
"예를 들어; 금식. 무엇에 좋은가요?"
"It is very good, sir"
"아주 좋습니다, 선생님"
"there are times a person has nothing to eat"
"사람이 먹을 게 없는 때가 있다"
"then fasting is the smartest thing he can do"
"그럼 금식은 그가 할 수 있는 가장 현명한 일이군요"
"there was a time where Siddhartha hadn't learned to fast"
"시다르타가 단식을 배우지 못했던 시대가 있었습니다"
"in this time he had to accept any kind of service"
"이 기간 동안 그는 어떤 종류의 서비스라도 받아들여야 했습니다"
"because hunger would force him to accept the service"
"배고픔 때문에 그 서비스를 받아야 했기 때문"
"But like this, Siddhartha can wait calmly"

"하지만 이렇게 하면 시다르타는 차분히 기다릴 수 있다"
"he knows no impatience, he knows no emergency"
"그는 참을성이 없고, 긴급 상황도 모른다"
"for a long time he can allow hunger to besiege him"
"그는 오랫동안 배고픔에 시달리게 할 수 있습니다"
"and he can laugh about the hunger"
"그리고 그는 배고픔에 대해 웃을 수 있습니다"
"This, sir, is what fasting is good for"
"이것이 바로 금식의 좋은 점입니다."
"You're right, Samana" acknowledged Kamaswami
"당신 말이 맞아요, 사마나" 카마스와미가 인정했습니다.
"Wait for a moment" he asked of his guest
그는 손님에게 "잠깐만 기다려 주세요"라고 부탁했다.
Kamaswami left the room and returned with a scroll
카마스와미는 방을 나가서 두루마리를 가지고 돌아왔다.
he handed Siddhartha the scroll and asked him to read it
그는 시다르타에게 두루마리를 건네주고 읽어보라고 했습니다.
Siddhartha looked at the scroll handed to him
시다르타는 자기에게 건네진 두루마리를 바라보았다.
on the scroll a sales-contract had been written
두루마리에는 매매계약서가 쓰여 있었다
he began to read out the scroll's contents
그는 두루마리의 내용을 읽기 시작했다
Kamaswami was very pleased with Siddhartha
카마스와미는 시다르타를 매우 기뻐했습니다.
"would you write something for me on this piece of paper?"
"이 종이에 제게 뭔가 써 주시겠어요?"
He handed him a piece of paper and a pen
그는 그에게 종이 한 장과 펜을 건네주었다.
Siddhartha wrote, and returned the paper
시다르타는 편지를 쓰고 돌려주었다.
Kamaswami read, "Writing is good, thinking is better"
카마스와미는 "글쓰기는 좋고, 생각하는 것은 더 좋다"고 읽었습니다.

"Being smart is good, being patient is better"
"똑똑한 게 좋고, 인내심 있는 게 더 좋다"
"It is excellent how you're able to write" the merchant praised him
상인은 "당신이 글을 잘 쓰는 것은 참 훌륭한 일입니다"라고 칭찬했다.
"Many a thing we will still have to discuss with one another"
"우리가 아직 서로 논의해야 할 것이 많습니다."
"For today, I'm asking you to be my guest"
"오늘은 당신이 내 손님이 되어주시기를 바랍니다"
"please come to live in this house"
"이 집에 와서 살아주세요"
Siddhartha thanked Kamaswami and accepted his offer
시다르타는 카마스와미에게 감사를 표하고 그의 제안을 수락했습니다.
he lived in the dealer's house from now on
그는 이제부터 딜러의 집에서 살았다
Clothes were brought to him, and shoes
그에게는 옷과 신발이 가져왔다.
and every day, a servant prepared a bath for him
그리고 매일 하인이 그를 위해 목욕물을 준비했습니다.

Twice a day, a plentiful meal was served
하루에 두 번씩 풍성한 식사가 제공되었습니다.
but Siddhartha only ate once a day
그러나 시다르타는 하루에 한 번만 먹었습니다.
and he ate neither meat, nor did he drink wine
그리고 그는 고기를 먹지도 않았고, 포도주도 마시지 않았습니다.
Kamaswami told him about his trade
카마스와미는 그에게 자신의 직업에 대해 말했습니다.
he showed him the merchandise and storage-rooms
그는 그에게 상품과 보관실을 보여주었다.
he showed him how the calculations were done
그는 그에게 계산이 어떻게 이루어지는지 보여주었다

Siddhartha got to know many new things
시다르타는 많은 새로운 것을 알게 되었다
he heard a lot and spoke little
그는 많이 듣고 거의 말하지 않았다
but he did not forget Kamala's words
그러나 그는 카말라의 말을 잊지 않았다.
so he was never subservient to the merchant
그래서 그는 결코 상인에게 복종하지 않았습니다.
he forced him to treat him as an equal
그는 그를 동등한 사람으로 대우하도록 강요했다
perhaps he forced him to treat him as even more than an equal
아마도 그는 그를 동등 이상으로 대우하도록 강요했을 것입니다.
Kamaswami conducted his business with care
카마스와미는 자신의 사업을 신중하게 진행했습니다.
and he was very passionate about his business
그리고 그는 자신의 사업에 대해 매우 열정적이었습니다.
but Siddhartha looked upon all of this as if it was a game
그러나 시다르타는 이 모든 것을 마치 게임처럼 여겼습니다.
he tried hard to learn the rules of the game precisely
그는 게임의 규칙을 정확하게 배우기 위해 열심히 노력했습니다.
but the contents of the game did not touch his heart
하지만 게임의 내용은 그의 마음을 감동시키지 못했다
He had not been in Kamaswami's house for long
그는 오랫동안 카마스와미의 집에 있지 않았다.
but soon he took part in his landlord's business
그러나 곧 그는 집주인의 사업에 참여하게 되었습니다.

every day he visited beautiful Kamala
그는 매일 아름다운 카말라를 방문했습니다
Kamala had an hour appointed for their meetings

카말라는 회의를 위해 한 시간을 정해 놓았습니다.
she was wearing pretty clothes and fine shoes
그녀는 예쁜 옷과 좋은 신발을 신고 있었습니다
and soon he brought her gifts as well
그리고 곧 그는 그녀에게 선물도 가져왔습니다
Much he learned from her red, smart mouth
그는 그녀의 빨갛고 똑똑한 입에서 많은 것을 배웠습니다.
Much he learned from her tender, supple hand
그는 그녀의 부드럽고 유연한 손에서 많은 것을 배웠습니다.
regarding love, Siddhartha was still a boy
사랑에 관해서는 시다르타는 아직 소년이었습니다.
and he had a tendency to plunge into love blindly
그리고 그는 맹목적으로 사랑에 빠지는 경향이 있었습니다.
he fell into lust like into a bottomless pit
그는 마치 무저갱에 빠진 것처럼 정욕에 빠졌다
she taught him thoroughly, starting with the basics
그녀는 그에게 기본부터 철저히 가르쳤습니다.
pleasure cannot be taken without giving pleasure
즐거움을 주지 않고는 즐거움을 얻을 수 없습니다.
every gesture, every caress, every touch, every look
모든 몸짓, 모든 애무, 모든 터치, 모든 눈빛
every spot of the body, however small it was, had its secret
몸의 모든 부위는 아무리 작더라도 비밀이 있었습니다.
the secrets would bring happiness to those who know them
그 비밀은 그것을 아는 사람들에게 행복을 가져다 줄 것이다
lovers must not part from one another after celebrating love
연인들은 사랑을 축하한 후 서로 헤어져서는 안 된다
they must not part without one admiring the other
그들은 서로를 존경하지 않고는 헤어질 수 없습니다.
they must be as defeated as they have been victorious
그들은 승리한 것만큼 패배했을 것이다

neither lover should start feeling fed up or bored
두 연인 모두 지치거나 지루함을 느끼지 않아야 합니다.
they should not get the evil feeling of having been abusive
그들은 자신이 학대를 당했다는 나쁜 느낌을 받아서는 안 됩니다.
and they should not feel like they have been abused
그리고 그들은 자신이 학대를 받았다고 느껴서는 안 됩니다.
Wonderful hours he spent with the beautiful and smart artist
아름답고 똑똑한 예술가와 함께 보낸 멋진 시간들
he became her student, her lover, her friend
그는 그녀의 학생, 연인, 친구가 되었습니다.
Here with Kamala was the worth and purpose of his present life
여기 카말라와 함께 그의 현재 삶의 가치와 목적이 있었습니다.
his purpose was not with the business of Kamaswami
그의 목적은 카마스와미의 사업이 아니었습니다.

Siddhartha received important letters and contracts
시다르타는 중요한 편지와 계약서를 받았습니다.
Kamaswami began discussing all important affairs with him
카마스와미는 그와 모든 중요한 일을 논의하기 시작했습니다.
He soon saw that Siddhartha knew little about rice and wool
그는 곧 시다르타가 쌀과 양모에 대해 거의 알지 못한다는 것을 알게 되었습니다.
but he saw that he acted in a fortunate manner
그러나 그는 자신이 행운의 방식으로 행동했다는 것을 알았습니다.
and Siddhartha surpassed him in calmness and equanimity
그리고 시다르타는 침착함과 평정심에서 그를 능가했습니다.

he surpassed him in the art of understanding previously unknown people
그는 이전에 알려지지 않았던 사람들을 이해하는 기술에서 그를 능가했습니다.

Kamaswami spoke about Siddhartha to a friend
카마스와미는 친구에게 시다르타에 대해 이야기했습니다.

"This Brahman is no proper merchant"
"이 브라만은 적절한 상인이 아닙니다"

"he will never be a merchant"
"그는 결코 상인이 될 수 없을 것이다"

"for business there is never any passion in his soul"
"그의 영혼에는 사업에 대한 열정이 전혀 없습니다"

"But he has a mysterious quality about him"
"하지만 그에게는 신비한 면이 있어요"

"this quality brings success about all by itself"
"이런 자질은 그 자체로 성공을 가져다준다"

"it could be from a good Star of his birth"
"그것은 그가 태어난 좋은 별에서 온 것일 수도 있다"

"or it could be something he has learned among Samanas"
"아니면 사마나들 사이에서 배운 것일 수도 있어요"

"He always seems to be merely playing with our business-affairs"
"그는 항상 우리의 사업에 대해 놓고 있는 것 같아요"

"his business never fully becomes a part of him"
"그의 사업은 결코 그에게 완전히 일부가 되지 않는다"

"his business never rules over him"
"그의 사업은 결코 그를 지배하지 않는다"

"he is never afraid of failure"
"그는 실패를 결코 두려워하지 않는다"

"he is never upset by a loss"
"그는 결코 패배에 화를 내지 않는다"

The friend advised the merchant
친구가 상인에게 조언했다

"Give him a third of the profits he makes for you"

"그가 당신을 위해 벌어들이는 이익의 3분의 1을 그에게 주세요"
"but let him also be liable when there are losses"
"그러나 손실이 있을 때에는 그도 책임을 져야 한다"
"Then, he'll become more zealous"
"그러면 그는 더욱 열성적이 될 것이다"
Kamaswami was curious, and followed the advice
카마스와미는 호기심이 생겨 조언을 따랐습니다.
But Siddhartha cared little about loses or profits
그러나 시다르타는 손실이나 이익에 대해 별로 신경 쓰지 않았습니다.
When he made a profit, he accepted it with equanimity
그는 이익이 생기면 평정심을 가지고 그것을 받아들였다.
when he made losses, he laughed it off
그가 손해를 봤을 때 그는 그것을 웃어넘겼다
It seemed indeed, as if he did not care about the business
그는 실제로 사업에 관심이 없는 것처럼 보였습니다.
At one time, he travelled to a village
그는 어느때 한 마을로 여행을 갔다
he went there to buy a large harvest of rice
그는 많은 양의 쌀을 사러 그곳에 갔다
But when he got there, the rice had already been sold
그런데 그가 거기에 도착했을 때 쌀은 이미 팔려 나갔다.
another merchant had gotten to the village before him
그보다 먼저 다른 상인이 마을에 도착했습니다.
Nevertheless, Siddhartha stayed for several days in that village
그럼에도 불구하고 시다르타는 그 마을에 며칠 동안 머물렀습니다.
he treated the farmers for a drink
그는 농부들에게 술을 대접했다
he gave copper-coins to their children
그는 그들의 아이들에게 구리 동전을 주었다
he joined in the celebration of a wedding

그는 결혼식 축하에 참석했다

and he returned extremely satisfied from his trip
그리고 그는 여행에서 매우 만족한 채로 돌아왔다.

Kamaswami was angry that Siddhartha had wasted time and money
카마스와미는 시다르타가 시간과 돈을 낭비한 것에 화가 났습니다.

Siddhartha answered "Stop scolding, dear friend!"
시다르타는 "잔소리를 그만하시오, 친구야!"라고 대답했습니다.

"Nothing was ever achieved by scolding"
"꾸중해서 아무것도 이룰 수 없다"

"If a loss has occurred, let me bear that loss"
"손실이 발생하면 그 손실을 내가 감당하겠습니다"

"I am very satisfied with this trip"
"이번 여행은 매우 만족스러웠습니다"

"I have gotten to know many kinds of people"
"저는 다양한 사람들을 알게 되었습니다"

"a Brahman has become my friend"
"브라만이 내 친구가 되었습니다"

"children have sat on my knees"
"아이들이 내 무릎에 앉았어요"

"farmers have shown me their fields"
"농부들이 나에게 그들의 밭을 보여주었다"

"nobody knew that I was a merchant"
"내가 상인이라는 걸 아는 사람은 아무도 없었다"

"That's all very nice," exclaimed Kamaswami indignantly
"그게 다 아주 좋은 일이군요." 카마스와미가 분노하며 외쳤다.

"but in fact, you are a merchant after all"
"하지만 사실 당신은 상인이잖아요"

"Or did you have only travel for your amusement?"
"아니면 당신은 단지 즐거움을 위해 여행을 했나요?"

"of course I have travelled for my amusement" Siddhartha laughed

"물론 나는 즐거움을 위해 여행을 했습니다." 시다르타가 웃었다.
"For what else would I have travelled?"
"그렇지 않으면 나는 무엇을 위해 여행을 했겠는가?"
"I have gotten to know people and places"
"나는 사람들과 장소를 알게 되었습니다"
"I have received kindness and trust"
"나는 은혜와 신뢰를 받았습니다"
"I have found friendships in this village"
"나는 이 마을에서 우정을 찾았습니다"
"if I had been Kamaswami, I would have travelled back annoyed"
"내가 카마스와미였다면 짜증을 내며 돌아갔을 거야"
"I would have been in hurry as soon as my purchase failed"
"구매 실패하자마자 바로 서두르셨을 텐데요"
"and time and money would indeed have been lost"
"그리고 시간과 돈도 실제로 낭비되었을 것입니다"
"But like this, I've had a few good days"
"그런데 이렇게 좋은 날도 몇 번 있었어"
"I've learned from my time there"
"저는 그곳에서 보낸 시간으로부터 많은 것을 배웠습니다"
"and I have had joy from the experience"
"그리고 나는 그 경험에서 기쁨을 얻었습니다"
"I've neither harmed myself nor others by annoyance and hastiness"
"나는 성가심과 성급함으로 나 자신이나 다른 사람을 해친 적이 없습니다."
"if I ever return friendly people will welcome me"
"내가 다시 돌아온다면 친절한 사람들이 나를 환영할 거야"
"if I return to do business friendly people will welcome me too"
"내가 사업에 복귀하면 친절한 사람들도 나를 환영할 거야"

"I praise myself for not showing any hurry or displeasure"
"나는 서두르거나 불쾌해하지 않는 것을 칭찬합니다"
"So, leave it as it is, my friend"
"그러니 그대로 두세요, 친구야"
"and don't harm yourself by scolding"
"그리고 꾸중해서 자신을 해치지 마세요"
"If you see Siddhartha harming himself, then speak with me"
"싯다르타가 자신을 해치는 것을 본다면 나에게 말하세요"
"and Siddhartha will go on his own path"
"그리고 시다르타는 자신의 길을 갈 것이다"
"But until then, let's be satisfied with one another"
"그때까지는 서로 만족하자"
the merchant's attempts to convince Siddhartha were futile
상인이 시다르타를 설득하려는 시도는 무의미했다.
he could not make Siddhartha eat his bread
그는 시다르타에게 빵을 먹일 수 없었다.
Siddhartha ate his own bread
시다르타는 자기 빵을 먹었다
or rather, they both ate other people's bread
아니면 둘 다 남의 빵을 먹었던 거야
Siddhartha never listened to Kamaswami's worries
시다르타는 카마스와미의 걱정을 결코 듣지 않았습니다.
and Kamaswami had many worries he wanted to share
그리고 카마스와미는 공유하고 싶은 많은 걱정거리를 가지고 있었습니다.
there were business-deals going on in danger of failing
실패할 위험이 있는 사업 거래가 진행 중이었습니다.
shipments of merchandise seemed to have been lost
상품 배송이 분실된 것 같습니다
debtors seemed to be unable to pay
채무자들은 지불할 수 없는 것 같았다
Kamaswami could never convince Siddhartha to utter words of worry

카마스와미는 시다르타에게 걱정의 말을 하도록 결코 설득할 수 없었다.
Kamaswami could not make Siddhartha feel anger towards business
카마스와미는 시다르타가 사업에 대해 분노를 느끼게 할 수 없었습니다.
he could not get him to to have wrinkles on the forehead
그는 이마에 주름이 생기도록 만들 수 없었다
he could not make Siddhartha sleep badly
그는 시다르타를 잠들게 할 수 없었다

one day, Kamaswami tried to speak with Siddhartha
어느 날, 카마스와미는 시다르타와 대화를 시도했습니다.
"Siddhartha, you have failed to learn anything new"
"시다르타, 당신은 새로운 것을 아무것도 배우지 못했습니다"
but again, Siddhartha laughed at this
그러나 시다르타는 이에 다시 웃었다.
"Would you please not kid me with such jokes"
"저를 그런 농담으로 놀리지 말아주세요"
"What I've learned from you is how much a basket of fish costs"
"내가 당신에게서 배운 것은 물고기 한 바구니가 얼마인지입니다"
"and I learned how much interest may be charged on loaned money"
"그리고 나는 빌린 돈에 얼마나 많은 이자가 부과될 수 있는지 배웠습니다"
"These are your areas of expertise"
"이것이 당신의 전문 분야입니다"
"I haven't learned to think from you, my dear Kamaswami"
"나는 당신에게서 생각하는 법을 배우지 못했습니다, 나의 사랑하는 카마스와미"
"you ought to be the one seeking to learn from me"

"나에게서 배우고자 하는 사람은 바로 너야"

Indeed his soul was not with the trade
실제로 그의 영혼은 무역과 함께하지 않았습니다.

The business was good enough to provide him with money for Kamala
그 사업은 그에게 카말라에게 돈을 제공할 만큼 충분히 좋았습니다.

and it earned him much more than he needed
그리고 그것은 그에게 필요한 것보다 훨씬 더 많은 것을 가져다주었습니다.

Besides Kamala, Siddhartha's curiosity was with the people
카말라 외에도 시다르타의 호기심은 사람들에게 있었습니다.

their businesses, crafts, worries, and pleasures
그들의 사업, 기술, 걱정, 즐거움

all these things used to be alien to him
이 모든 것들은 그에게는 낯설었던 것들이었다

their acts of foolishness used to be as distant as the moon
그들의 어리석은 행동은 달만큼이나 멀리 떨어져 있었습니다.

he easily succeeded in talking to all of them
그는 그들 모두와 쉽게 대화하는 데 성공했습니다.

he could live with all of them
그는 그들 모두와 함께 살 수 있을 것 같아

and he could continue to learn from all of them
그리고 그는 그들 모두에게서 계속해서 배울 수 있었습니다.

but there was something which separated him from them
하지만 그를 그들과 분리시키는 무언가가 있었습니다.

he could feel a divide between him and the people
그는 자신과 사람들 사이에 분열이 있다는 것을 느낄 수 있었습니다.

this separating factor was him being a Samana
이 분리 요인은 그가 사마나라는 사실이었습니다.

He saw mankind going through life in a childlike manner

그는 인류가 어린아이처럼 삶을 살아가는 것을
보았습니다.
in many ways they were living the way animals live
여러 면에서 그들은 동물들이 사는 방식대로 살고
있었습니다.
he loved and also despised their way of life
그는 그들의 삶의 방식을 사랑하면서도 멸시했다
He saw them toiling and suffering
그는 그들이 수고하고 고통받는 것을 보았습니다.
they were becoming gray for things unworthy of this price
그들은 이 가격에 합당하지 않은 것들 때문에 회색이
되어 가고 있었습니다.
they did things for money and little pleasures
그들은 돈과 작은 즐거움을 위해 일했습니다.
they did things for being slightly honoured
그들은 약간의 명예를 얻기 위해 일을 했습니다.
he saw them scolding and insulting each other
그는 그들이 서로를 꾸중하고 모욕하는 것을 보았다
he saw them complaining about pain
그는 그들이 고통에 대해 불평하는 것을 보았다
pains at which a Samana would only smile
사마나라면 미소만 지을 수 있는 고통
and he saw them suffering from deprivations
그리고 그는 그들이 박탈로 고통받는 것을 보았습니다.
deprivations which a Samana would not feel
사마나가 느끼지 못할 박탈
He was open to everything these people brought his way
그는 이 사람들이 가져온 모든 것에 열려 있었습니다.
welcome was the merchant who offered him linen for sale
환영은 그에게 린넨을 판매하겠다고 제안한
상인이었습니다.
welcome was the debtor who sought another loan
환영은 또 다른 대출을 요청한 채무자였습니다.
welcome was the beggar who told him the story of his poverty

환영은 그에게 그의 가난에 대한 이야기를 들려준 거지였습니다.
the beggar who was not half as poor as any Samana
사마나보다 절반도 가난하지 않은 거지
He did not treat the rich merchant and his servant different
그는 부유한 상인과 그의 하인을 다르게 대하지 않았습니다.
he let street-vendor cheat him when buying bananas
그는 바나나를 살 때 길거리 상인에게 속았다
Kamaswami would often complain to him about his worries
카마스와미는 종종 그에게 자신의 걱정에 대해 불평했습니다.
or he would reproach him about his business
아니면 그는 그의 사업에 대해 그를 비난할 것입니다.
he listened curiously and happily
그는 호기심과 기쁨으로 귀를 기울였다
but he was puzzled by his friend
하지만 그는 친구 때문에 당황했다
he tried to understand him
그는 그를 이해하려고 노력했다
and he admitted he was right, up to a certain point
그리고 그는 어느 정도까지는 자신이 옳았다고 인정했습니다.
there were many who asked for Siddhartha
시다르타를 요구하는 사람들이 많았습니다.
many wanted to do business with him
많은 사람들이 그와 사업을 하기를 원했습니다
there were many who wanted to cheat him
그를 속이려는 사람들이 많았다
many wanted to draw some secret out of him
많은 사람들이 그에게서 어떤 비밀을 끌어내고 싶어했습니다.
many wanted to appeal to his sympathy
많은 사람들이 그의 동정을 호소하고 싶어했습니다.
many wanted to get his advice

많은 사람들이 그의 조언을 얻고 싶어했습니다
He gave advice to those who wanted it
그것을 원하는 사람들에게 조언을 해주었습니다.
he pitied those who needed pity
그는 연민이 필요한 사람들을 불쌍히 여겼다
he made gifts to those who liked presents
그는 선물을 좋아하는 사람들에게 선물을 주었다
he let some cheat him a bit
그는 누군가가 그를 조금 속이도록 내버려 두었다
this game which all people played occupied his thoughts
모든 사람들이 즐기는 이 게임이 그의 생각을 사로잡았다.
he thought about this game just as much as he had about the Gods
그는 이 게임에 대해 신에 대해 생각했던 것만큼 생각했다.
deep in his chest he felt a dying voice
그는 가슴 깊은 곳에서 죽어가는 목소리를 느꼈다
this voice admonished him quietly
이 목소리는 그를 조용히 꾸짖었다
and he hardly perceived the voice inside of himself
그리고 그는 자신의 내면의 목소리를 거의 알아차리지 못했습니다.
And then, for an hour, he became aware of something
그리고 한 시간 동안 그는 무언가를 알게 되었습니다.
he became aware of the strange life he was leading
그는 자신이 살아온 이상한 삶을 깨닫게 되었다
he realized this life was only a game
그는 이 삶이 단지 게임일 뿐이라는 것을 깨달았습니다.
at times he would feel happiness and joy
때때로 그는 행복과 기쁨을 느꼈다
but real life was still passing him by
하지만 현실 생활은 여전히 그를 지나쳐 가고 있었다
and it was passing by without touching him
그리고 그것은 그를 만지지 않고 지나가고 있었습니다

Siddhartha played with his business-deals
시다르타는 사업 거래를 가지고 놀았습니다.
Siddhartha found amusement in the people around him
시다르타는 주변 사람들에게서 즐거움을 찾았습니다.
but regarding his heart, he was not with them
그러나 그의 마음은 그들과 함께 있지 아니하니라
The source ran somewhere, far away from him
출처는 그에게서 멀리 떨어진 어딘가로 달려갔다.
it ran and ran invisibly
그것은 눈에 보이지 않게 달리고 달렸다
it had nothing to do with his life any more
그것은 더 이상 그의 삶과 아무런 상관이 없었다
at several times he became scared on account of such thoughts
그는 그런 생각 때문에 여러 번 두려움을 느꼈다
he wished he could participate in all of these childlike games
그는 이런 모든 유치한 놀이에 참여할 수 있었으면 좋겠다고 바랐다
he wanted to really live
그는 정말 살고 싶었어요
he wanted to really act in their theatre
그는 그들의 극장에서 정말 연기를 하고 싶어했습니다
he wanted to really enjoy their pleasures
그는 그들의 즐거움을 정말로 즐기고 싶어했습니다
and he wanted to live, instead of just standing by as a spectator
그리고 그는 그저 구경꾼으로 서 있는 것보다 살고 싶어했습니다.

But again and again, he came back to beautiful Kamala
그러나 그는 또 다시 아름다운 카말라에게 돌아왔습니다.
he learned the art of love
그는 사랑의 기술을 배웠다

and he practised the cult of lust
그리고 그는 정욕의 숭배를 실천했습니다.
lust, in which giving and taking becomes one
주고받는 것이 하나가 되는 정욕
he chatted with her and learned from her
그는 그녀와 이야기를 나누고 그녀에게서 배웠다
he gave her advice, and he received her advice
그는 그녀에게 조언을 했고, 그는 그녀의 조언을 받았습니다.
She understood him better than Govinda used to understand him
그녀는 고빈다가 그를 이해하던 것보다 그를 더 잘 이해했습니다.
she was more similar to him than Govinda had been
그녀는 고빈다보다 그와 더 비슷했다
"You are like me," he said to her
"당신은 나와 같아요." 그는 그녀에게 말했다.
"you are different from most people"
"너는 대부분의 사람들과 다르다"
"You are Kamala, nothing else"
"당신은 카말라일 뿐, 그 이상도 이하도 아닙니다."
"and inside of you, there is a peace and refuge"
"그리고 당신 안에는 평화와 피난처가 있습니다"
"a refuge to which you can go at every hour of the day"
"하루 중 언제든 갈 수 있는 피난처"
"you can be at home with yourself"
"당신은 당신 자신과 함께 집에 있을 수 있습니다"
"I can do this too"
"나도 이걸 할 수 있어"
"Few people have this place"
"이곳을 가진 사람은 거의 없다"
"and yet all of them could have it"
"그래도 그들 모두가 그것을 가질 수 있었어"
"Not all people are smart" said Kamala
"모든 사람이 똑똑한 것은 아니다" 카말라는 말했다.

"No," said Siddhartha, "that's not the reason why"
"아니요." 시다르타가 말했다. "그게 이유가 아닙니다."
"Kamaswami is just as smart as I am"
"카마스와미는 나만큼 똑똑해요"
"but he has no refuge in himself"
"그러나 그는 자기 자신에게 피난처가 없습니다"
"Others have it, although they have the minds of children"
"다른 사람들은 그것을 가지고 있지만 그들은 아이들의 마음을 가지고 있습니다"
"Most people, Kamala, are like a falling leaf"
"대부분의 사람들은, 카말라, 떨어지는 잎과 같아요"
"a leaf which is blown and is turning around through the air"
"공기 중에 휘날리며 돌고 있는 잎"
"a leaf which wavers, and tumbles to the ground"
"흔들리며 땅으로 떨어지는 잎사귀"
"But others, a few, are like stars"
"하지만 다른 사람들, 몇몇은 별과 같아요"
"they go on a fixed course"
"그들은 고정된 코스로 간다"
"no wind reaches them"
"바람이 그들에게 닿지 않는다"
"in themselves they have their law and their course"
"그들 자신 안에는 그들의 법과 그들의 과정이 있습니다"
"Among all the learned men I have met, there was one of this kind"
"내가 만난 모든 학자들 중에 이런 사람이 한 명 있었습니다."
"he was a truly perfected one"
"그는 참으로 완벽한 사람이었다"
"I'll never be able to forget him"
"나는 그를 결코 잊을 수 없을 거야"
"It is that Gotama, the exalted one"
"그것은 바로 고타마, 고귀한 분입니다."

"Thousands of followers are listening to his teachings every day"
"매일 수천 명의 추종자들이 그의 가르침을 듣고 있습니다"
"they follow his instructions every hour"
"그들은 매시간 그의 지시를 따른다"
"but they are all falling leaves"
"하지만 다 떨어지는 잎사귀일 뿐이야"
"not in themselves they have teachings and a law"
"그들 자신 안에는 가르침과 율법이 있는 것이 아니니라"
Kamala looked at him with a smile
카말라는 미소를 지으며 그를 바라보았다.
"Again, you're talking about him," she said
"다시 한 번, 당신은 그에 대해 말하고 있어요." 그녀가 말했다.
"again, you're having a Samana's thoughts"
"다시 한번, 당신은 사마나의 생각을 하고 있습니다"
Siddhartha said nothing, and they played the game of love
시다르타는 아무 말도 하지 않았고, 그들은 사랑의 게임을 했습니다.
one of the thirty or forty different games Kamala knew
카말라가 알고 있던 30~40가지 게임 중 하나
Her body was flexible like that of a jaguar
그녀의 몸은 재규어처럼 유연했다
flexible like the bow of a hunter
사냥꾼의 활처럼 유연하다
he who had learned from her how to make love
그녀에게서 사랑을 하는 법을 배운 사람
he was knowledgeable of many forms of lust
그는 다양한 형태의 정욕에 대해 잘 알고 있었습니다.
he that learned from her knew many secrets
그녀에게서 배운 사람은 많은 비밀을 알고 있었습니다.
For a long time, she played with Siddhartha
그녀는 오랫동안 시다르타와 함께 놀았습니다.
she enticed him and rejected him

그녀는 그를 유혹했지만 거절했다
she forced him and embraced him
그녀는 그를 강요하고 그를 껴안았다
she enjoyed his masterful skills
그녀는 그의 뛰어난 기술을 즐겼다
until he was defeated and rested exhausted by her side
그가 패배하고 그녀 옆에서 지쳐 쉬기까지
The courtesan bent over him
창녀가 그에게 몸을 굽혔다.
she took a long look at his face
그녀는 그의 얼굴을 오랫동안 바라보았다
she looked at his eyes, which had grown tired
그녀는 피곤해진 그의 눈을 바라보았다.
"You are the best lover I have ever seen" she said thoughtfully
"당신은 내가 본 최고의 연인이에요" 그녀는 생각에 잠긴 듯 말했다.
"You're stronger than others, more supple, more willing"
"당신은 다른 사람들보다 더 강하고, 더 유연하고, 더 의욕적입니다"
"You've learned my art well, Siddhartha"
"너는 내 기술을 잘 배웠구나, 시다르타"
"At some time, when I'll be older, I'd want to bear your child"
"언젠가 내가 더 나이 먹으면 당신의 아이를 낳고 싶어요"
"And yet, my dear, you've remained a Samana"
"그래도 당신은 사마나로 남았어요."
"and despite this, you do not love me"
"그리고 이것에도 불구하고, 당신은 나를 사랑하지 않습니다"
"there is nobody that you love"
"당신이 사랑하는 사람은 아무도 없습니다"
"Isn't it so?" asked Kamala
"그렇지 않나요?" 카말라가 물었다.

"It might very well be so," Siddhartha said tiredly
"그럴 수도 있겠다" 시다르타가 지쳐서 말했다.
"I am like you, because you also do not love"
"나는 당신과 같습니다. 왜냐하면 당신도 사랑하지 않기 때문입니다."
"how else could you practise love as a craft?"
"그렇지 않고 어떻게 사랑을 기술로 실천할 수 있겠어요?"
"Perhaps, people of our kind can't love"
"어쩌면 우리 종족은 사랑할 수 없을지도 몰라"
"The childlike people can love, that's their secret"
"아이같은 사람은 사랑할 수 있다는 게 그들의 비결이야"

Sansara
산사라

For a long time, Siddhartha had lived in the world and lust
시다르타는 오랫동안 세상에 살면서 정욕을 품고 살았다.

he lived this way though, without being a part of it
하지만 그는 그 일의 일부가 되지 않고도 그런 삶을 살았습니다.

he had killed this off when he had been a Samana
그는 사마나였을 때 이것을 죽였습니다.

but now they had awoken again
하지만 이제 그들은 다시 깨어났다

he had tasted riches, lust, and power
그는 부와 정욕과 권력을 모두 맛보았습니다

for a long time he had remained a Samana in his heart
그는 오랫동안 마음속으로 사마나로 남아 있었습니다.

Kamala, being smart, had realized this quite right
카말라는 똑똑해서 이것을 바로 깨달았습니다.

thinking, waiting, and fasting still guided his life
생각하고, 기다리고, 금식하는 것이 여전히 그의 삶을 인도했습니다.

the childlike people remained alien to him
어린아이 같은 사람들은 그에게는 낯선 존재로 남았다

and he remained alien to the childlike people
그리고 그는 어린아이 같은 사람들에게는 낯선 존재로 남았습니다.

Years passed by; surrounded by the good life
세월이 흘러도 좋은 삶에 둘러싸여

Siddhartha hardly felt the years fading away
시다르타는 세월이 흘러가는 것을 거의 느끼지 못했다.

He had become rich and possessed a house of his own
그는 부자가 되었고 자신의 집도 소유하게 되었습니다.

he even had his own servants
그는 심지어 자신의 하인들도 가지고 있었다

he had a garden before the city, by the river
그는 도시 앞, 강가에 정원을 가지고 있었습니다.
The people liked him and came to him for money or advice
사람들은 그를 좋아했고 돈이나 조언을 구하기 위해 그에게 왔습니다.
but there was nobody close to him, except Kamala
하지만 카말라 외에는 그의 주변에 가까운 사람은 아무도 없었다.
the bright state of being awake
깨어있는 밝은 상태
the feeling which he had experienced at the height of his youth
그가 젊은 시절에 경험했던 감정
in those days after Gotama's sermon
고타마의 설법 후 그 당시
after the separation from Govinda
고빈다와의 이별 후
the tense expectation of life
삶에 대한 긴장된 기대
the proud state of standing alone
홀로 서 있는 자랑스러운 상태
being without teachings or teachers
가르침이나 스승이 없는 것
the supple willingness to listen to the divine voice in his own heart
자신의 마음속에서 신성한 목소리를 기꺼이 경청하려는 의지
all these things had slowly become a memory
이 모든 것들은 천천히 추억이 되어버렸다
the memory had been fleeting, distant, and quiet
그 기억은 덧없고 멀고 조용했다
the holy source, which used to be near, now only murmured
가까이에 있던 성스러운 근원은 이제 중얼거릴 뿐이었습니다.
the holy source, which used to murmur within himself

그 자신 안에서 중얼거리던 성스러운 근원

Nevertheless, many things he had learned from the Samanas
그럼에도 불구하고 그는 사마나들로부터 많은 것을 배웠습니다.

he had learned from Gotama
그는 고타마로부터 배웠다

he had learned from his father the Brahman
그는 그의 아버지 브라만으로부터 배웠습니다.

his father had remained within his being for a long time
그의 아버지는 오랫동안 그의 존재 속에 머물렀습니다.

moderate living, the joy of thinking, hours of meditation
절제된 생활, 생각의 즐거움, 수 시간의 명상

the secret knowledge of the self; his eternal entity
자기의 비밀스러운 지식; 그의 영원한 실체

the self which is neither body nor consciousness
몸도 아니고 의식도 아닌 자아

Many a part of this he still had
이 중 많은 부분은 그가 아직도 가지고 있었습니다.

but one part after another had been submerged
그러나 하나하나가 물에 잠겼습니다

and eventually each part gathered dust
그리고 결국 각 부분은 먼지를 모았습니다.

a potter's wheel, once in motion, will turn for a long time
도예가의 바퀴는 한번 움직이면 오랫동안 돌아간다

it loses its vigour only slowly
그것은 천천히 활력을 잃는다

and it comes to a stop only after time
그리고 그것은 시간이 지나서야 멈춘다

Siddhartha's soul had kept on turning the wheel of asceticism
시다르타의 영혼은 계속해서 고행의 바퀴를 돌렸습니다.

the wheel of thinking had kept turning for a long time
생각의 바퀴는 오랫동안 계속 돌았습니다

the wheel of differentiation had still turned for a long time
차별화의 바퀴는 오랫동안 돌았습니다

but it turned slowly and hesitantly
하지만 그것은 천천히 그리고 주저하며 돌아갔다
and it was close to coming to a standstill
그리고 그것은 정지 직전이었습니다.
Slowly, like humidity entering the dying stem of a tree
천천히, 죽어가는 나무줄기에 습기가 스며드는 것처럼
filling the stem slowly and making it rot
줄기에 천천히 채워서 썩게 만들어요
the world and sloth had entered Siddhartha's soul
세상과 게으름이 시다르타의 영혼에 들어왔습니다.
slowly it filled his soul and made it heavy
천천히 그것은 그의 영혼을 채우고 무거워지게 만들었다
it made his soul tired and put it to sleep
그것은 그의 영혼을 피곤하게 만들고 잠들게 했다
On the other hand, his senses had become alive
반면에 그의 감각은 살아났다
there was much his senses had learned
그의 감각은 많은 것을 배웠습니다
there was much his senses had experienced
그의 감각은 많은 것을 경험했다
Siddhartha had learned to trade
시다르타는 무역하는 법을 배웠습니다.
he had learned how to use his power over people
그는 사람들에 대한 자신의 권력을 사용하는 방법을 배웠습니다.
he had learned how to enjoy himself with a woman
그는 여자와 함께 즐거운 시간을 보내는 법을 배웠다
he had learned how to wear beautiful clothes
그는 아름다운 옷을 입는 법을 배웠다
he had learned how to give orders to servants
그는 하인들에게 명령을 내리는 법을 배웠다
he had learned how to bathe in perfumed waters
그는 향기로운 물에서 목욕하는 법을 배웠다
He had learned how to eat tenderly and carefully prepared food

그는 부드럽고 조심스럽게 준비된 음식을 먹는 법을 배웠습니다.
he even ate fish, meat, and poultry
그는 심지어 생선, 고기, 가금류도 먹었습니다.
spices and sweets and wine, which causes sloth and forgetfulness
향신료와 과자와 와인은 게으름과 건망증을 유발합니다.
He had learned to play with dice and on a chess-board
그는 주사위와 체스판을 가지고 노는 법을 배웠습니다.
he had learned to watch dancing girls
그는 춤추는 소녀들을 보는 법을 배웠다
he learned to have himself carried about in a sedan-chair
그는 자신을 가마에 태워서 운반하는 법을 배웠습니다.
he learned to sleep on a soft bed
그는 부드러운 침대에서 자는 법을 배웠다
But still he felt different from others
그래도 그는 다른 사람들과 다르다고 느꼈다
he still felt superior to the others
그는 여전히 다른 사람들보다 우월하다고 느꼈다
he always watched them with some mockery
그는 항상 그들을 조롱하는 듯한 시선으로 지켜보았다
there was always some mocking disdain to how he felt about them
그가 그들에 대해 느낀 것에는 항상 조롱조소하는 경멸이 있었습니다.
the same disdain a Samana feels for the people of the world
사마나가 세상 사람들을 향해 느끼는 것과 같은 경멸심

Kamaswami was ailing and felt annoyed
카마스와미는 몸이 아팠고 짜증이 났습니다.
he felt insulted by Siddhartha
그는 시다르타에게 모욕을 느꼈다
and he was vexed by his worries as a merchant
그리고 그는 상인으로서의 걱정에 괴로워했습니다.
Siddhartha had always watched these things with mockery

시다르타는 항상 이런 일들을 조롱조소로 지켜보았다.
but his mockery had become more tired
그러나 그의 조롱은 더욱 지쳐버렸다
his superiority had become more quiet
그의 우월성은 더욱 조용해졌다
as slowly imperceptible as the rainy season passing by
비가 오는 계절이 지나가는 것처럼 천천히 눈에 띄지 않게
slowly, Siddhartha had assumed something of the childlike people's ways
천천히, 시다르타는 어린아이 같은 사람들의 방식을 어느 정도 받아들였습니다.
he had gained some of their childishness
그는 그들의 유치함을 어느 정도 습득했다
and he had gained some of their fearfulness
그리고 그는 그들의 두려움 중 일부를 얻었습니다.
And yet, the more be become like them the more he envied them
그런데 그가 그들과 더욱 비슷해질수록 그는 그들을 더욱 부러워했습니다.
He envied them for the one thing that was missing from him
그는 자신에게 없는 한 가지를 부러워했습니다.
the importance they were able to attach to their lives
그들이 자신의 삶에 부여할 수 있는 중요성
the amount of passion in their joys and fears
그들의 기쁨과 두려움에 대한 열정의 양
the fearful but sweet happiness of being constantly in love
끊임없이 사랑에 빠지는 두렵지만 달콤한 행복
These people were in love with themselves all of the time
이 사람들은 항상 자신을 사랑했습니다.
women loved their children, with honours or money
여성들은 명예나 돈으로 자녀를 사랑했습니다.
the men loved themselves with plans or hopes
남자들은 계획이나 희망으로 자신을 사랑했습니다
But he did not learn this from them

그러나 그는 그들에게서 이것을 배우지 못했습니다.
he did not learn the joy of children
그는 아이들의 기쁨을 배우지 못했다
and he did not learn their foolishness
그리고 그는 그들의 어리석음을 배우지 않았습니다
what he mostly learned were their unpleasant things
그가 주로 배운 것은 그들의 불쾌한 일들이었습니다.
and he despised these things
그리고 그는 이런 것들을 멸시했습니다.
in the morning, after having had company
아침에, 손님이 온 후에
more and more he stayed in bed for a long time
그는 점점 더 오랫동안 침대에 누워 있었습니다.
he felt unable to think, and was tired
그는 생각할 수 없었고 피곤했다
he became angry and impatient when Kamaswami bored him with his worries
카마스와미가 자신의 걱정으로 그를 지루하게 만들자 그는 화가 나고 참을성을 잃었습니다.
he laughed just too loud when he lost a game of dice
그는 주사위 게임에서 졌을 때 너무 크게 웃었다
His face was still smarter and more spiritual than others
그의 얼굴은 다른 사람들보다 여전히 더 똑똑하고 더 영적이었습니다.
but his face rarely laughed anymore
하지만 그의 얼굴은 더 이상 웃지 않았다
slowly, his face assumed other features
천천히 그의 얼굴은 다른 특징을 갖게 되었다
the features often found in the faces of rich people
부자들의 얼굴에서 흔히 발견되는 특징
features of discontent, of sicklyness, of ill-humour
불만, 병약함, 기분 나쁨의 특징
features of sloth, and of a lack of love
게으름의 특징, 그리고 사랑의 부족
the disease of the soul which rich people have

부자가 겪는 영혼의 질병
Slowly, this disease grabbed hold of him
천천히, 이 질병이 그를 사로잡았습니다.
like a thin mist, tiredness came over Siddhartha
시다르타는 안개처럼 피로감을 느꼈다.
slowly, this mist got a bit denser every day
천천히, 이 안개는 매일 조금씩 더 짙어졌습니다
it got a bit murkier every month
매달 조금씩 더 흐릿해졌어요
and every year it got a bit heavier
그리고 매년 조금씩 더 무거워졌어요
dresses become old with time
시간이 지나면서 드레스는 낡아진다
clothes lose their beautiful colour over time
옷은 시간이 지나면서 아름다운 색상을 잃습니다.
they get stains, wrinkles, worn off at the seams
얼룩, 주름, 솔기 부분이 닳아 없어집니다.
they start to show threadbare spots here and there
여기저기서 낡은 부분이 보이기 시작합니다.
this is how Siddhartha's new life was
이것이 시다르타의 새로운 삶의 모습이다
the life which he had started after his separation from Govinda
고빈다와 헤어진 후 그가 시작한 삶
his life had grown old and lost colour
그의 삶은 낡아지고 색깔을 잃었다
there was less splendour to it as the years passed by
세월이 흐르면서 화려함이 점점 줄어들었다.
his life was gathering wrinkles and stains
그의 인생은 주름과 얼룩을 모으고 있었습니다
and hidden at bottom, disappointment and disgust were waiting
그리고 그 아래에는 실망과 혐오감이 숨어 있었습니다.
they were showing their ugliness
그들은 그들의 추함을 보여주고 있었다

Siddhartha did not notice these things
시다르타는 이러한 일들을 알아차리지 못했습니다.
he remembered the bright and reliable voice inside of him
그는 자신 안에 있는 밝고 믿음직한 목소리를 기억했다
he noticed the voice had become silent
그는 목소리가 조용해진 것을 알아차렸다
the voice which had awoken in him at that time
그때 그에게서 깨어난 목소리
the voice that had guided him in his best times
그의 가장 좋은 시절을 인도했던 목소리
he had been captured by the world
그는 세상에 사로잡혔다
he had been captured by lust, covetousness, sloth
그는 정욕과 탐욕과 게으름에 사로잡혀 있었습니다.
and finally he had been captured by his most despised vice
그리고 마침내 그는 가장 싫어하는 악행에 사로잡혔습니다.
the vice which he mocked the most
그가 가장 비웃었던 악덕
the most foolish one of all vices
모든 악덕 중 가장 어리석은 것
he had let greed into his heart
그는 탐욕을 마음에 심었다
Property, possessions, and riches also had finally captured him
재산과 소유물, 부 역시 마침내 그를 사로잡았습니다.
having things was no longer a game to him
그에게는 물건을 갖는 것이 더 이상 게임이 아니었습니다.
his possessions had become a shackle and a burden
그의 소유물은 족쇄와 짐이 되었습니다.
It had happened in a strange and devious way
그것은 이상하고 교활한 방식으로 일어났습니다.
Siddhartha had gotten this vice from the game of dice
시다르타는 주사위 놀이에서 이러한 악습을 얻었습니다.

he had stopped being a Samana in his heart
그는 마음속으로 사마나가 되는 것을 멈췄다
and then he began to play the game for money
그리고 그는 돈을 위해 게임을 시작했습니다.
first he joined the game with a smile
먼저 그는 미소를 지으며 게임에 참여했습니다.
at this time he only played casually
이때 그는 단지 캐주얼하게 플레이했다
he wanted to join the customs of the childlike people
그는 어린아이 같은 사람들의 관습에 동참하고 싶어했습니다.
but now he played with an increasing rage and passion
하지만 이제 그는 점점 더 격노하고 열정적으로 놀았습니다.
He was a feared gambler among the other merchants
그는 다른 상인들 사이에서 두려운 도박꾼이었습니다.
his stakes were so audacious that few dared to take him on
그의 지분은 너무 대담해서 그를 상대로 감히 나서는 사람이 거의 없었습니다.
He played the game due to a pain of his heart
그는 심장의 아픔 때문에 게임을 했습니다.
losing and wasting his wretched money brought him an angry joy
그의 비참한 돈을 잃고 낭비하는 것은 그에게 분노의 기쁨을 가져다주었습니다.
he could demonstrate his disdain for wealth in no other way
그는 다른 어떤 방법으로도 부에 대한 경멸을 표현할 수 없었다.
he could not mock the merchants' false god in a better way
그는 상인들의 거짓 신을 더 나은 방법으로 조롱할 수 없었습니다.
so he gambled with high stakes
그래서 그는 큰 돈을 걸고 도박을 했다
he mercilessly hated himself and mocked himself
그는 무자비하게 자신을 미워하고 조롱했습니다.

he won thousands, threw away thousands
그는 수천을 얻었고 수천을 버렸다
he lost money, jewellery, a house in the country
그는 돈, 보석, 시골집을 잃었습니다.
he won it again, and then he lost again
그는 다시 이겼지만 다시 졌습니다.
he loved the fear he felt while he was rolling the dice
그는 주사위를 굴리는 동안 느낀 두려움을 좋아했다
he loved feeling worried about losing what he gambled
그는 도박을 한 돈을 잃을까봐 걱정하는 것을
좋아했습니다.
he always wanted to get this fear to a slightly higher level
그는 항상 이 두려움을 조금 더 높은 수준으로
끌어올리고 싶어했습니다.
he only felt something like happiness when he felt this fear
그는 두려움을 느꼈을 때 행복 같은 것을 느꼈다
it was something like an intoxication
그것은 마치 취한 것과 같았습니다
something like an elevated form of life
삶의 고상한 형태와 같은 것
something brighter in the midst of his dull life
그의 지루한 삶 속에서 좀 더 밝은 무언가
And after each big loss, his mind was set on new riches
그리고 큰 손실을 볼 때마다 그의 마음은 새로운 부에
두었습니다.
he pursued the trade more zealously
그는 그 무역을 더 열렬히 추구했다
he forced his debtors more strictly to pay
그는 채무자들에게 더 엄격하게 돈을 지불하도록
강요했습니다.
because he wanted to continue gambling
그는 계속 도박을 하고 싶어했기 때문이다
he wanted to continue squandering
그는 계속해서 낭비하고 싶어했다
he wanted to continue demonstrating his disdain of wealth

그는 부에 대한 혐오감을 계속 표현하고 싶어했습니다.
Siddhartha lost his calmness when losses occurred
시다르타는 손실이 발생하자 평정심을 잃었다
he lost his patience when he was not paid on time
그는 제때 급여를 받지 못하자 참을성을 잃었다
he lost his kindness towards beggars
그는 거지들에 대한 친절함을 잃었다
He gambled away tens of thousands at one roll of the dice
그는 주사위를 한 번 굴려 수만 달러를 탕진했습니다.
he became more strict and more petty in his business
그는 사업에 있어서 더욱 엄격해지고 더욱 사소해졌습니다.
occasionally, he was dreaming at night about money!
가끔 그는 밤에 돈에 관한 꿈을 꾸기도 했습니다!
whenever he woke up from this ugly spell, he continued fleeing
그는 이 추악한 주문에서 깨어날 때마다 계속 도망쳤습니다.
whenever he found his face in the mirror to have aged, he found a new game
그는 거울 속에서 자신의 얼굴이 늙어가는 것을 볼 때마다 새로운 게임을 찾았습니다.
whenever embarrassment and disgust came over him, he numbed his mind
그는 당혹감과 혐오감이 들 때마다 마음을 마비시켰다.
he numbed his mind with sex and wine
그는 섹스와 와인으로 그의 마음을 마비시켰다
and from there he fled back into the urge to pile up and obtain possessions
그리고 거기에서 그는 다시 물건을 쌓아 올리고 소유물을 얻으려는 충동으로 도망쳤습니다.
In this pointless cycle he ran
그는 이 무의미한 순환을 달렸다.
from his life he grow tired, old, and ill
그의 삶은 피곤하고 늙고 병들었다

Then the time came when a dream warned him
그때 꿈이 그에게 경고하는 때가 왔습니다.
He had spent the hours of the evening with Kamala
그는 카말라와 함께 저녁 시간을 보냈습니다.
he had been in her beautiful pleasure-garden
그는 그녀의 아름다운 즐거움의 정원에 있었습니다
They had been sitting under the trees, talking
그들은 나무 아래에 앉아서 이야기를 나누고 있었습니다.
and Kamala had said thoughtful words
그리고 카말라는 생각 깊은 말을 했습니다.
words behind which a sadness and tiredness lay hidden
슬픔과 피로가 숨겨져 있는 단어
She had asked him to tell her about Gotama
그녀는 그에게 고타마에 관해 말해달라고 부탁했습니다.
she could not hear enough of him
그녀는 그 사람의 말을 아무리 들어도 알아들을 수 없었다
she loved how clear his eyes were
그녀는 그의 눈이 얼마나 맑은지 좋아했습니다
she loved how still and beautiful his mouth was
그녀는 그의 입술이 얼마나 고요하고 아름다운지 좋아했습니다.
she loved the kindness of his smile
그녀는 그의 미소의 친절함을 좋아했다
she loved how peaceful his walk had been
그녀는 그의 산책이 얼마나 평화로웠는지 좋아했습니다.
For a long time, he had to tell her about the exalted Buddha
그는 오랫동안 그녀에게 부처님에 대한 이야기를 해야 했습니다.
and Kamala had sighed, and spoke
그리고 카말라는 한숨을 쉬며 말했습니다.
"One day, perhaps soon, I'll also follow that Buddha"
"어느 날, 어쩌면 곧 나도 그 부처님을 따라가겠습니다"

"I'll give him my pleasure-garden for a gift"
"내가 그에게 선물로 내 즐거움의 정원을 주겠어"
"and I will take my refuge in his teachings"
"나는 그의 가르침에 의지할 것이다"
But after this, she had aroused him
하지만 그 후에 그녀는 그를 흥분시켰다.
she had tied him to her in the act of making love
그녀는 사랑을 나누는 행위로 그를 자신에게 묶었다
with painful fervour, biting and in tears
고통스러운 열정과 물림과 눈물로
it was as if she wanted to squeeze the last sweet drop out of this wine
그녀는 이 와인의 마지막 달콤한 한 방울까지 짜내고 싶어하는 것 같았다.
Never before had it become so strangely clear to Siddhartha
시다르타에게는 이전에는 결코 그렇게 이상하게도 분명해진 적이 없었습니다.
he felt how close lust was akin to death
그는 정욕이 죽음과 얼마나 가까운지 느꼈다
he laid by her side, and Kamala's face was close to him
그는 그녀 옆에 누웠고 카말라의 얼굴은 그에게 가까이 있었습니다.
under her eyes and next to the corners of her mouth
그녀의 눈 아래와 입가 옆
it was as clear as never before
그것은 그 어느 때보다 더 분명했습니다
there read a fearful inscription
무서운 비문이 적혀 있었습니다
an inscription of small lines and slight grooves
작은 선과 미세한 홈의 비문
an inscription reminiscent of autumn and old age
가을과 노년을 연상시키는 비문
here and there, gray hairs among his black ones
여기저기에 검은 머리카락 사이에 회색 머리카락이 섞여 있다

Siddhartha himself, who was only in his forties, noticed the same thing
40대에 불과했던 시다르타 자신도 같은 것을 알아차렸습니다.
Tiredness was written on Kamala's beautiful face
카말라의 아름다운 얼굴에는 피로감이 깃들어 있었다
tiredness from walking a long path
긴 길을 걸어온 피로
a path which has no happy destination
행복한 목적지가 없는 길
tiredness and the beginning of withering
피로와 시들음의 시작
fear of old age, autumn, and having to die
늙음과 가을과 죽음에 대한 두려움
With a sigh, he had bid his farewell to her
그는 한숨을 쉬며 그녀에게 작별 인사를 했습니다.
the soul full of reluctance, and full of concealed anxiety
꺼림칙함으로 가득 찬 영혼, 숨겨진 불안으로 가득 찬 영혼

Siddhartha had spent the night in his house with dancing girls
시다르타는 춤추는 소녀들과 함께 그의 집에서 밤을 보냈습니다.
he acted as if he was superior to them
그는 자신이 그들보다 우월하다는 듯이 행동했다
he acted superior towards the fellow-members of his caste
그는 같은 계급의 동료들에 대해 우월하게 행동했습니다.
but this was no longer true
하지만 이것은 더 이상 사실이 아니었습니다.
he had drunk much wine that night
그는 그날 밤 많은 와인을 마셨다
and he went to bed a long time after midnight
그리고 그는 자정이 훨씬 지나서 잠자리에 들었다

tired and yet excited, close to weeping and despair
피곤하면서도 설렘이 가득하고, 울음과 절망에 가까웠다
for a long time he sought to sleep, but it was in vain
그는 오랫동안 잠을 자려고 노력했지만 소용이 없었다.
his heart was full of misery
그의 마음은 비참함으로 가득 차 있었다
he thought he could not bear any longer
그는 더 이상 참을 수 없다고 생각했다
he was full of a disgust, which he felt penetrating his entire body
그는 혐오감으로 가득 차 있었고, 그것이 온 몸으로 스며드는 것을 느꼈습니다.
like the lukewarm repulsive taste of the wine
미지근하고 역겨운 와인 맛과 같다
the dull music was a little too happy
지루한 음악이 너무 행복해
the smile of the dancing girls was a little too soft
춤추는 소녀들의 미소가 너무 부드럽다
the scent of their hair and breasts was a little too sweet
그들의 머리카락과 가슴의 향이 너무 달콤했어요
But more than by anything else, he was disgusted by himself
그러나 무엇보다도 그는 자신에게 혐오감을 느꼈습니다.
he was disgusted by his perfumed hair
그는 자신의 향수가 나는 머리카락에 혐오감을 느꼈다
he was disgusted by the smell of wine from his mouth
그는 입에서 나는 와인 냄새에 혐오감을 느꼈다
he was disgusted by the listlessness of his skin
그는 자신의 피부의 무기력함에 혐오감을 느꼈다
Like when someone who has eaten and drunk far too much
너무 많이 먹고 마신 사람처럼
they vomit it back up again with agonising pain
그들은 극심한 고통과 함께 다시 토해낸다.
but they feel relieved by the vomiting
하지만 그들은 구토를 통해 안도감을 느낀다

this sleepless man wished to free himself of these pleasures
이 잠 못 이루는 남자는 이런 쾌락에서 벗어나기를 바랐다

he wanted to be rid of these habits
그는 이런 습관을 없애고 싶어했다

he wanted to escape all of this pointless life
그는 이 모든 무의미한 삶에서 벗어나고 싶어했습니다.

and he wanted to escape from himself
그리고 그는 자신에게서 벗어나고 싶어했습니다

it wasn't until the light of the morning when he had slightly fallen sleep
그는 아침이 밝아올 때까지 살짝 잠이 들었다.

the first activities in the street were already beginning
거리에서의 첫 활동은 이미 시작되고 있었습니다

for a few moments he had found a hint of sleep
잠시 동안 그는 잠의 흔적을 발견했습니다.

In those moments, he had a dream
그 순간 그는 꿈을 꾸었다

Kamala owned a small, rare singing bird in a golden cage
카말라는 황금빛 새장 안에 작고 희귀한 노래하는 새를 키우고 있었습니다.

it always sung to him in the morning
그것은 항상 그에게 아침에 노래를 불러주었다

but then he dreamt this bird had become mute
그런데 그는 이 새가 말을 못하게 되었다는 꿈을 꾸었습니다.

since this arose his attention, he stepped in front of the cage
이것이 그의 주의를 끌었기 때문에 그는 우리 앞으로 나아갔습니다.

he looked at the bird inside the cage
그는 새장 안의 새를 바라보았다

the small bird was dead, and lay stiff on the ground
작은 새는 죽어서 땅에 꼿꼿이 누워 있었습니다.

He took the dead bird out of its cage
그는 죽은 새를 새장에서 꺼냈다.

he took a moment to weigh the dead bird in his hand
그는 손에 든 죽은 새의 무게를 측정하기 위해 잠시 시간을 가졌다.
and then threw it away, out in the street
그리고 그것을 거리로 내던져 버렸어
in the same moment he felt terribly shocked
동시에 그는 엄청난 충격을 받았다
his heart hurt as if he had thrown away all value
그의 마음은 마치 모든 가치를 버린 것처럼 아팠다
everything good had been inside of this dead bird
모든 좋은 것들이 이 죽은 새 안에 들어 있었어요
Starting up from this dream, he felt encompassed by a deep sadness
이 꿈에서 시작하면서 그는 깊은 슬픔에 휩싸인 것을 느꼈습니다.
everything seemed worthless to him
그에게는 모든 것이 쓸모없는 것처럼 보였다
worthless and pointless was the way he had been going through life
그는 쓸모없고 무의미한 삶을 살아왔다.
nothing which was alive was left in his hands
그의 손에는 살아있는 것이 하나도 남지 않았다
nothing which was in some way delicious could be kept
어떤 면에서든 맛있는 것은 아무것도 보관할 수 없었습니다.
nothing worth keeping would stay
지킬만한 가치가 있는 것은 아무것도 남지 않을 것이다
alone he stood there, empty like a castaway on the shore
그는 혼자 거기 서 있었고 해안에 떠내려온 난파선처럼 텅 비어 있었습니다.

With a gloomy mind, Siddhartha went to his pleasure-garden
시다르타는 우울한 마음으로 자신의 쾌락의 정원으로 갔다.

he locked the gate and sat down under a mango-tree
그는 문을 잠그고 망고나무 아래에 앉았다

he felt death in his heart and horror in his chest
그는 가슴에 죽음을 느꼈고 가슴에 공포를 느꼈다

he sensed how everything died and withered in him
그는 모든 것이 자기 안에서 죽고 시들어가는 것을 느꼈다

By and by, he gathered his thoughts in his mind
점차 그는 자신의 생각을 마음속으로 모았습니다.

once again, he went through the entire path of his life
그는 다시 한번 그의 인생 전체의 길을 걸어갔다

he started with the first days he could remember
그는 기억할 수 있는 첫 날부터 시작했습니다.

When was there ever a time when he had felt a true bliss?
그가 진정한 행복을 느낀 적이 있었던 적이 있었을까?

Oh yes, several times he had experienced such a thing
아, 그렇군요. 그는 그런 일을 여러 번 경험했습니다.

In his years as a boy he had had a taste of bliss
그는 소년 시절에 행복의 맛을 보았습니다.

he had felt happiness in his heart when he obtained praise from the Brahmans
그는 브라만들로부터 칭찬을 받았을 때 마음에 행복을 느꼈습니다.

"There is a path in front of the one who has distinguished himself"
"자신을 돋보이게 한 사람 앞에는 길이 있다"

he had felt bliss reciting the holy verses
그는 신성한 구절을 암송하면서 행복을 느꼈습니다.

he had felt bliss disputing with the learned ones
그는 학자들과 논쟁하면서 행복을 느꼈다

he had felt bliss when he was an assistant in the offerings
그는 제물을 바치는 조수였을 때 행복을 느꼈다.

Then, he had felt it in his heart
그때 그는 마음속으로 그것을 느꼈다

"There is a path in front of you"

"당신 앞에 길이 있습니다"
"you are destined for this path"
"너는 이 길을 위해 태어났다"
"the gods are awaiting you"
"신들이 당신을 기다리고 있습니다"
And again, as a young man, he had felt bliss
그리고 다시, 젊은 시절에 그는 행복을 느꼈습니다.
when his thoughts separated him from those thinking on the same things
그의 생각이 같은 생각을 하는 사람들과 그를 분리했을 때
when he wrestled in pain for the purpose of Brahman
브라만을 위해 고통 속에서 씨름했을 때
when every obtained knowledge only kindled new thirst in him
얻은 모든 지식이 그에게 새로운 갈증을 불러일으켰을 때
in the midst of the pain he felt this very same thing
그는 고통 속에서도 똑같은 것을 느꼈다
"Go on! You are called upon!"
"가세요! 당신은 부름을 받았습니다!"
He had heard this voice when he had left his home
그는 집을 나설 때 이 목소리를 들었다
he heard heard this voice when he had chosen the life of a Samana
그는 사마나의 삶을 선택했을 때 이 목소리를 들었습니다.
and again he heard this voice when left the Samanas
그리고 그는 사마나를 떠났을 때 다시 이 목소리를 들었습니다.
he had heard the voice when he went to see the perfected one
그는 완전해진 자를 보러 갔을 때 그 목소리를 들었습니다.

and when he had gone away from the perfected one, he had heard the voice
그리고 그가 온전해진 자에게서 떠났을 때 그는 그 음성을 들었습니다.

he had heard the voice when he went into the uncertain
그는 불확실한 곳으로 들어갔을 때 그 목소리를 들었습니다.

For how long had he not heard this voice anymore?
그는 얼마나 오랫동안 이 목소리를 듣지 못했을까?

for how long had he reached no height anymore?
그는 얼마나 오랫동안 더 이상 키가 크지 않았는가?

how even and dull was the manner in which he went through life?
그는 얼마나 평범하고 지루한 삶을 살았는가?

for many long years without a high goal
오랜 세월 동안 높은 목표 없이

he had been without thirst or elevation
그는 갈증이나 고양됨이 없었다

he had been content with small lustful pleasures
그는 작은 정욕적인 쾌락에 만족해 있었습니다.

and yet he was never satisfied!
하지만 그는 결코 만족하지 않았습니다!

For all of these years he had tried hard to become like the others
그는 오랜 세월 동안 다른 사람들과 같아지기 위해 노력해 왔습니다.

he longed to be one of the childlike people
그는 어린아이 같은 사람이 되고 싶어했습니다.

but he didn't know that that was what he really wanted
하지만 그는 그것이 자신이 정말로 원하는 것이라는 것을 몰랐다

his life had been much more miserable and poorer than theirs
그의 삶은 그들의 삶보다 훨씬 더 비참하고 가난했습니다.

because their goals and worries were not his
그들의 목표와 걱정이 그의 것이 아니었기 때문입니다.
the entire world of the Kamaswami-people had only been a game to him
카마스와미 사람들의 전 세계는 그에게 단지 게임일 뿐이었습니다.
their lives were a dance he would watch
그들의 삶은 그가 지켜보는 춤이었다
they performed a comedy he could amuse himself with
그들은 그가 스스로를 즐겁게 할 수 있는 코미디를 공연했습니다.
Only Kamala had been dear and valuable to him
그에게는 카말라만이 소중하고 귀중했습니다.
but was she still valuable to him?
하지만 그녀는 그에게 여전히 귀중한 존재일까?
Did he still need her?
그는 아직도 그녀가 필요한가?
Or did she still need him?
아니면 그녀에게 아직도 그가 필요한 걸까?
Did they not play a game without an ending?
그들은 끝이 없는 게임을 하지 않았나요?
Was it necessary to live for this?
이것을 위해 살아야 할까?
No, it was not necessary!
아니, 그럴 필요는 없었어요!
The name of this game was Sansara
이 게임의 이름은 산사라였습니다.
a game for children which was perhaps enjoyable to play once
아마도 한 번쯤은 즐거웠을 어린이용 게임
maybe it could be played twice
어쩌면 두 번이나 할 수도 있겠지
perhaps you could play it ten times
아마 열 번쯤은 해볼 수 있을 거야
but should you play it for ever and ever?

하지만 계속해서 그것을 해야 할까요?
Then, Siddhartha knew that the game was over
그러자 시다르타는 게임이 끝났다는 것을 알았습니다.
he knew that he could not play it any more
그는 더 이상 그것을 연주할 수 없다는 것을 알았습니다
Shivers ran over his body and inside of him
그의 몸과 그 안까지 오한이 퍼졌다.
he felt that something had died
그는 무언가가 죽었다고 느꼈다

That entire day, he sat under the mango-tree
그는 그날 종일 망고나무 아래에 앉아 있었습니다.
he was thinking of his father
그는 그의 아버지를 생각하고 있었다
he was thinking of Govinda
그는 고빈다를 생각하고 있었다
and he was thinking of Gotama
그리고 그는 고타마를 생각하고 있었습니다.
Did he have to leave them to become a Kamaswami?
그는 카마스와미가 되기 위해 그들을 떠나야 했습니까?
He was still sitting there when the night had fallen
밤이 되어도 그는 여전히 그 자리에 앉아 있었습니다.
he caught sight of the stars, and thought to himself
그는 별을 보고 스스로 생각했습니다.
"Here I'm sitting under my mango-tree in my pleasure-garden"
"나는 여기 내 즐거움 정원에 있는 망고나무 아래에 앉아 있습니다"
He smiled a little to himself
그는 스스로에게 약간 미소를 지었다
was it really necessary to own a garden?
정말 정원을 소유하는 것이 필요할까?
was it not a foolish game?
그것은 어리석은 게임이 아니었나?
did he need to own a mango-tree?

그는 망고나무를 소유해야 했나요?
He also put an end to this
그는 또한 이것을 종식시켰다
this also died in him
이것도 그에게서 죽었다
He rose and bid his farewell to the mango-tree
그는 일어나 망고나무에 작별 인사를 했습니다.
he bid his farewell to the pleasure-garden
그는 쾌락의 정원에 작별 인사를 했습니다.
Since he had been without food this day, he felt strong hunger
그는 이날 아무것도 먹지 않았기 때문에 강한 배고픔을 느꼈다.
and he thought of his house in the city
그리고 그는 도시에 있는 그의 집을 생각했다
he thought of his chamber and bed
그는 자신의 방과 침대를 생각했다
he thought of the table with the meals on it
그는 그 위에 음식이 놓여 있는 테이블을 생각했다
He smiled tiredly, shook himself, and bid his farewell to these things
그는 지쳐 웃으며 몸을 흔들고 이 모든 것에 작별 인사를 했습니다.
In the same hour of the night, Siddhartha left his garden
같은 밤, 시다르타는 그의 정원을 떠났습니다.
he left the city and never came back
그는 도시를 떠나 다시는 돌아오지 않았다

For a long time, Kamaswami had people look for him
오랫동안 카마스와미는 사람들이 그를 찾도록 했습니다.
they thought he had fallen into the hands of robbers
그들은 그가 강도의 손에 빠졌다고 생각했습니다.
Kamala had no one look for him
카말라는 아무도 그를 찾지 않았다
she was not astonished by his disappearance

그녀는 그의 실종에 놀라지 않았다

Did she not always expect it?
그녀는 항상 그럴 것이라고 예상하지 않았나요?

Was he not a Samana?
그는 사마나가 아니었나요?

a man who was at home nowhere, a pilgrim
어디에도 집이 없는 남자, 순례자

she had felt this the last time they had been together
그녀는 그들이 함께 있었던 마지막 때에도 이런 감정을 느꼈다

she was happy despite all the pain of the loss
그녀는 상실의 고통에도 불구하고 행복했다

she was happy she had been with him one last time
그녀는 그와 마지막으로 함께하게 되어 행복했다

she was happy she had pulled him so affectionately to her heart
그녀는 그를 그렇게 애정 어린 마음으로 끌어안은 것이 행복했다

she was happy she had felt completely possessed and penetrated by him
그녀는 그가 자신을 완전히 사로잡고 침투한 것을 느끼고 행복했습니다.

When she received the news, she went to the window
그녀는 그 소식을 듣고 창가로 갔다

at the window she held a rare singing bird
그녀는 창문에 희귀한 노래하는 새를 안고 있었습니다.

the bird was held captive in a golden cage
그 새는 황금빛 새장에 갇혀 있었습니다.

She opened the door of the cage
그녀는 우리의 문을 열었다

she took the bird out and let it fly
그녀는 새를 꺼내서 날려보냈다

For a long time, she gazed after it
그녀는 오랫동안 그것을 바라보았다

From this day on, she received no more visitors

그날부터 그녀는 더 이상 방문객을 받지 못했습니다.
and she kept her house locked
그리고 그녀는 그녀의 집을 잠그고 있었습니다
But after some time, she became aware that she was pregnant
그러나 얼마 후 그녀는 자신이 임신했다는 사실을 알게 되었습니다.
she was pregnant from the last time she was with Siddhartha
그녀는 시다르타와 마지막으로 함께 있었을 때부터 임신 중이었습니다.

By the River
강가에서

Siddhartha walked through the forest
시다르타는 숲을 걸었다
he was already far from the city
그는 이미 도시에서 멀리 떨어져 있었다
and he knew nothing but one thing
그리고 그는 한 가지 사실 외에는 아무것도 몰랐다.
there was no going back for him
그에게는 돌아갈 수 없었다
the life that he had lived for many years was over
그가 오랫동안 살아온 삶은 끝났다
he had tasted all of this life
그는 이 모든 삶의 맛을 보았다
he had sucked everything out of this life
그는 이 삶의 모든 것을 빨아들였다
until he was disgusted with it
그가 그것에 혐오감을 느낄 때까지
the singing bird he had dreamt of was dead
그가 꿈꿨던 노래하는 새가 죽었다
and the bird in his heart was dead too
그리고 그의 마음 속의 새도 죽어 있었어
he had been deeply entangled in Sansara
그는 산사라에 깊이 빠져 있었다
he had sucked up disgust and death into his body
그는 혐오감과 죽음을 몸 속으로 빨아들였다
like a sponge sucks up water until it is full
마치 스펀지가 물을 빨아들여 가득 채우는 것과 같다
he was full of misery and death
그는 비참함과 죽음으로 가득 차 있었습니다
there was nothing left in this world which could have attracted him
이 세상에는 그를 끌어들일 만한 것이 아무것도 남아 있지 않았다.

nothing could have given him joy or comfort
그에게 기쁨이나 위로를 줄 수 있는 것은 아무것도 없었다

he passionately wished to know nothing about himself anymore
그는 더 이상 자신에 대해 아무것도 알고 싶어하지 않았습니다.

he wanted to have rest and be dead
그는 쉬고 죽고 싶었어요

he wished there was a lightning-bolt to strike him dead!
그는 번개가 쳐서 자신을 죽여주기를 바랐다!

If there only was a tiger to devour him!
그를 잡아먹을 호랑이가 있었으면 좋겠다!

If there only was a poisonous wine which would numb his senses
그의 감각을 마비시킬 독이 있는 와인이 있었으면 좋겠다

a wine which brought him forgetfulness and sleep
그에게 건망증과 잠을 가져다준 와인

a wine from which he wouldn't awake from
그는 깨어나지 못할 와인을 마셨다

Was there still any kind of filth he had not soiled himself with?
아직도 그가 더럽히지 않은 더러운 것이 남아 있을까?

was there a sin or foolish act he had not committed?
그가 저지르지 않은 죄나 어리석은 행동이 있었는가?

was there a dreariness of the soul he didn't know?
그가 모르는 영혼의 암울함이 있었을까?

was there anything he had not brought upon himself?
그가 스스로 가져오지 않은 것이 있었는가?

Was it still at all possible to be alive?
아직도 살아있을 수 있을까?

Was it possible to breathe in again and again?
계속해서 숨을 들이마실 수 있을까?

Could he still breathe out?

그는 아직 숨을 내쉴 수 있을까?
was he able to bear hunger?
그는 배고픔을 참을 수 있었을까?
was there any way to eat again?
다시 먹을 수 있는 방법이 있나요?
was it possible to sleep again?
다시 잠들 수 있었을까?
could he sleep with a woman again?
그는 다시 여자와 잠을 잘 수 있을까?
had this cycle not exhausted itself?
이 순환이 스스로 고갈되지 않았는가?
were things not brought to their conclusion?
문제가 결론으로 이어지지 않았나요?

Siddhartha reached the large river in the forest
시다르타는 숲 속의 큰 강에 도착했습니다.
it was the same river he crossed when he had still been a young man
그가 아직 젊었을 때 건넜던 그 강과 같았습니다.
it was the same river he crossed from the town of Gotama
그것은 그가 고타마 마을에서 건넌 것과 같은 강이었습니다.
he remembered a ferryman who had taken him over the river
그는 자신을 강 건너로 데려다준 나룻배꾼을 기억했다.
By this river he stopped, and hesitantly he stood at the bank
그는 이 강가에서 멈춰 서서 주저하면서 강둑에 섰습니다.
Tiredness and hunger had weakened him
피로와 배고픔이 그를 약화시켰다
"what should I walk on for?"
"무엇을 위해 걸어야 하나요?"
"to what goal was there left to go?"
"어떤 목표를 향해 더 가야 했을까?"
No, there were no more goals

아니, 더 이상 골이 없었어요
there was nothing left but a painful yearning to shake off this dream
이 꿈을 떨쳐버리고 싶은 고통스러운 갈망 외에는 아무것도 남지 않았다.
he yearned to spit out this stale wine
그는 이 오래된 와인을 뱉어내고 싶어했다
he wanted to put an end to this miserable and shameful life
그는 이 비참하고 부끄러운 삶을 끝내고 싶어했습니다.
a coconut-tree bent over the bank of the river
강둑에 구부러진 코코넛 나무
Siddhartha leaned against its trunk with his shoulder
시다르타는 어깨로 그 줄기에 기대어 앉았다.
he embraced the trunk with one arm
그는 한 팔로 줄기를 껴안았다
and he looked down into the green water
그리고 그는 푸른 물을 내려다보았습니다.
the water ran under him
물이 그 아래로 흘러갔다
he looked down and found himself to be entirely filled with the wish to let go
그는 아래를 내려다보니 완전히 놓아주고 싶은 마음이 가득 차 있는 것을 발견했습니다.
he wanted to drown in these waters
그는 이 물속에서 빠져 죽고 싶어했다
the water reflected a frightening emptiness back at him
물은 그에게 무서운 공허함을 반사했습니다.
the water answered to the terrible emptiness in his soul
물은 그의 영혼의 끔찍한 공허함에 대답했다
Yes, he had reached the end
네, 그는 끝에 도달했습니다
There was nothing left for him, except to annihilate himself
그에게는 자신을 없애는 것 외에는 아무것도 남지 않았습니다.

he wanted to smash the failure into which he had shaped his life
그는 자신의 삶을 형성한 실패를 박살내고 싶어했습니다.

he wanted to throw his life before the feet of mockingly laughing gods
그는 조롱조소하는 신들의 발 앞에 자신의 목숨을 던지고 싶어했다

This was the great vomiting he had longed for; death
이것은 그가 갈망하던 큰 구토였습니다. 죽음

the smashing to bits of the form he hated
그가 싫어하는 형태를 산산이 부수는 것

Let him be food for fishes and crocodiles
그를 물고기와 악어의 먹이로 삼으라

Siddhartha the dog, a lunatic
미친 개 시다르타

a depraved and rotten body; a weakened and abused soul!
타락하고 썩은 몸, 약해지고 학대받은 영혼!

let him be chopped to bits by the daemons
그를 악마들에게 조각조각 내버려두세요

With a distorted face, he stared into the water
그는 왜곡된 얼굴로 물속을 응시했다.

he saw the reflection of his face and spat at it
그는 자신의 얼굴이 반사되는 것을 보고 침을 뱉었다

In deep tiredness, he took his arm away from the trunk of the tree
그는 깊은 피로감에 휩싸여 나무 줄기에서 팔을 떼었다.

he turned a bit, in order to let himself fall straight down
그는 자신이 똑바로 떨어지도록 조금 돌아섰습니다.

in order to finally drown in the river
결국 강에 빠져 죽게 되다

With his eyes closed, he slipped towards death
그는 눈을 감은 채 죽음으로 미끄러져 갔다.

Then, out of remote areas of his soul, a sound stirred up
그러자 그의 영혼의 먼 곳에서 소리가 울려 퍼졌습니다.

a sound stirred up out of past times of his now weary life
그의 지친 삶에서 과거의 시간에서 울려 퍼지는 소리
It was a singular word, a single syllable
그것은 단 하나의 단어, 단 한 음절이었습니다.
without thinking he spoke the voice to himself
그는 생각 없이 자신에게 목소리를 말했다
he slurred the beginning and the end of all prayers of the Brahmans
그는 브라만의 모든 기도의 시작과 끝을 흐릿하게 표현했습니다.
he spoke the holy Om
그는 신성한 옴을 말했다
"that what is perfect" or "the completion"
"완벽한 것" 또는 "완성"
And in the moment he realized the foolishness of his actions
그리고 그는 자신의 행동이 어리석다는 것을 깨닫는 순간
the sound of Om touched Siddhartha's ear
옴의 소리가 시다르타의 귀에 닿았다.
his dormant spirit suddenly woke up
그의 잠자던 정신이 갑자기 깨어났다
Siddhartha was deeply shocked
시다르타는 깊은 충격을 받았습니다.
he saw this was how things were with him
그는 이것이 자신에게 일이 어떻게 돌아가는지 보았다
he was so doomed that he had been able to seek death
그는 너무나 운명이 정해져 있어서 죽음을 찾을 수 있었습니다.
he had lost his way so much that he wished the end
그는 너무 길을 잃어서 끝이 오기를 바랐다
the wish of a child had been able to grow in him
그에게는 아이의 소원이 자랄 수 있었다
he had wished to find rest by annihilating his body!
그는 자신의 육체를 파괴함으로써 안식을 찾고자 했습니다!

all the agony of recent times
최근의 모든 고통
all sobering realizations that his life had created
그의 인생이 만들어낸 모든 냉정한 깨달음
all the desperation that he had felt
그가 느꼈던 모든 절망
these things did not bring about this moment
이런 일들이 이 순간을 가져오지 않았다
when the Om entered his consciousness he became aware of himself
옴이 그의 의식에 들어왔을 때 그는 자신을 알게 되었습니다.
he realized his misery and his error
그는 자신의 비참함과 실수를 깨달았습니다.
Om! he spoke to himself
옴! 그는 스스로에게 말했다
Om! and again he knew about Brahman
옴! 그리고 그는 다시 브라흐만에 대해 알게 되었습니다.
Om! he knew about the indestructibility of life
옴! 그는 생명의 불멸성을 알고 있었습니다
Om! he knew about all that is divine, which he had forgotten
옴! 그는 자신이 잊고 있었던 신성한 모든 것에 대해 알고 있었습니다.
But this was only a moment that flashed before him
그러나 이것은 그의 눈앞에 번쩍인 순간일 뿐이었습니다.
By the foot of the coconut-tree, Siddhartha collapsed
코코넛 나무 아래에서 시다르타는 쓰러졌습니다.
he was struck down by tiredness
그는 피로에 쓰러졌다
mumbling "Om", he placed his head on the root of the tree
그는 "옴"을 중얼거리며 나무 뿌리에 머리를 얹었다.
and he fell into a deep sleep
그리고 그는 깊은 잠에 빠졌다

Deep was his sleep, and without dreams
그의 잠은 깊고 꿈도 없었다
for a long time he had not known such a sleep any more
그는 오랫동안 그런 잠을 더 이상 알지 못했다

When he woke up after many hours, he felt as if ten years had passed
그는 오랜 시간 깨어났을 때 마치 10년이 지난 것 같은 기분이 들었다.
he heard the water quietly flowing
그는 물이 조용히 흐르는 소리를 들었다
he did not know where he was
그는 자신이 어디에 있는지 몰랐다
and he did not know who had brought him here
그리고 그는 자신을 여기로 데려온 사람이 누구인지 몰랐습니다.
he opened his eyes and looked with astonishment
그는 눈을 뜨고 놀란 표정을 지었다
there were trees and the sky above him
그 위에는 나무들이 있었고 하늘도 있었다
he remembered where he was and how he got here
그는 자신이 어디에 있는지, 어떻게 여기까지 왔는지 기억했다
But it took him a long while for this
하지만 그가 이를 이루기까지는 오랜 시간이 걸렸다.
the past seemed to him as if it had been covered by a veil
그에게 과거는 마치 베일에 가려진 것처럼 보였다
infinitely distant, infinitely far away, infinitely meaningless
무한히 먼, 무한히 멀리, 무한히 무의미한
He only knew that his previous life had been abandoned
그가 알고 있던 것은 단지 자신의 이전 삶이 버려졌다는 것뿐이었다.
this past life seemed to him like a very old, previous incarnation

이번 전생은 그에게 아주 오래되고 전생의 환생처럼 보였습니다.

this past life felt like a pre-birth of his present self
이번 전생은 현재의 자신보다 먼저 태어난 것 같은 느낌이었습니다.

full of disgust and wretchedness, he had intended to throw his life away
혐오감과 비참함으로 가득 찬 그는 자신의 삶을 던져버리려고 했습니다.

he had come to his senses by a river, under a coconut-tree
그는 강가, 코코넛 나무 아래에서 정신을 차렸습니다.

the holy word "Om" was on his lips
그의 입술에는 신성한 단어 "옴"이 있었습니다.

he had fallen asleep and had now woken up
그는 잠들었고 이제 깨어났다

he was looking at the world as a new man
그는 세상을 새로운 사람으로 바라보고 있었습니다

Quietly, he spoke the word "Om" to himself
그는 조용히 자신에게 "옴"이라는 단어를 말했습니다.

the "Om" he was speaking when he had fallen asleep
그가 잠들었을 때 말했던 "옴"

his sleep felt like nothing more than a long meditative recitation of "Om"
그의 잠은 "옴"을 길게 명상적으로 낭송하는 것 이상은 아닌 것 같았다.

all his sleep had been a thinking of "Om"
그의 잠은 모두 "옴"을 생각하는 시간이었습니다.

a submergence and complete entering into "Om"
잠수와 "옴"으로의 완전한 진입

a going into the perfected and completed
완전해지고 완성되는 것으로 들어가는 것

What a wonderful sleep this had been!
얼마나 환상적인 잠이었는가!

he had never before been so refreshed by sleep
그는 이전에 잠으로 이렇게 상쾌해진 적이 없었다

Perhaps, he really had died
아마도 그는 정말로 죽었을 것이다
maybe he had drowned and was reborn in a new body?
어쩌면 그는 익사했고 새로운 몸으로 다시 태어났는지도 모른다?
But no, he knew himself and who he was
하지만 그는 자신과 자신이 누구인지 알고 있었습니다.
he knew his hands and his feet
그는 자신의 손과 발을 알고 있었다
he knew the place where he lay
그는 자신이 누워 있는 곳을 알고 있었다
he knew this self in his chest
그는 이 자신을 가슴으로 알고 있었다
Siddhartha the eccentric, the weird one
괴짜, 이상한 사람 시다르타
but this Siddhartha was nevertheless transformed
그러나 이 시다르타는 그럼에도 불구하고 변형되었습니다.
he was strangely well rested and awake
그는 이상하게도 충분히 쉬었고 깨어 있었다
and he was joyful and curious
그리고 그는 기쁘고 호기심이 많았습니다

Siddhartha straightened up and looked around
시다르타는 몸을 일으켜 주위를 둘러보았다.
then he saw a person sitting opposite to him
그때 그는 자기 맞은편에 앉아 있는 사람을 보았다
a monk in a yellow robe with a shaven head
머리를 깎은 노란 옷을 입은 스님
he was sitting in the position of pondering
그는 숙고하는 자세로 앉아 있었다
He observed the man, who had neither hair on his head nor a beard
그는 머리카락도 없고 수염도 없는 그 남자를 관찰했습니다.

- 193 -

he had not observed him for long when he recognised this monk
그는 이 스님을 알아본 지 얼마 되지 않아 그를 오랫동안 관찰하지 못했습니다.
it was Govinda, the friend of his youth
그것은 그의 젊은 시절 친구인 고빈다였습니다.
Govinda, who had taken his refuge with the exalted Buddha
고빈다는 부처님께 귀의한 자였습니다.
Like Siddhartha, Govinda had also aged
시다르타와 마찬가지로 고빈다도 나이가 들었습니다.
but his face still bore the same features
하지만 그의 얼굴은 여전히 똑같은 모습을 하고 있었다
his face still expressed zeal and faithfulness
그의 얼굴은 여전히 열정과 충실함을 표현하고 있었습니다
you could see he was still searching, but timidly
그는 여전히 수색을 하고 있었지만 소심하게 수색을 하고 있는 것을 볼 수 있었습니다.
Govinda sensed his gaze, opened his eyes, and looked at him
고빈다는 그의 시선을 감지하고 눈을 뜨고 그를 바라보았습니다.
Siddhartha saw that Govinda did not recognise him
시다르타는 고빈다가 자신을 알아보지 못하는 것을 보았습니다.
Govinda was happy to find him awake
고빈다는 그가 깨어 있는 것을 보고 기뻤다
apparently, he had been sitting here for a long time
그는 오랫동안 여기 앉아 있었던 것 같다
he had been waiting for him to wake up
그는 그가 깨어날 때까지 기다리고 있었다
he waited, although he did not know him
그는 그를 알지 못했지만 기다렸다.
"I have been sleeping" said Siddhartha
"나는 잠들어 있었습니다." 시다르타가 말했다.

"How did you get here?"
"어떻게 여기에 오셨어요?"
"You have been sleeping" answered Govinda
"당신은 잠을 자고 있었군요" 고빈다가 대답했다.
"It is not good to be sleeping in such places"
"그런 곳에서 자는 건 좋지 않아"
"snakes and the animals of the forest have their paths here"
"뱀과 숲의 동물들이 이곳에 길을 가지고 있습니다"
"I, oh sir, am a follower of the exalted Gotama"
"오 선생님, 저는 고타마의 추종자입니다."
"I was on a pilgrimage on this path"
"나는 이 길을 순례하고 있었어"
"I saw you lying and sleeping in a place where it is dangerous to sleep"
"당신이 위험한 곳에서 누워서 자는 것을 봤어요"
"Therefore, I sought to wake you up"
"그러므로 나는 너희를 깨우고자 하였노라"
"but I saw that your sleep was very deep"
"하지만 나는 당신의 잠이 매우 깊다는 것을 보았습니다"
"so I stayed behind from my group"
"그래서 나는 우리 그룹에서 뒤에 남았다"
"and I sat with you until you woke up"
"그리고 난 너가 깨어날 때까지 너 옆에 앉아 있었어"
"And then, so it seems, I have fallen asleep myself"
"그리고 그러고 보니 나도 잠이 들었나 보다"
"I, who wanted to guard your sleep, fell asleep"
"당신의 잠을 지키고 싶었던 내가 잠들었습니다"
"Badly, I have served you"
"나쁘게도 나는 당신을 섬겼습니다"
"tiredness had overwhelmed me"
"피로가 나를 압도했다"
"But since you're awake, let me go to catch up with my brothers"
"하지만 당신이 깨어 있으니, 나도 형제들을 따라잡으러 가야겠어"

"I thank you, Samana, for watching out over my sleep" spoke Siddhartha
"사마나, 내 잠을 지켜주셔서 감사합니다." 시다르타가 말했습니다.

"You're friendly, you followers of the exalted one"
"당신들은 친절합니다, 고귀한 분의 추종자들아"

"Now you may go to them"
"이제 그들에게 가도 됩니다"

"I'm going, sir. May you always be in good health"
"저는 갑니다, 선생님. 항상 건강하시길 바랍니다"

"I thank you, Samana"
"고맙습니다, 사마나"

Govinda made the gesture of a salutation and said "Farewell"
고빈다는 인사하는 몸짓을 하며 "안녕히 가세요"라고 말했다.

"Farewell, Govinda" said Siddhartha
"안녕, 고빈다" 시다르타가 말했다.

The monk stopped as if struck by lightning
스님은 번개를 맞은 듯이 멈췄다.

"Permit me to ask, sir, from where do you know my name?"
"저에게 물어보겠습니다, 선생님. 제 이름을 어디서 아십니까?"

Siddhartha smiled, "I know you, oh Govinda, from your father's hut"
시다르타는 미소를 지으며 말했다. "오 고빈다, 나는 네 아버지 오두막에서 너를 알고 있었어."

"and I know you from the school of the Brahmans"
"그리고 나는 당신을 브라만 학교에서 알고 있습니다"

"and I know you from the offerings"
"그리고 나는 제물에서 당신을 알고 있습니다"

"and I know you from our walk to the Samanas"
"그리고 나는 사마나스로 가는 우리의 산책에서 당신을 알고 있습니다"

"and I know you from when you took refuge with the exalted one"
"내가 너를 알았노라 네가 높으신 자에게 피난한 때부터"
"You're Siddhartha," Govinda exclaimed loudly, "Now, I recognise you"
"당신은 시다르타입니다." 고빈다가 큰 소리로 외쳤다.
"이제 당신을 알아볼 수 있습니다."
"I don't comprehend how I couldn't recognise you right away"
"내가 왜 당신을 바로 알아볼 수 없었는지 이해할 수 없어요"
"Siddhartha, my joy is great to see you again"
"시다르타, 당신을 다시 만나서 너무 기쁩니다"
"It also gives me joy, to see you again" spoke Siddhartha
"다시 당신을 만나게 되어서 기쁘기도 합니다."
시다르타가 말했습니다.
"You've been the guard of my sleep"
"당신은 내 잠을 지켜주는 수호자였어요"
"again, I thank you for this"
"다시 한번, 이것에 대해 감사드립니다"
"but I wouldn't have required any guard"
"하지만 나는 경비원이 필요하지 않았을 거야"
"Where are you going to, oh friend?"
"친구야, 어디로 가는 거야?"
"I'm going nowhere," answered Govinda
"나는 아무데도 가지 않을 거야." 고빈다가 대답했다.
"We monks are always travelling"
"우리 스님들은 항상 여행을 하고 있습니다"
"whenever it is not the rainy season, we move from one place to another"
"우기가 아니면 우리는 한곳에서 다른곳으로 이사를 가요"
"we live according to the rules of the teachings passed on to us"

"우리는 우리에게 전해진 가르침의 규칙에 따라 살아갑니다"
"we accept alms, and then we move on"
"우리는 구호품을 받고 나서 계속 나아갑니다"
"It is always like this"
"항상 이렇다"
"But you, Siddhartha, where are you going to?"
"하지만 시다르타 너는 어디로 가는 거니?"
"for me it is as it is with you"
"나에게는 그게 당신과 같은 것과 같아요"
"I'm going nowhere; I'm just travelling"
"나는 어디에도 가지 않는다. 나는 그저 여행하고 있을 뿐이다"
"I'm also on a pilgrimage"
"나도 순례 중이에요"
Govinda spoke "You say you're on a pilgrimage, and I believe you"
고빈다는 말했다 "당신은 순례 중이라고 말하고 나는 당신을 믿습니다"
"But, forgive me, oh Siddhartha, you do not look like a pilgrim"
"하지만 용서해 주세요, 오 시다르타, 당신은 순례자 같지 않아요"
"You're wearing a rich man's garments"
"당신은 부자의 옷을 입고 있어요"
"you're wearing the shoes of a distinguished gentleman"
"당신은 저명한 신사의 신발을 신고 있습니다"
"and your hair, with the fragrance of perfume, is not a pilgrim's hair"
"그리고 당신의 머리카락은 향수의 향기를 가지고 있어서 순례자의 머리카락이 아닙니다"
"you do not have the hair of a Samana"
"너는 사마나의 머리카락을 가지고 있지 않다"
"you are right, my dear"
"당신 말이 맞아요, 내 사랑"

"you have observed things well"
"당신은 일을 잘 관찰했습니다"
"your keen eyes see everything"
"당신의 날카로운 눈은 모든 것을 봅니다"
"But I haven't said to you that I was a Samana"
"하지만 나는 내가 사마나라고 당신에게 말하지 않았습니다"
"I said I'm on a pilgrimage"
"나는 순례 중이라고 말했어요"
"And so it is, I'm on a pilgrimage"
"그래서 나는 순례길에 올랐어요"
"You're on a pilgrimage" said Govinda
"당신은 순례 중이에요" 고빈다가 말했다.
"But few would go on a pilgrimage in such clothes"
"그런 옷을 입고 순례를 가는 사람은 거의 없을 것이다"
"few would pilger in such shoes"
"그런 신발을 신고 순례하는 사람은 거의 없을 거야"
"and few pilgrims have such hair"
"그리고 그런 머리카락을 가진 순례자는 거의 없습니다"
"I have never met such a pilgrim"
"나는 그런 순례자를 만난 적이 없다"
"and I have been a pilgrim for many years"
"그리고 나는 수년간 순례자였습니다"
"I believe you, my dear Govinda"
"나는 당신을 믿습니다, 나의 사랑하는 고빈다"
"But now, today, you've met a pilgrim just like this"
"하지만 오늘 당신은 이런 순례자를 만났어요"
"a pilgrim wearing these kinds of shoes and garment"
"이런 종류의 신발과 옷을 입은 순례자"
"Remember, my dear, the world of appearances is not eternal"
"기억해, 내 사랑아, 현상의 세계는 영원하지 않아"
"our shoes and garments are anything but eternal"
"우리의 신발과 옷은 영원하지 않습니다"
"our hair and bodies are not eternal either"

"우리의 머리카락과 몸도 영원하지 않습니다"
I'm wearing a rich man's clothes"
나는 부자의 옷을 입고 있어요"
"you've seen this quite right"
"당신은 이것을 아주 잘 보았습니다"
"I'm wearing them, because I have been a rich man"
"나는 부자였기 때문에 그것을 입고 있습니다"
"and I'm wearing my hair like the worldly and lustful people"
"그리고 나는 세상적이고 음탕한 사람들처럼 머리를 하고 있습니다"
"because I have been one of them"
"내가 그들 중 하나였기 때문이야"
"And what are you now, Siddhartha?" Govinda asked
"그리고 당신은 지금 무엇입니까, 시다르타?" 고빈다가 물었습니다.
"I don't know it, just like you"
"나도 몰라, 너와 마찬가지로"
"I was a rich man, and now I am not a rich man anymore"
"나는 부자였는데, 이제는 더 이상 부자가 아니다"
"and what I'll be tomorrow, I don't know"
"그리고 내일 내가 무엇이 될지 모르겠어"
"You've lost your riches?" asked Govinda
"당신은 당신의 재산을 잃었나요?" 고빈다가 물었습니다.
"I've lost my riches, or they have lost me"
"나는 내 부를 잃었거나, 그들은 나를 잃었다"
"My riches somehow happened to slip away from me"
"내 재산은 어떻게 된 일인지 내게서 빠져나갔다"
"The wheel of physical manifestations is turning quickly, Govinda"
"육체적 현상의 바퀴가 빠르게 돌고 있어요, 고빈다"
"Where is Siddhartha the Brahman?"
"브라만 시다르타는 어디에 있나요?"
"Where is Siddhartha the Samana?"

"사만다 시다르타는 어디에 있나요?"
"Where is Siddhartha the rich man?"
"부자 시다르타는 어디에 있나요?"
"Non-eternal things change quickly, Govinda, you know it"
"영원하지 않은 것들은 빨리 변해요, 고빈다, 당신도 알죠"
Govinda looked at the friend of his youth for a long time
고빈다는 어린 시절의 친구를 오랫동안 바라보았다.
he looked at him with doubt in his eyes
그는 의심스러운 눈으로 그를 바라보았다
After that, he gave him the salutation which one would use on a gentleman
그 후에 그는 신사에게 사용하는 인사말을 그에게 건네주었다.
and he went on his way, and continued his pilgrimage
그리고 그는 자신의 길을 갔고 순례를 계속했습니다.
With a smiling face, Siddhartha watched him leave
시다르타는 웃는 얼굴로 그가 떠나는 것을 지켜보았다.
he loved him still, this faithful, fearful man
그는 여전히 이 충실하고 두려운 남자를 사랑했습니다.
how could he not have loved everybody and everything in this moment?
이 순간에 어떻게 그는 모든 사람과 모든 것을 사랑하지 않을 수 있을까?
in the glorious hour after his wonderful sleep, filled with Om!
그의 멋진 잠 이후의 영광스러운 시간은 옴으로 가득 찼습니다!
The enchantment, which had happened inside of him in his sleep
그의 잠 속에서 그에게 일어난 마법
this enchantment was everything that he loved
이 마법은 그가 사랑했던 모든 것이었습니다
he was full of joyful love for everything he saw

그는 자신이 보는 모든 것에 대해 기쁨에 찬 사랑으로 가득 차 있었습니다.

exactly this had been his sickness before
이것이 바로 그의 병이 전에도 있었던 일이었다

he had not been able to love anybody or anything
그는 누구도, 아무것도 사랑할 수 없었다

With a smiling face, Siddhartha watched the leaving monk
시다르타는 웃는 얼굴로 떠나는 스님을 바라보았다.

The sleep had strengthened him a lot
잠은 그를 많이 강화시켰다

but hunger gave him great pain
그러나 배고픔은 그에게 큰 고통을 안겨주었다

by now he had not eaten for two days
그는 이제 이틀 동안 아무것도 먹지 않았다

the times were long past when he could resist such hunger
그가 그런 굶주림을 참을 수 있었던 시대는 이미 오래 전이었다.

With sadness, and yet also with a smile, he thought of that time
그는 슬픔과 함께, 그리고 미소와 함께 그 때를 생각했다.

In those days, so he remembered, he had boasted of three things to Kamala
그 당시 그는 카말라에게 세 가지 자랑을 했다고 기억했습니다.

he had been able to do three noble and undefeatable feats
그는 세 가지 고귀하고도 이길 수 없는 업적을 이룰 수 있었습니다.

he was able to fast, wait, and think
그는 금식하고 기다리고 생각할 수 있었습니다.

These had been his possessions; his power and strength
이것이 그의 소유물이었습니다. 그의 힘과 힘

in the busy, laborious years of his youth, he had learned these three feats

그는 젊은 시절의 바쁘고 힘든 세월 동안 이 세 가지 기술을 배웠습니다.

And now, his feats had abandoned him
그리고 이제 그의 업적은 그를 버렸다

none of his feats were his any more
그의 업적 중 어느 것도 더 이상 그의 것이 아니었습니다.

neither fasting, nor waiting, nor thinking
금식도 아니고, 기다리지도 않고, 생각도 하지 않는다

he had given them up for the most wretched things
그는 가장 비참한 일을 위해 그들을 포기했습니다.

what is it that fades most quickly?
가장 빨리 사라지는 것은 무엇인가?

sensual lust, the good life, and riches!
관능적인 욕망, 행복한 삶, 그리고 부!

His life had indeed been strange
그의 삶은 참으로 이상했다

And now, so it seemed, he had really become a childlike person
그리고 이제 그는 정말로 어린아이 같은 사람이 된 것 같았다.

Siddhartha thought about his situation
시다르타는 자신의 상황에 대해 생각했다.

Thinking was hard for him now
그에게는 지금 생각하기가 어려웠다

he did not really feel like thinking
그는 정말 생각하고 싶지 않았다

but he forced himself to think
하지만 그는 스스로 생각하도록 강요했다

"all these most easily perishing things have slipped from me"
"이 모든 쉽게 없어질 것들은 내게서 사라져 버렸다"

"again, now I'm standing here under the sun"
"다시, 지금 나는 여기 태양 아래 서 있습니다"

"I am standing here just like a little child"

"나는 여기 어린아이처럼 서 있습니다"
"nothing is mine, I have no abilities"
"내 것은 아무것도 없어, 나는 능력이 없어"
"there is nothing I could bring about"
"내가 할 수 있는 일은 아무것도 없다"
"I have learned nothing from my life"
"나는 내 인생에서 아무것도 배우지 못했다"
"How wondrous all of this is!"
"이 모든 것이 얼마나 놀라운 일입니까!"
"it's wondrous that I'm no longer young"
"내가 더 이상 젊지 않다는 것이 신기하다"
"my hair is already half gray and my strength is fading"
"내 머리카락은 이미 반쯤 하얗게 변했고 힘이 빠지고 있어요"
"and now I'm starting again at the beginning, as a child!"
"그리고 지금 나는 어린 시절로 다시 처음부터 시작하고 있어요!"

Again, he had to smile to himself
그는 다시 한번 자신에게 미소를 지어야 했습니다.
Yes, his fate had been strange!
그렇다, 그의 운명은 이상했다!
Things were going downhill with him
그 사람은 점점 더 나빠지고 있었어요
and now he was again facing the world naked and stupid
그리고 이제 그는 다시 벌거벗고 어리석게 세상을 마주하고 있었습니다.
But he could not feel sad about this
그러나 그는 이에 대해 슬퍼할 수 없었다.
no, he even felt a great urge to laugh
아니, 그는 심지어 웃고 싶은 강한 충동을 느꼈다
he felt an urge to laugh about himself
그는 자신에 대해 웃고 싶은 충동을 느꼈다
he felt an urge to laugh about this strange, foolish world
그는 이 이상하고 어리석은 세상에 대해 웃고 싶은 충동을 느꼈다.

"Things are going downhill with you!" he said to himself
"너한테는 일이 안 좋아지고 있어!" 그는 스스로에게 말했다.

and he laughed about his situation
그리고 그는 자신의 상황에 대해 웃었다

as he was saying it he happened to glance at the river
그가 그렇게 말하던 중에 우연히 강을 쳐다보게 되었다.

and he also saw the river going downhill
그리고 그는 또한 강이 내리막으로 흐르는 것을 보았습니다.

it was singing and being happy about everything
노래하고 모든 일에 행복해하는 것

He liked this, and kindly he smiled at the river
그는 이것을 좋아했고, 친절하게 강을 향해 미소를 지었다.

Was this not the river in which he had intended to drown himself?
이 강이 그가 자신을 죽이려고 했던 강이 아니었는가?

in past times, a hundred years ago
지난 시간, 백 년 전

or had he dreamed this?
아니면 그는 이런 일을 꿈으로 본 것일까?

"Wondrous indeed was my life" he thought
그는 "내 인생은 참으로 경이로웠다"고 생각했습니다.

"my life has taken wondrous detours"
"내 인생은 놀라운 우회전을 했습니다"

"As a boy, I only dealt with gods and offerings"
"나는 어렸을 때 신과 제물만을 다루었습니다"

"As a youth, I only dealt with asceticism"
"나는 청년 시절에 금욕주의만 다루었다"

"I spent my time in thinking and meditation"
"나는 생각하고 명상하며 시간을 보냈다"

"I was searching for Brahman
"나는 브라만을 찾고 있었습니다.

"and I worshipped the eternal in the Atman"

"그리고 나는 아트만 속의 영원을 숭배했습니다"
"But as a young man, I followed the penitents"
"하지만 젊은 시절에 나는 회개자들을 따라갔어요"
"I lived in the forest and suffered heat and frost"
"나는 숲 속에서 살았고 더위와 서리를 겪었다"
"there I learned how to overcome hunger"
"거기서 나는 배고픔을 극복하는 법을 배웠다"
"and I taught my body to become dead"
"그리고 나는 내 몸이 죽는 것을 가르쳤다"
"Wonderfully, soon afterwards, insight came towards me"
"놀랍게도, 얼마 지나지 않아 통찰력이 나에게 다가왔습니다."
"insight in the form of the great Buddha's teachings"
"대불의 가르침의 형태로 나타난 통찰력"
"I felt the knowledge of the oneness of the world"
"나는 세상의 일체성에 대한 지식을 느꼈다"
"I felt it circling in me like my own blood"
"나는 그것이 내 안에서 내 피처럼 맴도는 것을 느꼈다"
"But I also had to leave Buddha and the great knowledge"
"하지만 나는 부처님과 위대한 지식을 떠나야만 했습니다."
"I went and learned the art of love with Kamala"
"나는 카말라와 함께 사랑의 기술을 배웠습니다"
"I learned trading and business with Kamaswami"
"저는 카마스와미로부터 무역과 사업을 배웠습니다"
"I piled up money, and wasted it again"
"돈을 쌓아두었다가 다시 낭비했어요"
"I learned to love my stomach and please my senses"
"나는 내 배를 사랑하고 내 감각을 기쁘게 하는 법을 배웠습니다"
"I had to spend many years losing my spirit"
"나는 수년간 정신을 잃어야만 했습니다"
"and I had to unlearn thinking again"
"그리고 나는 다시 생각하는 법을 잊어야 했습니다"
"there I had forgotten the oneness"

"거기서 나는 하나됨을 잊었다"
"Isn't it just as if I had turned slowly from a man into a child"?
"마치 내가 남자에서 아이로 천천히 변해가는 것 같지 않나요?"
"from a thinker into a childlike person"
"사상가에서 어린아이 같은 사람으로"
"And yet, this path has been very good"
"그래도 이 길은 참 좋았어요"
"and yet, the bird in my chest has not died"
"그래도 내 가슴 속의 새는 죽지 않았다"
"what a path has this been!"
"이게 무슨 길인가!"
"I had to pass through so much stupidity"
"나는 너무나 많은 어리석음을 겪어야만 했다"
"I had to pass through so much vice"
"나는 너무나 많은 악습을 겪어야만 했다"
"I had to make so many errors"
"저는 너무 많은 실수를 해야 했습니다"
"I had to feel so much disgust and disappointment"
"나는 엄청난 혐오감과 실망감을 느꼈습니다"
"I had to do all this to become a child again"
"나는 다시 어린아이가 되기 위해 이 모든 일을 해야 했습니다"
"and then I could start over again"
"그러면 다시 시작할 수 있을 거야"
"But it was the right way to do it"
"하지만 그게 옳은 방법이었어요"
"my heart says yes to it and my eyes smile to it"
"내 마음은 그것에 '예'라고 말하고 내 눈은 그것에 미소 짓는다"
"I've had to experience despair"
"나는 절망을 경험해야만 했다"
"I've had to sink down to the most foolish of all thoughts"
"나는 가장 어리석은 생각 속으로 빠져들 수밖에 없었다"

"I've had to think to the thoughts of suicide"
"나는 자살에 대한 생각을 해야만 했다"
"only then would I be able to experience divine grace"
"그때에야 나는 신의 은총을 체험할 수 있을 것이다"
"only then could I hear Om again"
"그때서야 나는 다시 옴을 들을 수 있었습니다"
"only then would I be able to sleep properly and awake again"
"그렇게 되어야만 제대로 잠을 자고 다시 깨어날 수 있을 거야"
"I had to become a fool, to find Atman in me again"
"나는 다시 내 안에서 아트만을 찾기 위해 바보가 되어야만 했다"
"I had to sin, to be able to live again"
"다시 살기 위해서는 죄를 지어야만 했다"
"Where else might my path lead me to?"
"내 길은 나를 또 어디로 인도할까?"
"It is foolish, this path, it moves in loops"
"이 길은 어리석은 길이다. 이 길은 고리 모양으로 움직인다"
"perhaps it is going around in a circle"
"아마도 그것은 원을 그리며 돌고 있을 것이다"
"Let this path go where it likes"
"이 길을 원하는 대로 가게 두세요"
"where ever this path goes, I want to follow it"
"이 길이 어디로 가든지, 나는 따라가고 싶다"
he felt joy rolling like waves in his chest
그는 가슴 속에서 기쁨이 파도처럼 밀려오는 것을 느꼈다
he asked his heart, "from where did you get this happiness?"
그는 자신의 마음에 "어디서 이 행복을 얻었니?"라고 물었습니다.
"does it perhaps come from that long, good sleep?"
"아마도 오랫동안 푹신한 잠을 잤기 때문일까요?"
"the sleep which has done me so much good"

"나에게 많은 도움이 된 잠"
"or does it come from the word Om, which I said?"
"아니면 제가 말한 '옴'이라는 단어에서 유래한 것인가요?"
"Or does it come from the fact that I have escaped?"
"아니면 내가 탈출했다는 사실에서 비롯된 것인가?"
"does this happiness come from standing like a child under the sky?"
"이 행복은 하늘 아래 아이처럼 섰을 때 오는 것인가?"
"Oh how good is it to have fled"
"도망친 게 얼마나 좋은 일인가"
"it is great to have become free!"
"자유로워져서 기쁘다!"
"How clean and beautiful the air here is"
"여기 공기는 얼마나 깨끗하고 아름다운지요"
"the air is good to breath"
"공기가 숨쉬기에 좋다"
"where I ran away from everything smelled of ointments"
"내가 도망친 곳은 모든 것이 연고 냄새 나는 곳이었다"
"spices, wine, excess, sloth"
"향신료, 와인, 과잉, 게으름"
"How I hated this world of the rich"
"나는 이 부자들의 세상을 얼마나 싫어했는가"
"I hated those who revel in fine food and the gamblers!"
"나는 맛있는 음식을 먹고 도박하는 사람들을 싫어했습니다!"
"I hated myself for staying in this terrible world for so long!
"나는 이 끔찍한 세상에 너무 오랫동안 머물렀던 나 자신을 미워했습니다!"
"I have deprived, poisoned, and tortured myself"
"나는 나 자신을 박탈하고, 독살하고, 고문했습니다"
"I have made myself old and evil!"
"나는 나 자신을 늙고 사악하게 만들었다!"
"No, I will never again do the things I liked doing so much"
"아니, 내가 정말 좋아하던 일은 다시는 하지 않을 거야"

"I won't delude myself into thinking that Siddhartha was wise!"
"나는 시다르타가 현명하다고 착각하지 않을 것이다!"
"But this one thing I have done well"
"하지만 내가 잘한 게 하나 있어요"
"this I like, this I must praise"
"이건 좋아요, 이건 칭찬해야죠"
"I like that there is now an end to that hatred against myself"
"나는 이제 나 자신에 대한 증오가 끝났다는 사실이 기쁘다"
"there is an end to that foolish and dreary life!"
"그 어리석고 지루한 인생은 이제 끝이야!"
"I praise you, Siddhartha, after so many years of foolishness"
"나는 당신을 찬양합니다, 시다르타, 오랜 세월의 어리석은 짓 끝에"
"you have once again had an idea"
"당신은 다시 한번 아이디어를 얻었습니다"
"you have heard the bird in your chest singing"
"당신은 가슴 속의 새가 노래하는 것을 들었습니다"
"and you followed the song of the bird!"
"그리고 당신은 새의 노래를 따라갔어요!"
with these thoughts he praised himself
이런 생각으로 그는 자신을 칭찬했다
he had found joy in himself again
그는 다시 자신에게서 기쁨을 찾았습니다
he listened curiously to his stomach rumbling with hunger
그는 배고픔으로 배가 울리는 소리를 호기심 어린 눈으로 들었다.
he had tasted and spat out a piece of suffering and misery
그는 고통과 비참함의 한 조각을 맛보고 뱉어냈다
in these recent times and days, this is how he felt
요즘 그가 느낀 감정은 이렇다.
he had devoured it up to the point of desperation and death
그는 그것을 절망과 죽음의 지경까지 삼켜버렸다
how everything had happened was good

모든 일이 어떻게 일어났는지가 좋았다

he could have stayed with Kamaswami for much longer
그는 카마스와미와 더 오래 함께 있을 수도 있었을 것이다.

he could have made more money, and then wasted it
그는 더 많은 돈을 벌 수도 있었고, 그 돈을 낭비했을 수도 있었다.

he could have filled his stomach and let his soul die of thirst
그는 배를 채우고 영혼을 목마르게 죽일 수도 있었을 것이다.

he could have lived in this soft upholstered hell much longer
그는 이 부드럽고 안락한 지옥에서 훨씬 더 오래 살 수 있었을 것이다.

if this had not happened, he would have continued this life
만약 이런 일이 일어나지 않았더라면 그는 이런 삶을 계속했을 것이다

the moment of complete hopelessness and despair
완전한 절망과 절망의 순간

the most extreme moment when he hung over the rushing waters
그가 급류 위에 매달려 있는 가장 극단적인 순간

the moment he was ready to destroy himself
그가 자신을 파괴할 준비가 된 순간

the moment he had felt this despair and deep disgust
그가 절망과 깊은 혐오감을 느낀 순간

he had not succumbed to it
그는 그것에 굴복하지 않았다

the bird was still alive after all
그 새는 결국 살아있었구나

this was why he felt joy and laughed
그래서 그는 기쁨을 느끼고 웃었다

this was why his face was smiling brightly under his hair
이것이 그의 얼굴이 머리카락 아래에서 밝게 웃고 있는 이유였습니다.

his hair which had now turned gray
이제 회색으로 변한 그의 머리카락
"It is good," he thought, "to get a taste of everything for oneself"
그는 "모든 것을 직접 맛보는 게 좋다"고 생각했습니다.
"everything which one needs to know"
"알아야 할 모든 것"
"lust for the world and riches do not belong to the good things"
"세상과 부에 대한 정욕은 좋은 것들에 속하지 않습니다"
"I have already learned this as a child"
"나는 이미 어렸을 때 이걸 배웠어요"
"I have known it for a long time"
"나는 그것을 오래 전부터 알고 있었습니다"
"but I hadn't experienced it until now"
"하지만 지금까지 경험해보지 못했어요"
"And now that I I've experienced it I know it"
"그리고 이제 나는 그것을 경험했으므로 그것을 압니다"
"I don't just know it in my memory, but in my eyes, heart, and stomach"
"기억으로만 아는 것이 아니라 눈으로, 마음으로, 뱃속으로 알고 있어요"
"it is good for me to know this!"
"이걸 아는 게 나에게는 좋죠!"

For a long time, he pondered his transformation
그는 오랫동안 자신의 변신에 대해 고민했다.
he listened to the bird, as it sang for joy
그는 새가 기쁨으로 노래하는 것을 들었습니다.
Had this bird not died in him?
그 새가 그의 몸속에서 죽지 않았는가?
had he not felt this bird's death?
그는 이 새의 죽음을 느끼지 못했던가?
No, something else from within him had died
아니, 그의 내면에서 다른 무언가가 죽었어요.

something which yearned to die had died
죽고 싶어하던 것이 죽었다
Was it not this that he used to intend to kill?
그가 죽이려고 했던 것이 바로 이것이 아니었는가?
Was it not his his small, frightened, and proud self that had died?
그의 작고, 두렵고, 거만한 자아가 죽은 것이 아니었는가?
he had wrestled with his self for so many years
그는 수년간 자신과 씨름해 왔습니다.
the self which had defeated him again and again
그를 거듭거듭 패배시킨 자아
the self which was back again after every killing
매번 살인을 저지른 후 다시 돌아온 자기
the self which prohibited joy and felt fear?
기쁨을 금지하고 두려움을 느낀 자아?
Was it not this self which today had finally come to its death?
오늘 마침내 죽음에 이른 것은 바로 이 자아가 아니었는가?
here in the forest, by this lovely river
여기 숲속에서, 이 아름다운 강가에서
Was it not due to this death, that he was now like a child?
그가 이제 어린아이와 같이 된 것은 바로 이 죽음 때문이 아니었는가?
so full of trust and joy, without fear
두려움 없이 신뢰와 기쁨으로 가득 차 있어요
Now Siddhartha also got some idea of why he had fought this self in vain
이제 시다르타는 또한 왜 그가 이 자아와 헛되이 싸웠는지에 대한 어떤 생각을 갖게 되었습니다.
he knew why he couldn't fight his self as a Brahman
그는 브라만으로서 왜 자신과 싸울 수 없는지 알고 있었습니다.
Too much knowledge had held him back

너무 많은 지식이 그를 억제했습니다.
too many holy verses, sacrificial rules, and self-castigation
너무 많은 성구, 희생적인 규칙, 자기 처벌
all these things held him back
이 모든 것들이 그를 붙잡아 두었다
so much doing and striving for that goal!
그 목표를 위해 정말 많은 일을 하고 노력하고 있어요!
he had been full of arrogance
그는 오만함으로 가득 차 있었다
he was always the smartest
그는 항상 가장 똑똑했다
he was always working the most
그는 항상 가장 열심히 일하고 있었다
he had always been one step ahead of all others
그는 항상 다른 사람들보다 한 발 앞서 있었습니다.
he was always the knowing and spiritual one
그는 항상 지식이 풍부하고 영적인 사람이었습니다.
he was always considered the priest or wise one
그는 항상 사제나 현명한 사람으로 여겨졌습니다.
his self had retreated into being a priest, arrogance, and spirituality
그의 자아는 사제, 오만함, 영성으로 퇴각했습니다.
there it sat firmly and grew all this time
그것은 거기 굳건히 앉아 이 모든 시간 동안 자랐습니다.
and he had thought he could kill it by fasting
그리고 그는 단식으로 그것을 죽일 수 있다고 생각했습니다.
Now he saw his life as it had become
이제 그는 자신의 삶이 어떻게 되었는지 보았습니다.
he saw that the secret voice had been right
그는 비밀의 목소리가 옳았다는 것을 알았습니다.
no teacher would ever have been able to bring about his salvation
어떤 선생님도 그의 구원을 가져올 수 없었을 것입니다.
Therefore, he had to go out into the world

그러므로 그는 세상에 나가야만 했다.
he had to lose himself to lust and power
그는 정욕과 권력에 자신을 잃어야만 했다
he had to lose himself to women and money
그는 여자와 돈에 자신을 잃어야만 했다
he had to become a merchant, a dice-gambler, a drinker
그는 상인이 되어야 했고, 주사위 도박꾼이 되어야 했고, 술꾼이 되어야 했습니다.
and he had to become a greedy person
그리고 그는 탐욕스러운 사람이 되어야만 했다
he had to do this until the priest and Samana in him was dead
그는 사제와 사마나가 죽을 때까지 이 일을 해야 했습니다.
Therefore, he had to continue bearing these ugly years
그래서 그는 계속해서 이 추악한 세월을 견뎌내야만 했다.
he had to bear the disgust and the teachings
그는 혐오감과 가르침을 참아야 했습니다.
he had to bear the pointlessness of a dreary and wasted life
그는 쓸쓸하고 낭비된 삶의 무의미함을 참아야 했습니다.
he had to conclude it up to its bitter end
그는 그것을 끝까지 씁쓸하게 마무리해야 했습니다.
he had to do this until Siddhartha the lustful could also die
그는 정욕에 사로잡힌 시다르타가 죽을 때까지 이렇게 해야 했습니다.
He had died and a new Siddhartha had woken up from the sleep
그는 죽었고 새로운 시다르타가 잠에서 깨어났습니다.
this new Siddhartha would also grow old
이 새로운 시다르타도 늙어갈 것이다
he would also have to die eventually
그 사람도 결국은 죽어야 할 거야
Siddhartha was still mortal, as is every physical form

시다르타는 모든 물리적 형태와 마찬가지로 여전히 필멸자였습니다.

But today he was young and a child and full of joy
그러나 오늘 그는 젊고 아이였으며 기쁨으로 가득 차 있었습니다.

He thought these thoughts to himself
그는 이런 생각을 했습니다.

he listened with a smile to his stomach
그는 미소를 지으며 배를 바라보았다

he listened gratefully to a buzzing bee
그는 윙윙거리는 벌의 소리를 감사하게 들었습니다.

Cheerfully, he looked into the rushing river
그는 쾌활하게 흐르는 강을 바라보았습니다.

he had never before liked a water as much as this one
그는 이전에 이 물만큼 물을 좋아한 적이 없었다

he had never before perceived the voice so stronger
그는 이전에 그 목소리가 그렇게 강한 것을 느껴본 적이 없었다.

he had never understood the parable of the moving water so strongly
그는 움직이는 물의 비유를 그렇게 강하게 이해한 적이 없었습니다.

he had never before noticed how beautifully the river moved
그는 이전에 강이 얼마나 아름답게 움직이는지 알아차린 적이 없었습니다.

It seemed to him, as if the river had something special to tell him
그에게는 강이 그에게 특별한 무언가를 말해줄 것 같았습니다.

something he did not know yet, which was still awaiting him
그가 아직 알지 못하는, 아직도 그를 기다리고 있는 무언가

In this river, Siddhartha had intended to drown himself

이 강에서 시다르타는 자살하려고 했습니다.
in this river the old, tired, desperate Siddhartha had drowned today
이 강에서 늙고 지치고 절망에 빠진 시다르타가 오늘 익사했습니다.
But the new Siddhartha felt a deep love for this rushing water
그러나 새로운 시다르타는 이 급류에 대한 깊은 사랑을 느꼈습니다.
and he decided for himself, not to leave it very soon
그리고 그는 스스로 결정했다, 곧 떠나지 않기로

The Ferryman
뱃사공

"By this river I want to stay," thought Siddhartha
"나는 이 강가에 머물고 싶다"고 시다르타는 생각했습니다.

"it is the same river which I have crossed a long time ago"
"그것은 내가 오래전에 건넌 그 강과 똑같다"

"I was on my way to the childlike people"
"나는 어린아이 같은 사람들에게로 가는 길에 있었습니다"

"a friendly ferryman had guided me across the river"
"친절한 뱃사공이 나를 강 건너로 안내해 주었습니다"

"he is the one I want to go to"
"그 사람이 내가 가고 싶은 사람이다"

"starting out from his hut, my path led me to a new life"
"그의 오두막에서 출발하여, 내 길은 나를 새로운 삶으로 이끌었다"

"a path which had grown old and is now dead"
"오래되어 죽은 길"

"my present path shall also take its start there!"
"내가 지금 걸어가는 길도 거기서 시작될 것이다!"

Tenderly, he looked into the rushing water
그는 부드럽게 흐르는 물을 바라보았습니다.

he looked into the transparent green lines the water drew
그는 물이 그린 투명한 녹색 선을 들여다보았습니다.

the crystal lines of water were rich in secrets
물의 결정선은 비밀로 가득 차 있었습니다

he saw bright pearls rising from the deep
그는 깊은 곳에서 밝은 진주가 솟아오르는 것을 보았습니다.

quiet bubbles of air floating on the reflecting surface
반사면에 떠 있는 조용한 공기 방울

the blue of the sky depicted in the bubbles
거품 속에 그려진 하늘의 푸른색

the river looked at him with a thousand eyes
강은 천 개의 눈으로 그를 바라보았다
the river had green eyes and white eyes
강에는 푸른 눈과 흰 눈이 있었습니다
the river had crystal eyes and sky-blue eyes
강에는 수정같은 눈과 하늘색 눈이 있었습니다
he loved this water very much, it delighted him
그는 이 물을 정말 좋아했고, 그것은 그를 기쁘게 했습니다.
he was grateful to the water
그는 물에 감사했다
In his heart he heard the voice talking
그는 마음속으로 그 목소리가 말하는 것을 들었습니다.
"Love this water! Stay near it!"
"이 물을 좋아해요! 이 근처에 머물러요!"
"Learn from the water!" his voice commanded him
"물로부터 배우라!" 그의 목소리가 그에게 명령했다.
Oh yes, he wanted to learn from it
아, 맞아요. 그는 그것으로부터 배우고 싶어했어요.
he wanted to listen to the water
그는 물소리를 듣고 싶어했다
He who would understand this water's secrets
이 물의 비밀을 이해하고자 하는 사람
he would also understand many other things
그는 또한 다른 많은 것들도 이해할 것이다
this is how it seemed to him
그에게는 그게 그렇게 보였다
But out of all secrets of the river, today he only saw one
그러나 강의 모든 비밀 중에서 오늘 그는 단 하나만을 보았습니다.
this secret touched his soul
이 비밀은 그의 영혼을 감동시켰다
this water ran and ran, incessantly
이 물은 끊임없이 흐르고 또 흐르고 있었습니다
the water ran, but nevertheless it was always there

물은 흐르고 있었지만 그럼에도 불구하고 항상 거기에 있었습니다.

the water always, at all times, was the same
물은 항상, 언제나, 똑같았습니다

and at the same time it was new in every moment
그리고 동시에 그것은 매 순간마다 새로웠다

he who could grasp this would be great
이것을 이해할 수 있는 사람은 위대할 것이다

but he didn't understand or grasp it
하지만 그는 그것을 이해하지도, 파악하지도 못했다

he only felt some idea of it stirring
그는 그것이 약간 움직이는 것을 느꼈을 뿐이었습니다.

it was like a distant memory, a divine voices
그것은 먼 기억과 같았고, 신의 목소리였습니다.

Siddhartha rose as the workings of hunger in his body became unbearable
시다르타는 배고픔이 몸에서 참을 수 없게 되자 일어났다.

In a daze he walked further away from the city
그는 멍한 채로 도시에서 더 멀리 걸어갔다.

he walked up the river along the path by the bank
그는 강둑 옆 길을 따라 강을 따라 걸어 올라갔다

he listened to the current of the water
그는 물의 흐름을 들었다

he listened to the rumbling hunger in his body
그는 몸에서 울리는 배고픔을 들었다

When he reached the ferry, the boat was just arriving
그가 페리에 도착했을 때, 배는 막 도착하고 있었습니다.

the same ferryman who had once transported the young Samana across the river
한때 젊은 사마나를 강 건너로 데려다 주었던 그 나룻배꾼

he stood in the boat and Siddhartha recognised him

그는 배 위에 서 있었고 시다르타는 그를 알아보았습니다.
he had also aged very much
그 사람도 많이 늙었다
the ferryman was astonished to see such an elegant man walking on foot
뱃사공은 그렇게 우아한 남자가 도보로 걷는 것을 보고 놀랐다.
"Would you like to ferry me over?" he asked
"나를 태워다 줄까?" 그가 물었다.
he took him into his boat and pushed it off the bank
그는 그를 자신의 배에 태워서 강둑에서 밀어냈습니다.
"It's a beautiful life you have chosen for yourself" the passenger spoke
"당신이 스스로 선택한 아름다운 삶이에요." 승객이 말했다.
"It must be beautiful to live by this water every day"
"매일 이 물가에서 사는 건 참 아름다울 거야"
"and it must be beautiful to cruise on it on the river"
"그리고 강 위에서 크루즈를 타는 건 정말 아름다울 거야"
With a smile, the man at the oar moved from side to side
노를 젓는 남자는 미소를 지으며 좌우로 움직였다.
"It is as beautiful as you say, sir"
"당신이 말씀하신 것처럼 정말 아름답습니다, 선생님"
"But isn't every life and all work beautiful?"
"하지만 모든 삶과 모든 일이 아름답지 않나요?"
"This may be true" replied Siddhartha
"그럴 수도 있겠다" 시다르타가 대답했다.
"But I envy you for your life"
"하지만 나는 당신의 삶이 부럽다"
"Ah, you would soon stop enjoying it"
"아, 당신은 곧 그것을 즐기지 못하게 될 것입니다"
"This is no work for people wearing fine clothes"
"이것은 좋은 옷을 입은 사람들이 할 일이 아니다"

Siddhartha laughed at the observation
시다르타는 그 관찰에 웃었다.
"Once before, I have been looked upon today because of my clothes"
"이전에도 나는 옷차림 때문에 오늘도 주목받은 적이 있다"
"I have been looked upon with distrust"
"나는 불신의 시선을 받았다"
"they are a nuisance to me"
"그들은 나에게 귀찮은 존재야"
"Wouldn't you, ferryman, like to accept these clothes"
"뱃사공이시여, 이 옷을 받으시겠습니까?"
"because you must know, I have no money to pay your fare"
"당신이 알아야 할 것은, 내가 당신의 요금을 지불할 돈이 없다는 것입니다"
"You're joking, sir," the ferryman laughed
"농담하시는군요, 선생님." 뱃사공이 웃었다.
"I'm not joking, friend"
"농담이 아니야, 친구야"
"once before you have ferried me across this water in your boat"
"당신은 전에 한 번 나를 당신의 배를 타고 이 물 건너로 데려다주셨습니다"
"you did it for the immaterial reward of a good deed"
"당신은 선행에 대한 비물질적 보상을 위해 그렇게 했습니다"
"ferry me across the river and accept my clothes for it"
"나를 강 건너로 데려다주고 그 대가로 내 옷을 받아줘"
"And do you, sir, intent to continue travelling without clothes?"
"그리고 당신은 옷을 입지 않고 계속 여행할 의향이신가요?"
"Ah, most of all I wouldn't want to continue travelling at all"
"아, 무엇보다도 나는 여행을 계속하고 싶지 않아요"
"I would rather you gave me an old loincloth"

"오래된 요추보를 주는 게 낫겠어요"
"I would like it if you kept me with you as your assistant"
"나를 당신의 조수로서 곁에 두어 주셨으면 좋겠습니다"
"or rather, I would like if you accepted me as your trainee"
"아니면 오히려 나를 당신의 연수생으로 받아들여 주셨으면 좋겠어요"
"because first I'll have to learn how to handle the boat"
"먼저 배를 다루는 법을 배워야 하니까요"
For a long time, the ferryman looked at the stranger
오랫동안 뱃사공은 낯선 사람을 바라보았다.
he was searching in his memory for this strange man
그는 자신의 기억 속에서 이 이상한 남자를 찾고 있었습니다
"Now I recognise you," he finally said
"이제 당신을 알아볼 수 있게 됐어요." 그가 마침내 말했다.
"At one time, you've slept in my hut"
"너는 한때 내 오두막에서 잤었지"
"this was a long time ago, possibly more than twenty years"
"이건 오래전 일이야, 아마 20년도 넘었을 거야"
"and you've been ferried across the river by me"
"그리고 당신은 내가 강을 건너도록 배에 실어줬어요"
"that day we parted like good friends"
"그날 우리는 좋은 친구처럼 헤어졌어요"
"Haven't you been a Samana?"
"당신은 사마나가 아니었나요?"
"I can't think of your name anymore"
"나는 당신의 이름을 더 이상 생각할 수 없습니다"
"My name is Siddhartha, and I was a Samana"
"내 이름은 시다르타이고 나는 사마나였습니다"
"I had still been a Samana when you last saw me"
"당신이 마지막으로 나를 본 때 나는 아직 사마나였습니다"
"So be welcome, Siddhartha. My name is Vasudeva"

"그러니 환영합니다, 시다르타. 제 이름은
바수데바입니다."
"You will, so I hope, be my guest today as well"
"당신도 그럴 것입니다. 오늘도 제 손님이 되시기를
바랍니다."
"and you may sleep in my hut"
"그리고 당신은 내 오두막에서 잠을 잘 수 있습니다"
"and you may tell me, where you're coming from"
"그리고 당신은 어디서 왔는지 말해줄 수 있을 거야"
"and you may tell me why these beautiful clothes are such a nuisance to you"
"그리고 왜 이 아름다운 옷들이 당신에게 그렇게
귀찮은지 말해보세요"
They had reached the middle of the river
그들은 강 한가운데에 도달했다
Vasudeva pushed the oar with more strength
바수데바는 더 큰 힘으로 노를 밀었다.
in order to overcome the current
현재 상황을 극복하기 위해
He worked calmly, with brawny arms
그는 침착하게, 힘찬 팔로 일했습니다.
his eyes were fixed in on the front of the boat
그의 눈은 배의 앞쪽에 고정되어 있었습니다.
Siddhartha sat and watched him
시다르타는 앉아서 그를 지켜보았다.
he remembered his time as a Samana
그는 사마나 시절을 기억했다
he remembered how love for this man had stirred in his heart
그는 이 남자에 대한 사랑이 그의 마음속에서 어떻게
일어났는지 기억했습니다.
Gratefully, he accepted Vasudeva's invitation
그는 감사하게도 바수데바의 초대를 수락했습니다.
When they had reached the bank, he helped him to tie the boat to the stakes

그들이 강둑에 도착했을 때 그는 배를 말뚝에 묶는 것을 도왔습니다.
after this, the ferryman asked him to enter the hut
그 후, 나룻배꾼은 그에게 오두막으로 들어가라고 했습니다.
he offered him bread and water, and Siddhartha ate with eager pleasure
그는 그에게 빵과 물을 주었고 시다르타는 매우 기쁘게 먹었습니다.
and he also ate with eager pleasure of the mango fruits Vasudeva offered him
그리고 그는 또한 Vasudeva가 그에게 준 망고 열매를 간절히 먹었습니다.

Afterwards, it was almost the time of the sunset
그 후로 거의 일몰 시간이 다 되어가고 있었습니다.
they sat on a log by the bank
그들은 강둑 옆 통나무에 앉았다
Siddhartha told the ferryman about where he originally came from
시다르타는 배사공에게 자기가 원래 어디에서 왔는지 말했습니다.
he told him about his life as he had seen it today
그는 오늘 본 자신의 삶에 대해 그에게 말했습니다.
the way he had seen it in that hour of despair
그가 절망의 그 시간에 그것을 본 방식
the tale of his life lasted late into the night
그의 인생 이야기는 밤늦게까지 계속되었다
Vasudeva listened with great attention
바수데바는 큰 관심을 가지고 경청했습니다.
Listening carefully, he let everything enter his mind
그는 주의 깊게 듣고 모든 것을 그의 마음에 넣었습니다.
birthplace and childhood, all that learning
출생지와 유년시절, 그 모든 배움
all that searching, all joy, all distress

그 모든 탐색, 모든 기쁨, 모든 괴로움

This was one of the greatest virtues of the ferryman
이것은 나룻배꾼의 가장 큰 미덕 중 하나였습니다.

like only a few, he knew how to listen
몇몇 사람들처럼 그는 듣는 법을 알고 있었습니다.

he did not have to speak a word
그는 한 마디도 말할 필요가 없었다

but the speaker sensed how Vasudeva let his words enter his mind
그러나 그 화자는 바수데바가 자신의 말을 어떻게 자신의 마음에 넣었는지 감지했습니다.

his mind was quiet, open, and waiting
그의 마음은 고요하고 열려 있었으며 기다리고 있었습니다.

he did not lose a single word
그는 단 한 마디도 잃지 않았다

he did not await a single word with impatience
그는 한 마디도 참을성 없이 기다리지 않았다

he did not add his praise or rebuke
그는 칭찬이나 책망을 더하지 않았다

he was just listening, and nothing else
그는 그저 듣고만 있었고, 그 외에는 아무것도 하지 않았습니다.

Siddhartha felt what a happy fortune it is to confess to such a listener
시다르타는 그런 청취자에게 고백하는 것이 얼마나 행복한 행운인지 느꼈습니다.

he felt fortunate to bury in his heart his own life
그는 자신의 삶을 가슴 속에 묻어두는 것이 행운이라고 느꼈습니다.

he buried his own search and suffering
그는 자신의 탐구와 고통을 묻어버렸다

he told the tale of Siddhartha's life
그는 시다르타의 인생 이야기를 들려주었습니다.

when he spoke of the tree by the river

그가 강가에 있는 나무에 대하여 말하였을 때
when he spoke of his deep fall
그가 자신의 깊은 추락에 대해 말했을 때
when he spoke of the holy Om
그가 신성한 옴에 대해 말했을 때
when he spoke of how he had felt such a love for the river
그가 강에 대한 그토록 큰 사랑을 느꼈다고 말했을 때
the ferryman listened to these things with twice as much attention
뱃사공은 이 말을 두 배나 더 주의 깊게 들었다.
he was entirely and completely absorbed by it
그는 그것에 완전히 그리고 완전히 몰두했습니다.
he was listening with his eyes closed
그는 눈을 감고 듣고 있었다
when Siddhartha fell silent a long silence occurred
시다르타가 침묵하자 긴 침묵이 흘렀다.
then Vasudeva spoke "It is as I thought"
그러자 바수데바가 말했다. "내가 생각했던 대로입니다."
"The river has spoken to you"
"강이 당신에게 말을 걸었습니다"
"the river is your friend as well"
"강은 당신의 친구이기도 하다"
"the river speaks to you as well"
"강도 당신에게 말을 걸어요"
"That is good, that is very good"
"좋습니다, 아주 좋습니다"
"Stay with me, Siddhartha, my friend"
"나와 함께 있어줘, 시다르타, 나의 친구야"
"I used to have a wife"
"나도 아내가 있었어"
"her bed was next to mine"
"그녀의 침대가 내 침대 옆에 있었어요"
"but she has died a long time ago"
"하지만 그녀는 오래전에 죽었어요"
"for a long time, I have lived alone"

"나는 오랫동안 혼자 살았다"
"Now, you shall live with me"
"이제 너는 나와 함께 살 것이다"
"there is enough space and food for both of us"
"우리 둘이 먹을 공간과 음식은 충분해"
"I thank you," said Siddhartha
시다르타는 "감사합니다"라고 말했습니다.
"I thank you and accept"
"감사드리고 수락합니다"
"And I also thank you for this, Vasudeva"
"그리고 저는 이것에 대해서도 감사드립니다, 바수데바"
"I thank you for listening to me so well"
"제 말씀을 잘 들어주셔서 감사합니다"
"people who know how to listen are rare"
"듣는 법을 아는 사람은 드물다"
"I have not met a single person who knew it as well as you do"
"나는 당신만큼 그것을 잘 아는 사람을 한 명도 만난 적이 없습니다"
"I will also learn in this respect from you"
"이 점에 있어서도 내가 당신에게서 배우겠습니다"
"You will learn it," spoke Vasudeva
"당신은 그것을 배울 것입니다."라고 바수데바가 말했습니다.
"but you will not learn it from me"
"하지만 너는 나에게서 그것을 배우지 못할 것이다"
"The river has taught me to listen"
"강은 나에게 듣는 법을 가르쳐 주었다"
"you will learn to listen from the river as well"
"너는 강에서도 듣는 법을 배울 것이다"
"It knows everything, the river"
"강은 모든 것을 알고 있다"
"everything can be learned from the river"
"강에서 모든 것을 배울 수 있다"
"See, you've already learned this from the water too"

"보시죠, 당신도 물에서 이걸 이미 배웠잖아요"
"you have learned that it is good to strive downwards"
"너는 아래로 노력하는 것이 좋다는 것을 배웠다"
"you have learned to sink and to seek depth"
"너는 가라앉는 법과 깊이를 찾는 법을 배웠다"
"The rich and elegant Siddhartha is becoming an oarsman's servant"
"부유하고 우아한 시다르타가 노 젓는 사람의 하인이 되고 있다"
"the learned Brahman Siddhartha becomes a ferryman"
"학식 있는 브라만 싯다르타가 나룻배꾼이 되다"
"this has also been told to you by the river"
"이것도 강가에서 너희에게 말하였느니라"
"You'll learn the other thing from it as well"
"그것으로부터 다른 것도 배울 수 있을 거야"
Siddhartha spoke after a long pause
시다르타는 긴 침묵 후에 말했다.
"What other things will I learn, Vasudeva?"
"바수데바, 제가 또 무엇을 배울 수 있을까요?"
Vasudeva rose. "It is late," he said
바수데바가 일어났다. "늦었어요."라고 그는 말했다.
and Vasudeva proposed going to sleep
그리고 바수데바는 잠자리에 들자고 제안했습니다.
"I can't tell you that other thing, oh friend"
"다른 건 말할 수 없어요, 친구야"
"You'll learn the other thing, or perhaps you know it already"
"다른 것은 배우게 될 거야, 아니면 이미 알고 있을 수도 있어"
"See, I'm no learned man"
"보세요, 나는 학식이 없는 사람이에요"
"I have no special skill in speaking"
"저는 말하는 데 특별한 재주가 없습니다"
"I also have no special skill in thinking"
"나도 생각에 특별한 재능은 없어"

"All I'm able to do is to listen and to be godly"
"내가 할 수 있는 일은 듣는 것과 경건해지는 것뿐이다"
"I have learned nothing else"
"나는 다른 아무것도 배우지 못했습니다"
"If I was able to say and teach it, I might be a wise man"
"내가 그것을 말하고 가르칠 수 있다면 나는 현명한 사람이 될 수 있을지도 모른다"
"but like this I am only a ferryman"
"하지만 이렇게 나는 단지 나룻배꾼일 뿐이야"
"and it is my task to ferry people across the river"
"그리고 사람들을 강 건너로 데려가는 것이 내 임무입니다"
"I have transported many thousands of people"
"나는 수천명의 사람들을 수송했습니다"
"and to all of them, my river has been nothing but an obstacle"
"그리고 그들 모두에게 내 강은 단지 장애물일 뿐이었습니다"
"it was something that got in the way of their travels"
"그것은 그들의 여행을 방해하는 무언가였습니다"
"they travelled to seek money and business"
"그들은 돈과 사업을 구하기 위해 여행했다"
"they travelled for weddings and pilgrimages"
"그들은 결혼식과 순례를 위해 여행을 갔다"
"and the river was obstructing their path"
"그리고 강이 그들의 길을 막고 있었습니다"
"the ferryman's job was to get them quickly across that obstacle"
"나선사의 임무는 그들을 그 장애물을 빨리 건너게 하는 것이었습니다"
"But for some among thousands, a few, the river has stopped being an obstacle"
"그러나 수천 명 중 일부에게는 강이 더 이상 장애물이 되지 않습니다."
"they have heard its voice and they have listened to it"

"그들은 그 음성을 듣고 그것을 경청했습니다"
"and the river has become sacred to them"
"그리고 그 강은 그들에게 신성한 곳이 되었습니다"
"it become sacred to them as it has become sacred to me"
"그것은 나에게 신성한 것이 된 것처럼 그들에게도 신성한 것이 되었습니다"
"for now, let us rest, Siddhartha"
"이제 쉬자, 시다르타"

Siddhartha stayed with the ferryman and learned to operate the boat
시다르타는 배사공과 함께 머물며 배를 조종하는 법을 배웠습니다.
when there was nothing to do at the ferry, he worked with Vasudeva in the rice-field
페리에서 할 일이 없을 때 그는 바수데바와 함께 논에서 일했습니다.
he gathered wood and plucked the fruit off the banana-trees
그는 나무를 모아서 바나나나무에서 과일을 따왔다.
He learned to build an oar and how to mend the boat
그는 노를 만드는 법과 배를 수리하는 법을 배웠습니다.
he learned how to weave baskets and repaid the hut
그는 바구니를 짜는 법을 배웠고 오두막에 돈을 갚았습니다.
and he was joyful because of everything he learned
그리고 그는 자신이 배운 모든 것 때문에 기뻤습니다.
the days and months passed quickly
시간이 빨리 흘러갔다
But more than Vasudeva could teach him, he was taught by the river
그러나 바수데바가 그에게 가르칠 수 있는 것보다 더 많은 것을 그는 강으로부터 배웠습니다.
Incessantly, he learned from the river
그는 끊임없이 강으로부터 배웠다
Most of all, he learned to listen

그는 무엇보다도 듣는 법을 배웠습니다.
he learned to pay close attention with a quiet heart
그는 조용한 마음으로 세심한 주의를 기울이는 법을 배웠습니다.
he learned to keep a waiting, open soul
그는 기다리고 마음을 열어두는 법을 배웠습니다.
he learned to listen without passion
그는 열정 없이 듣는 법을 배웠다
he learned to listen without a wish
그는 소원 없이 듣는 법을 배웠다
he learned to listen without judgement
그는 판단 없이 듣는 법을 배웠다
he learned to listen without an opinion
그는 의견 없이 듣는 법을 배웠다

In a friendly manner, he lived side by side with Vasudeva
그는 바수데바와 친근하게 나란히 살았습니다.
occasionally they exchanged some words
가끔씩 그들은 몇 마디 말을 주고받았다
then, at length, they thought about the words
그런 다음 그들은 마침내 그 말에 대해 생각했습니다.
Vasudeva was no friend of words
바수데바는 말의 친구가 아니었습니다.
Siddhartha rarely succeeded in persuading him to speak
시다르타는 그를 설득하여 말을 하게 하는 데 거의 성공하지 못했습니다.
"did you too learn that secret from the river?"
"너도 강에서 그 비밀을 배웠니?"
"the secret that there is no time?"
"시간이 없다는 비밀?"
Vasudeva's face was filled with a bright smile
바수데바의 얼굴은 밝은 미소로 가득 찼다
"Yes, Siddhartha," he spoke
"그렇습니다, 시다르타," 그는 말했습니다.
"I learned that the river is everywhere at once"

"나는 강이 모든 곳에 동시에 존재한다는 것을 배웠습니다"
"it is at the source and at the mouth of the river"
"그것은 강의 근원이자 하구에 있습니다"
"it is at the waterfall and at the ferry"
"폭포와 페리에 있어요"
"it is at the rapids and in the sea"
"그것은 급류와 바다에 있습니다"
"it is in the mountains and everywhere at once"
"산 속에 있고 어디에나 동시에 있다"
"and I learned that there is only the present time for the river"
"그리고 나는 강의 시간이 현재뿐이라는 것을 배웠습니다"
"it does not have the shadow of the past"
"과거의 그림자가 없다"
"and it does not have the shadow of the future"
"그리고 그것은 미래의 그림자가 없습니다"
"is this what you mean?" he asked
"이게 당신이 말하는 거야?" 그는 물었다
"This is what I meant," said Siddhartha
시다르타는 "내가 말하고 싶었던 것은 바로 이것이다"라고 말했습니다.
"And when I had learned it, I looked at my life"
"그리고 그것을 배우고 난 후, 나는 내 인생을 돌아보았습니다."
"and my life was also a river"
"그리고 내 인생도 강이었다"
"the boy Siddhartha was only separated from the man Siddhartha by a shadow"
"소년 시다르타는 그림자에 의해서만 남자 시다르타와 분리되었습니다"
"and a shadow separated the man Siddhartha from the old man Siddhartha"

"그리고 그림자가 싯다르타라는 남자와 노인 싯다르타를 갈라놓았습니다."

"things are separated by a shadow, not by something real"
"사물은 실제적인 것이 아니라 그림자에 의해 분리됩니다"

"Also, Siddhartha's previous births were not in the past"
"또한 시다르타의 전생은 과거에 있지 않았습니다"

"and his death and his return to Brahma is not in the future"
"그리고 그의 죽음과 브라흐마로의 귀환은 미래에 있지 않습니다"

"nothing was, nothing will be, but everything is"
"아무것도 없었고, 아무것도 없을 것이다. 그러나 모든 것은 존재한다"

"everything has existence and is present"
"모든 것은 존재하며 현재에 존재한다"

Siddhartha spoke with ecstasy
시다르타는 황홀하게 말했다

this enlightenment had delighted him deeply
이 깨달음은 그를 깊이 기쁘게 했습니다

"was not all suffering time?"
"모든 고통은 시간이 아니었나?"

"were not all forms of tormenting oneself a form of time?"
"자신을 괴롭히는 모든 형태가 시간의 한 형태가 아니었나요?"

"was not everything hard and hostile because of time?"
"시간 때문에 모든 것이 힘들고 적대적이지 않았나요?"

"is not everything evil overcome when one overcomes time?"
"시간을 극복하면 모든 악도 극복되는 것이 아닌가?"

"as soon as time leaves the mind, does suffering leave too?"
"시간이 마음을 떠나자마자 고통도 사라지는가?"

Siddhartha had spoken in ecstatic delight
시다르타는 기쁨에 넘쳐 말했다.

but Vasudeva smiled at him brightly and nodded in confirmation

그러나 바수데바는 그에게 밝게 미소를 지으며 고개를
끄덕여 확인했다.
silently he nodded and brushed his hand over Siddhartha's shoulder
그는 조용히 고개를 끄덕이고 시다르타의 어깨에 손을
얹었다.
and then he turned back to his work
그리고 그는 다시 자신의 일로 돌아갔다

And Siddhartha asked Vasudeva again another time
그리고 시다르타는 다시 한번 바수데바에게 물었습니다.
the river had just increased its flow in the rainy season
강은 우기에 유량이 늘어났습니다.
and it made a powerful noise
그리고 그것은 강한 소리를 냈다
"Isn't it so, oh friend, the river has many voices?"
"그렇지 않나요, 친구여, 강에는 여러 목소리가 있지요?"
"Hasn't it the voice of a king and of a warrior?"
"이것은 왕의 목소리이자 전사의 목소리가 아닌가?"
"Hasn't it the voice of of a bull and of a bird of the night?"
"그것은 황소의 소리와 밤의 새의 소리가 아닌가?"
"Hasn't it the voice of a woman giving birth and of a sighing man?"
"아이를 낳는 여인의 목소리이며 한숨쉬는 남자의
목소리가 아니냐?"
"and does it not also have a thousand other voices?"
"그리고 그것은 또한 천 가지의 다른 목소리를 가지고
있지 않습니까?"
"it is as you say it is," Vasudeva nodded
"그게 당신이 말한 대로입니다." 바수데바가 고개를
끄덕였다.
"all voices of the creatures are in its voice"
"모든 생물의 목소리는 그 목소리에 담겨 있다"
"And do you know..." Siddhartha continued

"그리고 당신은 알고 있습니까..." 시다르타가 계속했습니다.
"what word does it speak when you succeed in hearing all of voices at once?"
"한 번에 모든 목소리를 듣는 데 성공하면 어떤 단어를 말하게 되나요?"
Happily, Vasudeva's face was smiling
다행히도 바수데바의 얼굴은 웃고 있었습니다.
he bent over to Siddhartha and spoke the holy Om into his ear
그는 시다르타에게 몸을 굽히고 그의 귀에 신성한 옴을 말했습니다.
And this had been the very thing which Siddhartha had also been hearing
그리고 이것은 시다르타도 듣고 있던 바로 그 일이었습니다.

time after time, his smile became more similar to the ferryman's
시간이 지날수록 그의 미소는 나룻배꾼의 미소와 점점 더 비슷해졌다.
his smile became almost just as bright as the ferryman's
그의 미소는 뱃사공의 미소만큼이나 밝아졌습니다.
it was almost just as thoroughly glowing with bliss
그것은 거의 똑같이 행복으로 빛나고 있었습니다.
shining out of thousand small wrinkles
수천 개의 작은 주름에서 빛나다
just like the smile of a child
마치 아이의 미소처럼
just like the smile of an old man
마치 늙은이의 미소와 같아
Many travellers, seeing the two ferrymen, thought they were brothers
많은 여행객들은 두 사공을 보고 그들이 형제라고 생각했습니다.

Often, they sat in the evening together by the bank
그들은 종종 저녁에 은행 옆에 함께 앉곤 했습니다.
they said nothing and both listened to the water
그들은 아무 말도 하지 않고 물소리만 들었다
the water, which was not water to them
그들에게는 물이 아니었던 물
it wasn't water, but the voice of life
그것은 물이 아니라 생명의 목소리였습니다
the voice of what exists and what is eternally taking shape
존재하는 것과 영원히 형성되는 것의 목소리
it happened from time to time that both thought of the same thing
때때로 두 사람 모두 같은 생각을 하게 되었다
they thought of a conversation from the day before
그들은 전날의 대화를 떠올렸다
they thought of one of their travellers
그들은 여행자 중 한 명을 생각했습니다.
they thought of death and their childhood
그들은 죽음과 어린 시절을 생각했다
they heard the river tell them the same thing
그들은 강이 그들에게 같은 말을 하는 것을 들었다
both delighted about the same answer to the same question
두 사람 모두 같은 질문에 같은 대답을 해서 기뻐했다
There was something about the two ferrymen which was transmitted to others
두 명의 나룻배꾼에 관한 어떤 사실이 다른 사람들에게 전달되었습니다.
it was something which many of the travellers felt
그것은 많은 여행자들이 느낀 것이었습니다.
travellers would occasionally look at the faces of the ferrymen
여행자들은 가끔씩 나룻배꾼의 얼굴을 바라보곤 했습니다.
and then they told the story of their life
그리고 그들은 그들의 인생 이야기를 들려주었습니다.

they confessed all sorts of evil things
그들은 온갖 악한 일을 자백했다
and they asked for comfort and advice
그리고 그들은 위로와 조언을 구했습니다
occasionally someone asked for permission to stay for a night
가끔 누군가가 하룻밤 머물 수 있는 허락을 요청하기도 했습니다.
they also wanted to listen to the river
그들도 강물 소리를 듣고 싶어했습니다
It also happened that curious people came
호기심 많은 사람들이 찾아오는 일도 있었습니다.
they had been told that there were two wise men
그들은 동방박사가 두 명 있다고 들었습니다.
or they had been told there were two sorcerers
아니면 마법사가 두 명 있다고 들었을 수도 있다
The curious people asked many questions
호기심 많은 사람들은 많은 질문을 했습니다.
but they got no answers to their questions
하지만 그들은 질문에 대한 답변을 얻지 못했습니다.
they found neither sorcerers nor wise men
그들은 마법사도 현자도 찾지 못했다
they only found two friendly little old men, who seemed to be mute
그들은 말이 없는 것처럼 보이는 친절한 노인 두 명만 발견했습니다.
they seemed to have become a bit strange in the forest by themselves
그들은 스스로 숲속에서 조금 이상해진 것 같았다
And the curious people laughed about what they had heard
그리고 호기심 많은 사람들은 그들이 들은 것에 대해 웃었습니다.
they said common people were foolishly spreading empty rumours

그들은 일반 사람들이 어리석게도 헛소문을 퍼뜨리고
있다고 말했습니다.

The years passed by, and nobody counted them
세월이 흘러도 아무도 세지 않는다
Then, at one time, monks came by on a pilgrimage
그런데 어느 날 순례차 스님들이 오셨는데
they were followers of Gotama, the Buddha
그들은 고타마, 즉 부처님의 추종자들이었습니다.
they asked to be ferried across the river
그들은 강을 건너도록 요청했습니다
they told them they were in a hurry to get back to their wise teacher
그들은 그들에게 서둘러 현명한 선생님에게 돌아가야 한다고 말했습니다.
news had spread the exalted one was deadly sick
소문이 퍼졌는데, 그 고귀한 자가 치명적인 병을 앓고 있었다.
he would soon die his last human death
그는 곧 그의 마지막 인간적 죽음을 맞이하게 될 것이다
in order to become one with the salvation
구원과 하나가 되기 위하여
It was not long until a new flock of monks came
새로운 승려 무리가 오기까지는 오래 걸리지 않았습니다.
they were also on their pilgrimage
그들도 순례 중이었다
most of the travellers spoke of nothing other than Gotama
대부분의 여행자들은 고타마 외에는 아무것도 말하지 않았습니다.
his impending death was all they thought about
그들은 그의 임박한 죽음에 대해서만 생각했습니다.
if there had been war, just as many would travel
전쟁이 있었더라면 많은 사람들이 여행을 떠났을 것입니다.

just as many would come to the coronation of a king
많은 사람들이 왕의 대관식에 참석하는 것처럼
they gathered like ants in droves
그들은 개미떼처럼 모였다
they flocked, like being drawn onwards by a magic spell
그들은 마치 마법에 끌려온 듯이 몰려들었다.
they went to where the great Buddha was awaiting his death
그들은 위대한 부처님이 죽음을 기다리고 있는 곳으로 갔다
the perfected one of an era was to become one with the glory
한 시대의 완성된 자는 영광과 하나가 되어야 합니다.
Often, Siddhartha thought in those days of the dying wise man
시다르타는 종종 죽어가는 현자를 생각했는데,
the great teacher whose voice had admonished nations
그의 목소리로 여러 나라를 훈계했던 위대한 선생님
the one who had awoken hundreds of thousands
수십만 명을 깨운 그 사람
a man whose voice he had also once heard
그가 한 번은 그의 목소리를 들었던 남자
a teacher whose holy face he had also once seen with respect
그가 존경하는 마음으로 그의 거룩한 얼굴을 본 적이 있는 선생님
Kindly, he thought of him
친절하게도 그는 그를 생각했습니다
he saw his path to perfection before his eyes
그는 눈앞에서 완벽에 이르는 길을 보았다
and he remembered with a smile those words he had said to him
그리고 그는 미소와 함께 그가 그에게 한 말을 기억했습니다.
when he was a young man and spoke to the exalted one
그가 젊어서 높으신 분께 말씀드렸을 때
They had been, so it seemed to him, proud and precious words

그것은 그에게 자랑스럽고 귀중한 말이었던 것 같습니다.
with a smile, he remembered the the words
그는 미소를 지으며 그 말을 기억했다.
he knew that there was nothing standing between Gotama and him any more
그는 고타마와 자신 사이에 더 이상 아무것도 없다는 것을 알았습니다.
he had known this for a long time already
그는 이것을 오래 전부터 알고 있었다
though he was still unable to accept his teachings
그가 아직도 그의 가르침을 받아들이지 못하고 있었지만
there was no teaching a truly searching person
진정으로 탐구하는 사람을 가르치는 일은 없었다
someone who truly wanted to find, could accept
진정으로 찾고 싶어하는 사람은 받아들일 수 있습니다.
But he who had found the answer could approve of any teaching
그러나 답을 찾은 사람은 어떤 가르침도 승인할 수 있었습니다.
every path, every goal, they were all the same
모든 길, 모든 목표, 모두 똑같았다
there was nothing standing between him and all the other thousands any more
그와 다른 수천 명 사이에는 더 이상 아무것도 없었습니다.
the thousands who lived in that what is eternal
영원한 것이 무엇인지에 대해 수천 명이 살았습니다.
the thousands who breathed what is divine
신성한 것을 호흡하는 수천 명

On one of these days, Kamala also went to him
어느 날 카말라도 그에게 갔다.
she used to be the most beautiful of the courtesans
그녀는 창녀들 중에서 가장 아름다웠다

A long time ago, she had retired from her previous life
그녀는 오래전에 전생에서 은퇴했습니다.
she had given her garden to the monks of Gotama as a gift
그녀는 그녀의 정원을 고타마의 승려들에게 선물로 주었습니다.
she had taken her refuge in the teachings
그녀는 가르침에 의지했다
she was among the friends and benefactors of the pilgrims
그녀는 순례자들의 친구이자 후원자 중 한 명이었습니다.
she was together with Siddhartha, the boy
그녀는 시다르타라는 소년과 함께 있었습니다.
Siddhartha the boy was her son
시다르타라는 소년은 그녀의 아들이었습니다.
she had gone on her way due to the news of the near death of Gotama
그녀는 고타마의 임종 소식을 듣고 길을 떠났습니다.
she was in simple clothes and on foot
그녀는 단순한 옷을 입고 걸어다녔다
and she was With her little son
그리고 그녀는 그녀의 어린 아들과 함께 있었습니다
she was travelling by the river
그녀는 강을 따라 여행하고 있었다
but the boy had soon grown tired
그러나 그 소년은 곧 피곤해졌습니다.
he desired to go back home
그는 집으로 돌아가고 싶어했다
he desired to rest and eat
그는 쉬고 먹고 싶어했다
he became disobedient and started whining
그는 불순종하고 징징거리기 시작했습니다.
Kamala often had to take a rest with him
카말라는 종종 그와 함께 휴식을 취해야 했습니다.
he was accustomed to getting what he wanted
그는 자신이 원하는 것을 얻는 데 익숙해 있었습니다.

she had to feed him and comfort him
그녀는 그에게 먹이를 주고 위로해야 했습니다.
she had to scold him for his behaviour
그녀는 그의 행동 때문에 그를 꾸중해야 했다
He did not comprehend why he had to go on this exhausting pilgrimage
그는 왜 이 힘든 순례길을 가야 하는지 이해하지 못했습니다.
he did not know why he had to go to an unknown place
그는 왜 자신이 알려지지 않은 곳으로 가야 하는지 몰랐다
he did know why he had to see a holy dying stranger
그는 왜 거룩한 낯선 사람이 죽어가는 것을 보아야 하는지 알고 있었습니다.
"So what if he died?" he complained
"그가 죽었다면 어때요?" 그는 불평했다.
why should this concern him?
왜 이 일이 그에게 걱정거리가 되는 걸까?
The pilgrims were getting close to Vasudeva's ferry
순례자들은 바수데바의 페리에 가까워지고 있었습니다.
little Siddhartha once again forced his mother to rest
작은 시다르타는 다시 한번 어머니를 쉬게 했습니다.
Kamala had also become tired
카말라도 피곤해졌다
while the boy was chewing a banana, she crouched down on the ground
그 소년이 바나나를 씹고 있는 동안 그녀는 바닥에 웅크리고 있었습니다.
she closed her eyes a bit and rested
그녀는 눈을 살짝 감고 쉬었다
But suddenly, she uttered a wailing scream
그런데 갑자기 그녀는 울부짖는 듯한 비명을 질렀다.
the boy looked at her in fear
그 소년은 두려움에 사로잡혀 그녀를 바라보았다
he saw her face had grown pale from horror

그는 그녀의 얼굴이 공포에 질려 창백해진 것을 보았다.
and from under her dress, a small, black snake fled
그리고 그녀의 드레스 아래에서 작고 검은 뱀이 도망쳤습니다.

a snake by which Kamala had been bitten
카말라가 물린 뱀

Hurriedly, they both ran along the path, to reach people
둘 다 서둘러 길을 따라 달려가 사람들에게 다가갔다.

they got near to the ferry and Kamala collapsed
그들은 페리에 가까이 다가갔고 카말라는 쓰러졌습니다.

she was not able to go any further
그녀는 더 이상 갈 수 없었다

the boy started crying miserably
그 소년은 비참하게 울기 시작했다

his cries were only interrupted when he kissed his mother
그의 울음소리는 그가 어머니에게 키스했을 때만 중단되었습니다.

she also joined his loud screams for help
그녀도 그의 큰 소리에 동참해 도움을 요청했다.

she screamed until the sound reached Vasudeva's ears
그녀는 소리가 바수데바의 귀에 들릴 때까지 비명을 질렀습니다.

Vasudeva quickly came and took the woman on his arms
바수데바는 재빨리 와서 그 여자를 팔에 안았습니다.

he carried her into the boat and the boy ran along
그는 그녀를 배 안으로 데려갔고 소년은 그를 따라 달렸다.

soon they reached the hut, where Siddhartha stood by the stove
곧 그들은 오두막에 도착했는데, 시다르타가 난로 옆에 서 있었습니다.

he was just lighting the fire
그는 방금 불을 피우고 있었을 뿐이야

He looked up and first saw the boy's face
그는 고개를 들고 먼저 소년의 얼굴을 보았다.

it wondrously reminded him of something
그것은 놀랍게도 그에게 무언가를 상기시켰다
like a warning to remember something he had forgotten
그가 잊었던 것을 기억하라는 경고처럼
Then he saw Kamala, whom he instantly recognised
그때 그는 카말라를 보았는데, 그는 그녀를 즉시 알아봤다.
she lay unconscious in the ferryman's arms
그녀는 나룻배꾼의 팔에 의식을 잃은 채 누워 있었습니다.
now he knew that it was his own son
이제 그는 그것이 자기 아들임을 알았다
his son whose face had been such a warning reminder to him
그의 아들의 얼굴은 그에게 경고의 신호였었다
and the heart stirred in his chest
그리고 그의 가슴 속의 심장이 뛰었다
Kamala's wound was washed, but had already turned black
카말라의 상처는 씻겨졌지만 이미 검게 변해 있었습니다.
and her body was swollen
그녀의 몸은 부어 있었습니다
she was made to drink a healing potion
그녀는 치유 물약을 마셔야 했습니다
Her consciousness returned and she lay on Siddhartha's bed
그녀의 의식이 돌아왔고 그녀는 시다르타의 침대에 누웠습니다.
Siddhartha stood over Kamala, who he used to love so much
시다르타는 자신이 그토록 사랑했던 카말라 위에 섰습니다.
It seemed like a dream to her
그녀에게는 그것은 꿈과 같았다
with a smile, she looked at her friend's face
그녀는 미소를 지으며 친구의 얼굴을 바라보았다.
slowly she realized her situation

그녀는 천천히 자신의 상황을 깨달았다
she remembered she had been bitten
그녀는 자신이 물렸다는 것을 기억했다
and she timidly called for her son
그리고 그녀는 겁먹은 채로 아들을 불렀다
"He's with you, don't worry," said Siddhartha
"그는 당신과 함께 있으니 걱정하지 마세요."라고 시다르타가 말했습니다.
Kamala looked into his eyes
카말라는 그의 눈을 들여다보았다.
She spoke with a heavy tongue, paralysed by the poison
그녀는 독에 마비되어 무거운 혀로 말했다
"You've become old, my dear," she said
"당신은 늙었어요, 내 사랑" 그녀가 말했다.
"you've become gray," she added
"너 머리가 하얗게 됐어" 그녀가 덧붙였다.
"But you are like the young Samana, who came without clothes"
"하지만 당신은 옷도 입지 않고 온 젊은 사마나와 같습니다."
"you're like the Samana who came into my garden with dusty feet"
"당신은 먼지 묻은 발로 내 정원에 들어온 사마나와 같아요"
"You are much more like him than you were when you left me"
"너는 나를 떠났을 때보다 그 사람과 훨씬 더 비슷해졌어"
"In the eyes, you're like him, Siddhartha"
"당신은 눈에는 그와 같아요, 시다르타"
"Alas, I have also grown old"
"아, 나도 늙었구나"
"could you still recognise me?"
"아직도 나를 알아볼 수 있니?"

Siddhartha smiled, "Instantly, I recognised you, Kamala, my dear"
시다르타는 미소를 지으며, "나는 즉시 당신을 알아보았습니다, 카말라, 나의 사랑"이라고 말했습니다.

Kamala pointed to her boy
카말라는 그녀의 아들을 가리켰다.

"Did you recognise him as well?"
"당신도 그를 알아보았나요?"

"He is your son," she confirmed
그녀는 "그는 당신의 아들이에요"라고 확인했습니다.

Her eyes became confused and fell shut
그녀의 눈은 혼란스러워져 감겨버렸다.

The boy wept and Siddhartha took him on his knees
그 소년은 울었고 시다르타는 그를 무릎에 앉혔습니다.

he let him weep and petted his hair
그는 그를 울게 두고 그의 머리카락을 쓰다듬었다

at the sight of the child's face, a Brahman prayer came to his mind
그 아이의 얼굴을 보고 브라만 기도가 생각났다.

a prayer which he had learned a long time ago
그가 오래전에 배웠던 기도문

a time when he had been a little boy himself
그 자신이 어린 소년이었던 때

Slowly, with a singing voice, he started to speak
그는 천천히 노래하는 목소리로 말하기 시작했습니다.

from his past and childhood, the words came flowing to him
그의 과거와 어린 시절로부터 그 말들이 그에게 흘러 들어왔다

And with that song, the boy became calm
그리고 그 노래와 함께 소년은 차분해졌다

he was only now and then uttering a sob
그는 가끔씩 흐느끼며 울기만 했다

and finally he fell asleep
그리고 마침내 그는 잠들었다

Siddhartha placed him on Vasudeva's bed

시다르타는 그를 바수데바의 침대에 눕혔습니다.
Vasudeva stood by the stove and cooked rice
바수데바는 난로 옆에 서서 밥을 요리했습니다.
Siddhartha gave him a look, which he returned with a smile
시다르타는 그에게 시선을 보냈고, 그는 미소를 지으며 돌아섰다.
"She'll die," Siddhartha said quietly
"그녀는 죽을 것이다" 시다르타가 조용히 말했다.
Vasudeva knew it was true, and nodded
바수데바는 그것이 사실임을 알고 고개를 끄덕였다.
over his friendly face ran the light of the stove's fire
그의 친절한 얼굴 위로 난로의 불빛이 흘러갔습니다.
once again, Kamala returned to consciousness
다시 한번 카말라는 의식을 되찾았다.
the pain of the poison distorted her face
독의 고통이 그녀의 얼굴을 왜곡시켰다
Siddhartha's eyes read the suffering on her mouth
시다르타의 눈은 그녀의 입에서 고통을 읽었습니다.
from her pale cheeks he could see that she was suffering
그녀의 창백한 뺨에서 그는 그녀가 고통받고 있다는 것을 알 수 있었습니다.
Quietly, he read the pain in her eyes
그는 조용히 그녀의 눈에서 고통을 읽었습니다.
attentively, waiting, his mind become one with her suffering
주의 깊게 기다리며 그의 마음은 그녀의 고통과 하나가 되었다
Kamala felt it and her gaze sought his eyes
카말라는 그것을 느꼈고 그녀의 시선은 그의 눈을 향했다.
Looking at him, she spoke
그녀는 그를 바라보며 말했다
"Now I see that your eyes have changed as well"
"이제 당신의 눈도 변한 것을 봅니다"
"They've become completely different"
"완전히 달라졌어요"

"what do I still recognise in you that is Siddhartha?
"내가 아직도 당신에게서 싯다르타라는 존재를 알아보는 이유는 무엇입니까?
"It's you, and it's not you"
"그것은 당신이고, 그것은 당신이 아니다"
Siddhartha said nothing, quietly his eyes looked at hers
시다르타는 아무 말도 하지 않고 조용히 그녀의 눈을 바라보았습니다.
"You have achieved it?" she asked
"당신은 그것을 달성했습니까?" 그녀가 물었습니다.
"You have found peace?"
"당신은 평화를 찾았나요?"
He smiled and placed his hand on hers
그는 미소를 지으며 그녀의 손에 손을 얹었다.
"I'm seeing it" she said
"나는 그것을 보고 있어요" 그녀가 말했다
"I too will find peace"
"나도 평화를 찾을 것이다"
"You have found it," Siddhartha spoke in a whisper
"당신은 그것을 찾았습니다." 시다르타가 속삭이듯 말했습니다.
Kamala never stopped looking into his eyes
카말라는 그의 눈을 바라보는 것을 멈추지 않았습니다.
She thought about her pilgrimage to Gotama
그녀는 고타마 순례에 대해 생각했습니다.
the pilgrimage which she wanted to take
그녀가 가고 싶어했던 순례
in order to see the face of the perfected one
완전한 자의 얼굴을 보기 위하여
in order to breathe his peace
그의 평화를 호흡하기 위해
but she had now found it in another place
하지만 그녀는 이제 그것을 다른 곳에서 발견했습니다.
and this she thought that was good too
그리고 그녀는 이것도 좋다고 생각했습니다

it was just as good as if she had seen the other one
마치 그녀가 다른 사람을 본 것만큼이나 좋았다
She wanted to tell this to him
그녀는 그에게 이것을 말하고 싶었습니다.
but her tongue no longer obeyed her will
그러나 그녀의 혀는 더 이상 그녀의 의지에 복종하지 않았습니다.
Without speaking, she looked at him
그녀는 아무 말도 없이 그를 바라보았다.
he saw the life fading from her eyes
그는 그녀의 눈에서 생명이 사라지는 것을 보았습니다.
the final pain filled her eyes and made them grow dim
마지막 고통이 그녀의 눈을 가득 채우고 흐릿하게 만들었다
the final shiver ran through her limbs
마지막 떨림이 그녀의 사지를 휩쓸었다
his finger closed her eyelids
그의 손가락이 그녀의 눈꺼풀을 감았다

For a long time, he sat and looked at her peacefully dead face
그는 오랫동안 앉아서 그녀의 평화롭게 죽은 얼굴을 바라보았다.
For a long time, he observed her mouth
그는 오랫동안 그녀의 입을 관찰했다
her old, tired mouth, with those lips, which had become thin
그녀의 늙고 지친 입, 얇아진 입술
he remembered he used to compare this mouth with a freshly cracked fig
그는 이 입을 갓 깬 무화과에 비유하곤 했던 걸 기억해냈다.
this was in the spring of his years
이것은 그의 나이 봄에 있었던 일입니다.
For a long time, he sat and read the pale face
그는 오랫동안 앉아서 창백한 얼굴을 읽었습니다.

he read the tired wrinkles
그는 피곤한 주름을 읽었다
he filled himself with this sight
그는 이 광경으로 자신을 채웠다
he saw his own face in the same manner
그는 자신의 얼굴을 같은 방식으로 보았다
he saw his face was just as white
그는 자신의 얼굴이 똑같이 하얗게 된 것을 보았습니다.
he saw his face was just as quenched out
그는 자신의 얼굴이 똑같이 축축해진 것을 보았습니다.
at the same time he saw his face and hers being young
동시에 그는 자신의 얼굴과 그녀의 얼굴이 젊다는 것을 보았습니다.
their faces with red lips and fiery eyes
그들의 얼굴은 붉은 입술과 불타는 눈
the feeling of both being real at the same time
동시에 두 가지가 진짜인 것 같은 느낌
the feeling of eternity completely filled every aspect of his being
영원의 느낌이 그의 존재의 모든 면을 완전히 채웠습니다.
in this hour he felt more deeply than than he had ever felt before
이 시간에 그는 전에 느껴본 적이 없는 것보다 더 깊은 감정을 느꼈습니다.
he felt the indestructibility of every life
그는 모든 생명이 파괴될 수 없음을 느꼈다
he felt the eternity of every moment
그는 모든 순간의 영원함을 느꼈다
When he rose, Vasudeva had prepared rice for him
그가 일어나자 바수데바는 그를 위해 밥을 준비했습니다.
But Siddhartha did not eat that night
그러나 시다르타는 그날 밤 아무것도 먹지 않았습니다.
In the stable their goat stood

마구간에는 그들의 염소가 서 있었습니다.
the two old men prepared beds of straw for themselves
두 노인은 자기들을 위해 짚으로 침대를 준비했습니다.
Vasudeva laid himself down to sleep
바수데바는 잠자리에 들었다
But Siddhartha went outside and sat before the hut
그러나 시다르타는 밖으로 나가 오두막 앞에 앉았습니다.
he listened to the river, surrounded by the past
그는 과거에 둘러싸인 강물을 들었습니다.
he was touched and encircled by all times of his life at the same time
그는 동시에 그의 삶의 모든 시간에 감동을 받고 둘러싸여 있었습니다.
occasionally he rose and he stepped to the door of the hut
그는 가끔 일어나 오두막 문으로 걸어갔다.
he listened whether the boy was sleeping
그는 그 소년이 잠들었는지 귀를 기울였다

before the sun could be seen, Vasudeva came out of the stable
태양이 보이기 전에 바수데바가 마구간에서 나왔습니다.
he walked over to his friend
그는 친구에게 다가갔다
"You haven't slept," he said
"당신은 잠을 자지 않았어요."라고 그는 말했다.
"No, Vasudeva. I sat here"
"아니, 바수데바. 내가 여기 앉았어"
"I was listening to the river"
"나는 강물 소리를 듣고 있었어요"
"the river has told me a lot"
"강은 나에게 많은 것을 말해주었다"
"it has deeply filled me with the healing thought of oneness"
"그것은 나에게 하나됨의 치유 사상으로 깊이 채워졌습니다."

"You've experienced suffering, Siddhartha"
"당신은 고통을 겪었습니다, 시다르타"
"but I see no sadness has entered your heart"
"하지만 나는 당신의 마음에 슬픔이 들어가지 않은 것을 봅니다"
"No, my dear, how should I be sad?"
"아니요, 얘야. 내가 어떻게 슬퍼할 수 있겠어?"
"I, who have been rich and happy"
"부유하고 행복했던 나"
"I have become even richer and happier now"
"나는 이제 더욱 부유해지고 행복해졌다"
"My son has been given to me"
"내 아들이 내게 주어졌느니라"
"Your son shall be welcome to me as well"
"당신의 아들도 나에게 환영받을 것입니다"
"But now, Siddhartha, let's get to work"
"하지만 이제 시다르타, 일을 시작합시다"
"there is much to be done"
"해야 할 일이 많아"
"Kamala has died on the same bed on which my wife had died"
"카말라는 내 아내가 죽은 침대에서 죽었어요"
"Let us build Kamala's funeral pile on the hill"
"카말라의 장례무덤을 언덕 위에 쌓자"
"the hill on which I my wife's funeral pile is"
"내 아내의 장례비가 있는 언덕"
While the boy was still asleep, they built the funeral pile
그 소년이 아직 잠들어 있는 사이에 그들은 장례식 장작더미를 쌓았습니다.

The Son
아들

Timid and weeping, the boy had attended his mother's funeral
겁에 질려 울면서 그 소년은 어머니의 장례식에 참석했습니다.
gloomy and shy, he had listened to Siddhartha
우울하고 수줍은 그는 시다르타의 말을 들었습니다.
Siddhartha greeted him as his son
시다르타는 그를 아들로 맞이했다.
he welcomed him at his place in Vasudeva's hut
그는 바수데바의 오두막에서 그를 환영했습니다.
Pale, he sat for many days by the hill of the dead
그는 창백하게 죽은 자의 언덕 옆에 여러 날 동안 앉아 있었습니다.
he did not want to eat
그는 먹고 싶어하지 않았다
he did not look at anyone
그는 누구도 쳐다보지 않았다
he did not open his heart
그는 마음을 열지 않았다
he met his fate with resistance and denial
그는 저항과 부정으로 자신의 운명을 맞이했습니다.
Siddhartha spared giving him lessons
시다르타는 그에게 수업을 주는 것을 아끼지 않았다.
and he let him do as he pleased
그리고 그는 그가 원하는 대로 하게 두었다
Siddhartha honoured his son's mourning
시다르타는 아들의 애도를 존중했습니다.
he understood that his son did not know him
그는 그의 아들이 자신을 모른다는 것을 알았습니다
he understood that he could not love him like a father
그는 아버지처럼 그를 사랑할 수 없다는 것을 이해했습니다.

Slowly, he also understood that the eleven-year-old was a pampered boy
그는 또한 천천히 열한 살짜리 아이가 애지중지 받는 소년이라는 것을 이해했습니다.

he saw that he was a mother's boy
그는 자신이 어머니의 아들임을 알았다

he saw that he had grown up in the habits of rich people
그는 자신이 부자들의 습관 속에서 자랐다는 것을 깨달았습니다.

he was accustomed to finer food and a soft bed
그는 더 좋은 음식과 부드러운 침대에 익숙해져 있었습니다.

he was accustomed to giving orders to servants
그는 하인들에게 명령을 내리는 데 익숙했다

the mourning child could not suddenly be content with a life among strangers
애도하는 아이는 낯선 사람들 사이의 삶에 갑자기 만족할 수 없었습니다.

Siddhartha understood the pampered child would not willingly be in poverty
시다르타는 애지중지 받는 아이가 기꺼이 가난하게 살지는 않을 것이라는 것을 알고 있었습니다.

He did not force him to do these these things
그는 그에게 이런 일들을 하도록 강요하지 않았습니다.

Siddhartha did many chores for the boy
시다르타는 그 소년을 위해 많은 집안일을 했습니다.

he always saved the best piece of the meal for him
그는 항상 그 식사의 가장 맛있는 부분을 그를 위해 남겨두었습니다.

Slowly, he hoped to win him over, by friendly patience
그는 천천히 친절한 인내심으로 그를 사로잡기를 바랐습니다.

Rich and happy, he had called himself, when the boy had come to him

그 소년이 그에게 왔을 때 그는 자신을 부유하고
행복하다고 불렀습니다.
Since then some time had passed
그 이후로 시간이 좀 지났습니다.
but the boy remained a stranger and in a gloomy disposition
그러나 그 소년은 낯선 사람이었고 우울한
성격이었습니다.
he displayed a proud and stubbornly disobedient heart
그는 교만하고 완고하게 불순종하는 마음을 보였습니다.
he did not want to do any work
그는 어떤 일도 하고 싶지 않았다
he did not pay his respect to the old men
그는 노인들에게 경의를 표하지 않았다
he stole from Vasudeva's fruit-trees
그는 바수데바의 과일나무에서 훔쳤다
his son had not brought him happiness and peace
그의 아들은 그에게 행복과 평화를 가져다주지
못했습니다.
the boy had brought him suffering and worry
그 소년은 그에게 고통과 걱정을 가져다주었다
slowly Siddhartha began to understand this
시다르타는 점차 이것을 이해하기 시작했습니다.
But he loved him regardless of the suffering he brought him
그러나 그는 그가 그에게 가져온 고통에도 불구하고
그를 사랑했습니다.
he preferred the suffering and worries of love over happiness and joy without the boy
그는 소년이 없는 행복과 기쁨보다는 사랑의 고통과
걱정을 더 선호했습니다.
from when young Siddhartha was in the hut the old men had split the work
어린 시다르타가 오두막에 있을 때부터 노인들은 일을
나눠 가졌습니다.
Vasudeva had again taken on the job of the ferryman
바수데바는 다시 나룻배꾼의 일을 맡았습니다.

and Siddhartha, in order to be with his son, did the work in the hut and the field
그리고 시다르타는 아들과 함께 있기 위해 오두막과 밭에서 일했습니다.

for long months Siddhartha waited for his son to understand him
시다르타는 아들이 자신을 이해하기를 몇 달 동안 기다렸습니다.

he waited for him to accept his love
그는 그가 자신의 사랑을 받아들일 때까지 기다렸다

and he waited for his son to perhaps reciprocate his love
그리고 그는 아들이 아마도 자신의 사랑에 보답할 것을 기다렸습니다.

For long months Vasudeva waited, watching
Vasudeva는 몇 달 동안 기다리며 지켜보았습니다.

he waited and said nothing
그는 아무 말도 하지 않고 기다렸다

One day, young Siddhartha tormented his father very much
어느 날, 어린 시다르타는 아버지를 몹시 괴롭혔습니다.

he had broken both of his rice-bowls
그는 밥그릇 두 개를 모두 깨뜨렸다

Vasudeva took his friend aside and talked to him
바수데바는 친구를 한쪽으로 데려가서 이야기를 나누었습니다.

"Pardon me," he said to Siddhartha
그는 시다르타에게 "실례합니다"라고 말했습니다.

"from a friendly heart, I'm talking to you"
"친절한 마음으로 당신에게 말하고 있습니다"

"I'm seeing that you are tormenting yourself"
"너 자신을 괴롭히고 있는 걸 보고 있어"

"I'm seeing that you're in grief"
"당신이 슬픔에 빠져 있는 것을 봅니다"

"Your son, my dear, is worrying you"
"당신의 아들, 내 사랑, 당신을 걱정시키고 있어요"

"and he is also worrying me"
"그리고 그는 또한 나를 걱정시키고 있어요"
"That young bird is accustomed to a different life"
"저 어린 새는 다른 삶에 익숙해져 있네요"
"he is used to living in a different nest"
"그는 다른 둥지에서 사는 데 익숙해 있어요"
"he has not, like you, run away from riches and the city"
"그는 당신처럼 재물과 도시에서 도망치지 않았습니다"
"he was not disgusted and fed up with the life in Sansara"
"그는 산사라의 삶에 혐오감을 느끼거나 지쳐 있지 않았습니다"
"he had to do all these things against his will"
"그는 자신의 의지에 반하여 이 모든 일을 해야 했습니다"
"he had to leave all this behind"
"그는 이 모든 것을 뒤에 남겨두어야만 했다"
"I asked the river, oh friend"
"나는 강에게 물었습니다, 친구여"
"many times I have asked the river"
"나는 여러 번 강에게 물었습니다"
"But the river laughs at all of this"
"하지만 강은 이 모든 것을 비웃는다"
"it laughs at me and it laughs at you"
"그것은 나를 비웃고 당신을 비웃는다"
"the river is shaking with laughter at our foolishness"
"우리의 어리석음에 강물이 웃음으로 흔들리고 있다"
"Water wants to join water as youth wants to join youth"
"물은 물과 합쳐지길 원하고, 청년은 청년과 합쳐지길 원한다"
"your son is not in the place where he can prosper"
"네 아들은 잘 될 수 있는 자리에 있지 않다"
"you too should ask the river"
"너도 강에게 물어보렴"
"you too should listen to it!"
"너도 들어봐!"

Troubled, Siddhartha looked into his friendly face
고민에 빠진 시다르타는 그의 친절한 얼굴을 바라보았습니다.

he looked at the many wrinkles in which there was incessant cheerfulness
그는 끊임없는 쾌활함이 있는 많은 주름을 바라보았습니다.

"How could I part with him?" he said quietly, ashamed
"그와 어떻게 헤어질 수 있겠어요?" 그는 부끄러워하며 조용히 말했다.

"Give me some more time, my dear"
"나에게 좀 더 시간을 주세요, 내 사랑"

"See, I'm fighting for him"
"보세요, 저는 그를 위해 싸우고 있어요"

"I'm seeking to win his heart"
"나는 그의 마음을 사로잡고 싶어"

"with love and with friendly patience I intend to capture it"
"사랑과 친절한 인내심으로 나는 그것을 포착하려고 합니다"

"One day, the river shall also talk to him"
"어느 날 강 역시 그에게 말을 걸 것이다"

"he also is called upon"
"그는 또한 부름을 받았다"

Vasudeva's smile flourished more warmly
바수데바의 미소가 더욱 따뜻하게 피어났습니다.

"Oh yes, he too is called upon"
"아, 그 사람도 부름을 받았어요"

"he too is of the eternal life"
"그도 또한 영원한 생명에 속하였느니라"

"But do we, you and me, know what he is called upon to do?"
"하지만 당신과 나는 그가 무엇을 하도록 부름 받았는지 알고 있나요?"

"we know what path to take and what actions to perform"

"우리는 어떤 길을 가야 할지, 어떤 행동을 해야 할지 알고 있습니다"
"we know what pain we have to endure"
"우리는 우리가 견뎌야 할 고통이 무엇인지 알고 있습니다"
"but does he know these things?"
"하지만 그는 이런 것들을 알고 있을까?"
"Not a small one, his pain will be"
"그것도 작은 것이 아니라 그의 고통은"
"after all, his heart is proud and hard"
"어쨌든 그의 마음은 교만하고 딱딱하잖아"
"people like this have to suffer and err a lot"
"이런 사람들은 많은 고통을 받고 많은 실수를 해야 합니다"
"they have to do much injustice"
"그들은 많은 불의를 행해야만 한다"
"and they have burden themselves with much sin"
"그리고 그들은 많은 죄를 지었습니다"
"Tell me, my dear," he asked of Siddhartha
"내 사랑아, 말해봐." 그는 시다르타에게 물었습니다.
"you're not taking control of your son's upbringing?"
"당신은 아들의 양육을 통제하지 않을 건가요?"
"You don't force him, beat him, or punish him?"
"그를 강요하거나, 때리거나, 처벌하지 않나요?"
"No, Vasudeva, I don't do any of these things"
"아니요, 바수데바, 저는 그런 짓은 하나도 하지 않아요"
"I knew it. You don't force him"
"알았어요. 강요하지 마세요"
"you don't beat him and you don't give him orders"
"그를 때리지 말고 명령도 내리지 마"
"because you know softness is stronger than hard"
"부드러움이 단단함보다 강하다는 걸 알잖아요"
"you know water is stronger than rocks"
"물이 바위보다 강하다는 걸 알잖아"
"and you know love is stronger than force"

"그리고 당신은 사랑이 힘보다 강하다는 것을 알고 있습니다"
"Very good, I praise you for this"
"아주 좋습니다. 이 점에 대해 칭찬드립니다."
"But aren't you mistaken in some way?"
"하지만 뭔가 착각한 게 아닌가요?"
"don't you think that you are forcing him?"
"그를 강요하고 있다고 생각하지 않아요?"
"don't you perhaps punish him a different way?"
"아마 다른 방법으로 그를 처벌하지 않으실래요?"
"Don't you shackle him with your love?"
"당신은 그를 당신의 사랑으로 족쇄로 묶어두지 않나요?"
"Don't you make him feel inferior every day?"
"그 사람을 매일 열등감에 빠지게 하지 않아요?"
"doesn't your kindness and patience make it even harder for him?"
"당신의 친절과 인내심이 그를 더 힘들게 만들지 않나요?"
"aren't you forcing him to live in a hut with two old banana-eaters?"
"그럼 그 사람을 두 명의 바나나 먹는 늙은이와 함께 오두막에서 살도록 강요하는 거 아니야?"
"old men to whom even rice is a delicacy"
"밥조차 별미로 여기는 늙은이들"
"old men whose thoughts can't be his"
"그의 생각이 될 수 없는 노인들"
"old men whose hearts are old and quiet"
"마음이 늙고 조용한 노인들"
"old men whose hearts beat in a different pace than his"
"그의 심장과는 다른 속도로 뛰는 늙은이들"
"Isn't he forced and punished by all this?""
"그가 이 모든 일을 강요당하고 벌을 받는 것이 아닌가?"
Troubled, Siddhartha looked to the ground
고민에 빠진 시다르타는 땅을 바라보았다.

Quietly, he asked, "What do you think should I do?"
그는 조용히 "내가 어떻게 해야 할 것 같아?"라고
물었습니다.
Vasudeva spoke, "Bring him into the city"
바수데바는 "그를 도시로 데려오시오"라고 말했습니다.
"bring him into his mother's house"
"그를 그의 어머니 집으로 데려가라"
"there'll still be servants around, give him to them"
"아직도 하인들이 있을 거야, 그 사람을 그들에게 맡겨"
"And if there aren't any servants, bring him to a teacher"
"그리고 하인이 없으면 그를 선생님에게 데려가라"
"but don't bring him to a teacher for teachings' sake"
"하지만 그를 선생님에게 데려가서 가르치려고 하지
마세요"
"bring him to a teacher so that he is among other children"
"그를 다른 아이들과 함께 있도록 선생님에게
데려가세요"
"and bring him to the world which is his own"
"그리고 그를 자신의 세계로 데려가라"
"have you never thought of this?"
"이런 걸 생각해 본 적 없니?"
"you're seeing into my heart," Siddhartha spoke sadly
"당신은 내 마음을 들여다보고 있어요." 시다르타가
슬프게 말했다.
"Often, I have thought of this"
"나는 종종 이런 생각을 했습니다"
"but how can I put him into this world?"
"하지만 그를 어떻게 이 세상에 내놓을 수 있을까?"
"Won't he become exuberant?"
"그는 기분이 좋아지지 않을까요?"
"won't he lose himself to pleasure and power?"
"그는 쾌락과 권력에 자신을 잃어버리지 않을까요?"
"won't he repeat all of his father's mistakes?"
"그가 아버지의 실수를 모두 반복하지 않을까요?"
"won't he perhaps get entirely lost in Sansara?"

"아마 그는 산사라에 완전히 빠져들지 않을까요?"
Brightly, the ferryman's smile lit up
밝게, 뱃사공의 미소가 밝아졌습니다
softly, he touched Siddhartha's arm
그는 부드럽게 시다르타의 팔을 만졌다.
"Ask the river about it, my friend!"
"강에 물어보렴, 친구야!"
"Hear the river laugh about it!"
"강이 웃는 소리를 들어보세요!"
"Would you actually believe that you had committed your foolish acts?
"당신이 어리석은 행동을 저질렀다고 정말로 믿겠어요?
"in order to spare your son from committing them too"
"당신의 아들도 그런 죄를 짓지 않도록 하기 위해서"
"And could you in any way protect your son from Sansara?"
"그리고 당신은 당신의 아들을 산사라로부터 어떤 방법으로든 보호할 수 있나요?"
"How could you protect him from Sansara?"
"어떻게 그를 산사라로부터 보호할 수 있었나요?"
"By means of teachings, prayer, admonition?"
"가르침, 기도, 훈계를 통해서요?"
"My dear, have you entirely forgotten that story?"
"그래, 그 이야기를 전혀 잊으셨나요?"
"the story containing so many lessons"
"수많은 교훈을 담고 있는 이야기"
"the story about Siddhartha, a Brahman's son"
"브라만의 아들 시다르타에 대한 이야기"
"the story which you once told me here on this very spot?"
"당신이 바로 이 자리에서 나에게 들려준 그 이야기를요?"
"Who has kept the Samana Siddhartha safe from Sansara?"
"누가 사마나 시다르타를 산사라로부터 안전하게 지켜주었는가?"
"who has kept him from sin, greed, and foolishness?"

"누가 그를 죄와 탐욕과 어리석음으로부터 지켜 주었는가?"

"Were his father's religious devotion able to keep him safe?
"그의 아버지의 종교적 헌신이 그를 안전하게 지켜줄 수 있었을까?

"were his teacher's warnings able to keep him safe?"
"선생님의 경고가 그를 안전하게 지켜줄 수 있었을까?"

"could his own knowledge keep him safe?"
"그의 지식이 그를 안전하게 지켜줄 수 있을까?"

"was his own search able to keep him safe?"
"그의 수색이 그를 안전하게 지킬 수 있었을까?"

"What father has been able to protect his son?"
"어느 아버지가 아들을 보호할 수 있었겠어요?"

"what father could keep his son from living his life for himself?"
"어느 아버지가 자기 아들이 자기 삶을 스스로 살아가는 것을 막을 수 있겠는가?"

"what teacher has been able to protect his student?"
"어떤 선생님이 학생을 보호할 수 있었나요?"

"what teacher can stop his student from soiling himself with life?"
"어떤 선생님이 제자가 삶에서 더러움을 느끼는 것을 막을 수 있을까?"

"who could stop him from burdening himself with guilt?"
"그가 죄책감에 짓눌리는 것을 누가 막을 수 있을까?"

"who could stop him from drinking the bitter drink for himself?"
"누가 그가 스스로 쓴 음료를 마시는 것을 막을 수 있겠는가?"

"who could stop him from finding his path for himself?"
"그가 자신의 길을 찾는 것을 누가 막을 수 있겠는가?"

"did you think anybody could be spared from taking this path?"
"이 길을 걷는 사람 중에 누가 면제될 수 있다고 생각했어요?"

"did you think that perhaps your little son would be spared?"
"당신의 어린 아들이 살아남을 수 있을 것이라고 생각하셨나요?"
"did you think your love could do all that?"
"당신의 사랑이 그런 일을 다 할 수 있다고 생각했어요?"
"did you think your love could keep him from suffering"
"너의 사랑이 그를 고통으로부터 지켜줄 수 있다고 생각했어?"
"did you think your love could protect him from pain and disappointment?
"당신의 사랑이 그를 고통과 실망으로부터 보호할 수 있다고 생각했어요?
"you could die ten times for him"
"그 사람 때문에 열 번 죽을 수도 있어"
"but you could take no part of his destiny upon yourself"
"하지만 당신은 그의 운명의 어떤 부분도 스스로 차지할 수 없습니다"
Never before, Vasudeva had spoken so many words
Vasudeva가 이렇게 많은 말을 한 적은 전에 없었습니다.
Kindly, Siddhartha thanked him
시다르타는 친절하게 그에게 감사했습니다.
he went troubled into the hut
그는 걱정스러워서 오두막으로 들어갔다

he could not sleep for a long time
그는 오랫동안 잠을 잘 수 없었다
Vasudeva had told him nothing he had not already thought and known
바수데바는 그에게 그가 이미 생각하고 알고 있는 것 외에는 아무것도 말하지 않았습니다.
But this was a knowledge he could not act upon
그러나 이것은 그가 행동할 수 없는 지식이었습니다.
stronger than knowledge was his love for the boy
지식보다 더 강했던 것은 소년에 대한 그의 사랑이었다

stronger than knowledge was his tenderness
지식보다 더 강한 것은 그의 부드러움이었다
stronger than knowledge was his fear to lose him
지식보다 더 강했던 것은 그를 잃을지도 모른다는 두려움이었다.
had he ever lost his heart so much to something?
그는 무언가에 그토록 마음을 잃은 적이 있었던가?
had he ever loved any person so blindly?
그가 누군가를 그토록 맹목적으로 사랑한 적이 있었던가?
had he ever suffered for someone so unsuccessfully?
그는 누군가를 위해 그렇게나 불행하게 고통을 겪은 적이 있었던가?
had he ever made such sacrifices for anyone and yet been so unhappy?
그는 누군가를 위해 그토록 희생을 치렀지만 그래도 그토록 불행했던 적이 있었던가?
Siddhartha could not heed his friend's advice
시다르타는 친구의 조언을 따를 수 없었다.
he could not give up the boy
그는 그 소년을 포기할 수 없었다
He let the boy give him orders
그는 소년이 그에게 명령을 내리도록 했습니다.
he let him disregard him
그는 그를 무시하게 두었다
He said nothing and waited
그는 아무 말도 하지 않고 기다렸다
daily, he attempted the struggle of friendliness
그는 매일 우정의 투쟁을 시도했습니다.
he initiated the silent war of patience
그는 침묵의 인내 전쟁을 시작했습니다
Vasudeva also said nothing and waited
바수데바 역시 아무 말도 하지 않고 기다렸다.
They were both masters of patience
둘 다 인내심의 달인이었습니다

one time the boy's face reminded him very much of Kamala
어느 날 그 소년의 얼굴이 카말라와 매우 비슷해 보였다.

Siddhartha suddenly had to think of something Kamala had once said
시다르타는 갑자기 카말라가 한 말을 떠올렸습니다.

"You cannot love" she had said to him
"당신은 사랑할 수 없습니다" 그녀는 그에게 말했습니다.

and he had agreed with her
그리고 그는 그녀와 동의했다

and he had compared himself with a star
그리고 그는 자신을 별과 비교했습니다.

and he had compared the childlike people with falling leaves
그리고 그는 어린아이 같은 사람들을 떨어지는 잎사귀에 비유했습니다.

but nevertheless, he had also sensed an accusation in that line
하지만 그럼에도 불구하고 그는 그 줄에서 비난을 감지했습니다.

Indeed, he had never been able to love
실제로 그는 결코 사랑할 수 없었습니다.

he had never been able to devote himself completely to another person
그는 다른 사람에게 자신을 온전히 바칠 수 없었다

he had never been able to to forget himself
그는 결코 자신을 잊을 수 없었다

he had never been able to commit foolish acts for the love of another person
그는 다른 사람에 대한 사랑으로 어리석은 행동을 한 적이 없었다.

at that time it seemed to set him apart from the childlike people
그 당시에는 그것은 그를 어린아이 같은 사람들과 차별화시키는 것처럼 보였습니다.

But ever since his son was here, Siddhartha also become a childlike person
그러나 그의 아들이 여기 있는 이후로 시다르타도 어린아이와 같은 사람이 되었습니다.

he was suffering for the sake of another person
그는 다른 사람을 위해 고통을 겪었다

he was loving another person
그는 다른 사람을 사랑하고 있었다

he was lost to a love for someone else
그는 다른 사람에 대한 사랑에 빠졌다

he had become a fool on account of love
그는 사랑 때문에 바보가 되었다

Now he too felt the strongest and strangest of all passions
이제 그도 모든 열정 중 가장 강하고 이상한 열정을 느꼈습니다.

he suffered from this passion miserably
그는 이 열정으로 인해 엄청난 고통을 겪었다

and he was nevertheless in bliss
그럼에도 불구하고 그는 여전히 행복했다

he was nevertheless renewed in one respect
그럼에도 불구하고 그는 한 가지 면에서 새롭게 되었습니다.

he was enriched by this one thing
그는 이 한 가지 일로 부자가 되었다

He sensed very well that this blind love for his son was a passion
그는 아들에 대한 이 맹목적인 사랑이 열정이라는 것을 잘 알고 있었습니다.

he knew that it was something very human
그는 그것이 매우 인간적인 일이라는 것을 알았습니다.

he knew that it was Sansara
그는 그것이 산사라라는 것을 알고 있었다

he knew that it was a murky source, dark waters
그는 그것이 탁한 근원, 어두운 물이라는 것을 알았습니다.

but he felt it was not worthless, but necessary
하지만 그는 그것이 무가치하지 않고 필요하다고
느꼈습니다.
it came from the essence of his own being
그것은 그의 존재의 본질에서 나왔습니다
This pleasure also had to be atoned for
이 즐거움도 속죄되어야 했습니다.
this pain also had to be endured
이 고통도 견뎌내야 했다
these foolish acts also had to be committed
이런 어리석은 행위도 저질러져야만 했다
Through all this, the son let him commit his foolish acts
이 모든 일을 통해서 아들은 그로 하여금 어리석은 짓을
저지르게 하였습니다.
he let him court for his affection
그는 그가 자신의 애정을 위해 구애하도록 두었습니다.
he let him humiliate himself every day
그는 그가 매일 자신을 모욕하도록 내버려 두었다
he gave in to the moods of his son
그는 아들의 기분에 굴복했다
his father had nothing which could have delighted him
그의 아버지는 그를 기쁘게 할 수 있는 것이 아무것도
없었습니다.
and he nothing that the boy feared
그리고 그는 그 소년이 두려워하는 것이 무엇인지 알지
못했습니다.
He was a good man, this father
그는 좋은 사람이었습니다, 이 아버지
he was a good, kind, soft man
그는 착하고 친절하고 부드러운 사람이었어요
perhaps he was a very devout man
아마도 그는 매우 독실한 사람이었을 것이다
perhaps he was a saint, the boy thought
아마도 그는 성인이었을 것이다, 소년은 생각했다
but all these attributes could not win the boy over

그러나 이 모든 속성이 그 소년을 사로잡을 수는 없었다.
He was bored by this father, who kept him imprisoned
그는 그를 감옥에 가두어 둔 이 아버지 때문에 지루함을 느꼈습니다.
a prisoner in this miserable hut of his
그의 비참한 오두막에 갇힌 죄수
he was bored of him answering every naughtiness with a smile
그는 그가 모든 장난에 미소로 대답하는 것을 지루해했습니다.
he didn't appreciate insults being responded to by friendliness
그는 모욕에 대한 호의적인 대응을 좋아하지 않았습니다.
he didn't like viciousness returned in kindness
그는 친절로 보답받는 악의를 좋아하지 않았습니다.
this very thing was the hated trick of this old sneak
이 일은 바로 이 늙은이가 싫어하는 수법이었습니다.
Much more the boy would have liked it if he had been threatened by him
그 소년은 그에게 위협을 받았다면 훨씬 더 좋아했을 것입니다.
he wanted to be abused by him
그는 그에게 학대를 받고 싶어했다

A day came when young Siddhartha had had enough
어느 날, 젊은 시다르타는 더 이상 견딜 수 없게 되었습니다.
what was on his mind came bursting forth
그의 마음속에 있던 것이 터져나왔다
and he openly turned against his father
그리고 그는 공개적으로 아버지를 반대했습니다.
Siddhartha had given him a task
시다르타는 그에게 과제를 주었습니다.
he had told him to gather brushwood

그는 그에게 덤불을 모으라고 말했다
But the boy did not leave the hut
그러나 그 소년은 오두막에서 나가지 않았다.
in stubborn disobedience and rage, he stayed where he was
완강한 불순종과 분노로 그는 그 자리에 머물렀습니다.
he thumped on the ground with his feet
그는 발로 땅을 쿵쿵 두드렸다
he clenched his fists and screamed in a powerful outburst
그는 주먹을 꽉 쥐고 강렬한 폭발음으로 비명을 질렀다.
he screamed his hatred and contempt into his father's face
그는 아버지의 얼굴에 증오와 경멸을 소리쳤다.
"Get the brushwood for yourself!" he shouted, foaming at the mouth
"그 덤불을 스스로 가져가라!" 그는 입에서 거품을 흘리며 소리쳤다.
"I'm not your servant"
"나는 당신의 하인이 아닙니다"
"I know that you won't hit me, you wouldn't dare"
"너는 나를 때릴 수 없을 거라는 걸 알아, 감히 그럴 수 없을 거야"
"I know that you constantly want to punish me"
"당신이 끊임없이 나를 벌하고 싶어한다는 걸 알아요"
"you want to put me down with your religious devotion and your indulgence"
"당신은 당신의 종교적 헌신과 방종으로 나를 무너뜨리려고 합니다"
"You want me to become like you"
"당신은 나를 당신처럼 만들고 싶어해요"
"you want me to be just as devout, soft, and wise as you"
"당신은 내가 당신처럼 독실하고, 부드럽고, 현명해지기를 바라죠"
"but I won't do it, just to make you suffer"
"하지만 난 그러지 않을 거야, 그냥 너를 괴롭히기 위해서일 뿐이야"

"I would rather become a highway-robber than be as soft as you"
"나는 너처럼 부드러워지는 것보다는 강도가 되고 싶다"
"I would rather be a murderer than be as wise as you"
"나는 당신처럼 지혜로운 사람이 되기보다는 살인자가 되고 싶습니다"
"I would rather go to hell, than to become like you!"
"나는 당신처럼 되기보다는 지옥에 가는 게 낫겠어요!"
"I hate you, you're not my father
"나는 당신을 미워합니다. 당신은 내 아버지가 아닙니다.
"even if you've slept with my mother ten times, you are not my father!"
"당신이 내 엄마와 열 번이나 잤다고 해도 당신은 내 아빠가 아니야!"
Rage and grief boiled over in him
그의 속에서 분노와 슬픔이 끓어올랐다
he foamed at his father in a hundred savage and evil words
그는 아버지에게 야만스럽고 사악한 말을 백 마디나 퍼부었다.
Then the boy ran away into the forest
그러자 소년은 숲으로 도망갔습니다.
it was late at night when the boy returned
그 소년이 돌아온 것은 밤늦은 시간이었다
But the next morning, he had disappeared
그러나 다음날 아침 그는 사라졌습니다.
What had also disappeared was a small basket
또한 사라진 것은 작은 바구니였습니다.
the basket in which the ferrymen kept those copper and silver coins
나룻배꾼들이 구리와 은화를 넣어두었던 바구니
the coins which they received as a fare
그들이 운임으로 받은 동전
The boat had also disappeared
배도 사라져 버렸다
Siddhartha saw the boat lying by the opposite bank

시다르타는 반대편 강둑에 배가 있는 것을 보았습니다.
Siddhartha had been shivering with grief
시다르타는 슬픔에 떨고 있었습니다.
the ranting speeches the boy had made touched him
그 소년이 한 횡설수설이 그를 감동시켰다
"I must follow him," said Siddhartha
"나는 그를 따라야 합니다." 시다르타가 말했다.
"A child can't go through the forest all alone, he'll perish"
"어린이가 혼자 숲을 통과할 수 없습니다. 그는 죽을 것입니다."
"We must build a raft, Vasudeva, to get over the water"
"우리는 물 위로 건너가기 위해 뗏목을 만들어야 해요, 바수데바"
"We will build a raft" said Vasudeva
"우리는 뗏목을 만들 것입니다"라고 바수데바는 말했다.
"we will build it to get our boat back"
"우리는 우리의 배를 되찾기 위해 그것을 만들 것입니다"
"But you shall not run after your child, my friend"
"그러나 당신은 당신의 아이를 쫓아가지 못할 것입니다, 친구야"
"he is no child anymore"
"그는 더 이상 아이가 아니다"
"he knows how to get around"
"그는 어떻게 돌아다닐지 알고 있어요"
"He's looking for the path to the city"
"그는 도시로 가는 길을 찾고 있어요"
"and he is right, don't forget that"
"그리고 그는 옳아요, 그걸 잊지 마세요"
"he's doing what you've failed to do yourself"
"그는 당신이 스스로 하지 못한 일을 하고 있어요"
"he's taking care of himself"
"그는 자신을 돌보고 있어요"
"he's taking his course for himself"
"그는 자기 나름대로의 길을 가고 있어요"
"Alas, Siddhartha, I see you suffering"

"아, 시다르타, 네가 고통받는 것을 본다"
"but you're suffering a pain at which one would like to laugh"
"하지만 당신은 웃고 싶을 만큼의 고통을 겪고 있어요"
"you're suffering a pain at which you'll soon laugh yourself"
"당신은 곧 당신 자신이 웃게 될 고통을 겪고 있습니다"
Siddhartha did not answer his friend
시다르타는 친구에게 대답하지 않았다.
He already held the axe in his hands
그는 이미 도끼를 손에 쥐고 있었다
and he began to make a raft of bamboo
그리고 그는 대나무로 뗏목을 만들기 시작했습니다.
Vasudeva helped him to tie the canes together with ropes of grass
바수데바는 풀로 만든 밧줄로 지팡이를 묶는 것을 도왔습니다.
When they crossed the river they drifted far off their course
그들이 강을 건넜을 때 그들은 진로에서 멀리 벗어났습니다.
they pulled the raft upriver on the opposite bank
그들은 반대편 강둑에서 뗏목을 강 위로 끌어올렸습니다.
"Why did you take the axe along?" asked Siddhartha
"왜 도끼를 가지고 갔습니까?" 시다르타가 물었습니다.
"It might have been possible that the oar of our boat got lost"
"우리 배의 노가 길을 잃었을 수도 있었을 것 같아요"
But Siddhartha knew what his friend was thinking
그러나 시다르타는 그의 친구가 무엇을 생각하는지 알고 있었습니다.
He thought, the boy would have thrown away the oar
그는 소년이 노를 던져버렸을 것이라고 생각했다.
in order to get some kind of revenge
어떤 종류의 복수를 하기 위해서
and in order to keep them from following him
그리고 그들이 그를 따르지 못하도록 하기 위해서

And in fact, there was no oar left in the boat
그리고 실제로 배에는 노가 하나도 남아 있지 않았습니다.
Vasudeva pointed to the bottom of the boat
바수데바는 배의 바닥을 가리켰다.
and he looked at his friend with a smile
그리고 그는 친구를 바라보며 미소를 지었다.
he smiled as if he wanted to say something
그는 뭔가 말하고 싶은 듯 미소지었다
"Don't you see what your son is trying to tell you?"
"당신의 아들이 당신에게 무슨 말을 하려는지 모르세요?"
"Don't you see that he doesn't want to be followed?"
"그가 뒤따라오길 원하지 않는다는 걸 모르겠어요?"
But he did not say this in words
그러나 그는 이것을 말로 말하지 않았다.
He started making a new oar
그는 새로운 노를 만들기 시작했다
But Siddhartha bid his farewell, to look for the run-away
그러나 시다르타는 도망친 사람을 찾아 작별 인사를 했습니다.
Vasudeva did not stop him from looking for his child
바수데바는 그가 아이를 찾는 것을 막지 않았습니다.

Siddhartha had been walking through the forest for a long time
시다르타는 오랫동안 숲을 걷고 있었습니다.
the thought occurred to him that his search was useless
그는 자신의 검색이 쓸모없다는 생각이 들었습니다.
Either the boy was far ahead and had already reached the city
그 소년은 훨씬 앞서서 이미 도시에 도착했을 수도 있습니다.
or he would conceal himself from him
아니면 그는 그에게서 자신을 숨길 것이다

he continued thinking about his son
그는 아들에 대해 계속 생각했다
he found that he was not worried for his son
그는 아들에 대해 걱정하지 않는다는 것을 알았습니다.
he knew deep inside that he had not perished
그는 자신이 죽지 않았다는 것을 깊은 마음 속으로 알고 있었습니다.
nor was he in any danger in the forest
그는 숲 속에서도 위험에 처하지 않았다
Nevertheless, he ran without stopping
그럼에도 불구하고 그는 멈추지 않고 달렸다
he was not running to save him
그는 그를 구하기 위해 달리지 않았다
he was running to satisfy his desire
그는 자신의 욕망을 만족시키기 위해 달리고 있었습니다
he wanted to perhaps see him one more time
그는 아마도 그를 한 번 더 만나고 싶었을 것이다
And he ran up to just outside of the city
그리고 그는 도시 바로 밖으로 달려갔습니다.
When, near the city, he reached a wide road
그는 도시에 가까워지자 넓은 길에 이르렀다.
he stopped, by the entrance of the beautiful pleasure-garden
그는 아름다운 즐거움 정원 입구에서 멈췄다.
the garden which used to belong to Kamala
카말라의 소유였던 정원
the garden where he had seen her for the first time
그가 그녀를 처음 본 정원
when she was sitting in her sedan-chair
그녀가 가마에 앉아 있을 때
The past rose up in his soul
그의 영혼 속에서 과거가 일어났다
again, he saw himself standing there
다시 그는 자신이 거기에 서 있는 것을 보았다.
a young, bearded, naked Samana
젊고 수염이 나고 벌거벗은 사마나

his hair hair was full of dust
그의 머리카락은 먼지로 가득 차 있었다
For a long time, Siddhartha stood there
시다르타는 오랫동안 그 자리에 서 있었습니다.
he looked through the open gate into the garden
그는 열려 있는 문으로 정원을 들여다보았다.
he saw monks in yellow robes walking among the beautiful trees
그는 아름다운 나무들 사이를 노란 가사를 입은 승려들이 걷고 있는 것을 보았습니다.
For a long time, he stood there, pondering
그는 오랫동안 거기 서서 숙고했다.
he saw images and listened to the story of his life
그는 이미지를 보고 자신의 인생 이야기를 들었습니다.
For a long time, he stood there looking at the monks
그는 오랫동안 그곳에 서서 스님들을 바라보았다.
he saw young Siddhartha in their place
그는 그 자리에 젊은 시다르타가 있는 것을 보았습니다.
he saw young Kamala walking among the high trees
그는 어린 카말라가 높은 나무들 사이를 걷는 것을 보았습니다.
Clearly, he saw himself being served food and drink by Kamala
그는 카말라가 자신에게 음식과 음료를 제공하는 것을 분명히 보았습니다.
he saw himself receiving his first kiss from her
그는 자신이 그녀에게서 첫 키스를 받는 것을 보았다
he saw himself looking proudly and disdainfully back on his life as a Brahman
그는 브라만으로서의 자신의 삶을 자랑스럽고 경멸스럽게 되돌아보는 자신을 보았습니다.
he saw himself beginning his worldly life, proudly and full of desire
그는 자신이 자랑스럽고 욕망으로 가득 찬 세상 생활을 시작하는 것을 보았습니다.

He saw Kamaswami, the servants, the orgies
그는 카마스와미, 하인들, 난교를 보았습니다.
he saw the gamblers with the dice
그는 주사위를 던지는 도박꾼들을 보았다
he saw Kamala's song-bird in the cage
그는 새장 안에서 카말라의 노래하는 새를 보았다
he lived through all this again
그는 이 모든 일을 다시 겪었다
he breathed Sansara and was once again old and tired
그는 산사라를 호흡했고 다시 늙고 피곤해졌습니다.
he felt the disgust and the wish to annihilate himself again
그는 혐오감을 느꼈고 다시 한번 자신을 없애고 싶은 마음이 들었다.
and he was healed again by the holy Om
그리고 그는 다시 신성한 옴에 의해 치유되었습니다.
for a long time Siddhartha had stood by the gate
시다르타는 오랫동안 문 옆에 서 있었습니다.
he realised his desire was foolish
그는 자신의 욕망이 어리석다는 것을 깨달았습니다.
he realized it was foolishness which had made him go up to this place
그는 자신이 이곳까지 온 것이 어리석음이라는 것을 깨달았습니다.
he realized he could not help his son
그는 아들을 도울 수 없다는 것을 깨달았습니다.
and he realized that he was not allowed to cling to him
그리고 그는 자신이 그에게 매달리는 것이 허락되지 않는다는 것을 깨달았습니다.
he felt the love for the run-away deeply in his heart
그는 도망친 사람에 대한 사랑을 가슴 깊이 느꼈다
the love for his son felt like a wound
아들에 대한 사랑은 상처처럼 느껴졌다
but this wound had not been given to him in order to turn the knife in it

그러나 이 상처는 그에게 칼을 돌리기 위해 주어진 것이 아니었습니다.
the wound had to become a blossom
상처는 꽃이 되어야만 했다
and his wound had to shine
그리고 그의 상처는 빛나야만 했다
That this wound did not blossom or shine yet made him sad
이 상처가 아직 꽃을 피우지 않고 빛나지 않는다는 사실이 그를 슬프게 만들었다
Instead of the desired goal, there was emptiness
원하는 목표 대신 공허함이 있었습니다
emptiness had drawn him here, and sadly he sat down
공허함이 그를 여기로 끌어들였고 그는 슬프게도 앉았습니다.
he felt something dying in his heart
그는 자신의 마음 속에서 무언가가 죽어가는 것을 느꼈다
he experienced emptiness and saw no joy any more
그는 공허함을 느꼈고 더 이상 기쁨을 보지 못했습니다.
there was no goal for which to aim for
목표로 삼을 만한 목표가 없었다
He sat lost in thought and waited
그는 생각에 잠겨 앉아 기다렸다.
This he had learned by the river
그는 이것을 강에서 배웠습니다.
waiting, having patience, listening attentively
기다리며, 인내심을 갖고, 주의 깊게 경청하다
And he sat and listened, in the dust of the road
그리고 그는 길의 먼지 속에 앉아서 귀를 기울였습니다.
he listened to his heart, beating tiredly and sadly
그는 지치고 슬프게 뛰는 자신의 심장 소리를 들었다
and he waited for a voice
그리고 그는 목소리를 기다렸다
Many an hour he crouched, listening
그는 여러 시간 동안 웅크리고 귀를 기울였습니다.

he saw no images any more
그는 더 이상 이미지를 보지 못했다
he fell into emptiness and let himself fall
그는 공허함에 빠져들었고 자신을 떨어뜨렸습니다.
he could see no path in front of him
그는 앞에 길이 보이지 않았다
And when he felt the wound burning, he silently spoke the Om
그리고 그는 상처가 타는 듯한 느낌을 받았을 때 조용히 옴을 말했습니다.
he filled himself with Om
그는 자신을 옴으로 채웠다
The monks in the garden saw him
정원에 있는 스님들은 그를 보았다
dust was gathering on his gray hair
그의 회색 머리카락에는 먼지가 쌓이고 있었다
since he crouched for many hours, one of monks placed two bananas in front of him
그가 오랜 시간 동안 웅크리고 있었기 때문에 스님 중 한 명이 그의 앞에 바나나 두 개를 놓았습니다.
The old man did not see him
그 노인은 그를 보지 못했다

From this petrified state, he was awoken by a hand touching his shoulder
그는 돌로 굳은 상태에서 어깨를 만지는 손길에 깨어났습니다.
Instantly, he recognised this tender bashful touch
그는 즉시 이 부드럽고 수줍은 접촉을 알아챘습니다.
Vasudeva had followed him and waited
바수데바는 그를 따라가서 기다렸다.
he regained his senses and rose to greet Vasudeva
그는 정신을 차리고 일어나 바수데바를 맞이했습니다.
he looked into Vasudeva's friendly face
그는 바수데바의 친절한 얼굴을 들여다보았다.

he looked into the small wrinkles
그는 작은 주름을 들여다보았다
his wrinkles were as if they were filled with nothing but his smile
그의 주름은 마치 그의 미소 외에는 아무것도 채워지지 않은 것 같았다.
he looked into the happy eyes, and then he smiled too
그는 행복한 눈을 바라보더니 그도 미소지었다.
Now he saw the bananas lying in front of him
이제 그는 자신의 앞에 바나나가 놓여 있는 것을 보았습니다.
he picked the bananas up and gave one to the ferryman
그는 바나나를 집어서 하나를 나룻배꾼에게 주었다.
After eating the bananas, they silently went back into the forest
바나나를 먹고 나서 그들은 조용히 숲으로 돌아갔다.
they returned home to the ferry
그들은 페리를 타고 집으로 돌아갔다
Neither one talked about what had happened that day
그날 일어난 일에 대해 아무도 이야기하지 않았다
neither one mentioned the boy's name
아무도 그 소년의 이름을 언급하지 않았다
neither one spoke about him running away
그 누구도 그가 도망갔다는 얘기를 하지 않았다
neither one spoke about the wound
아무도 상처에 대해 말하지 않았다
In the hut, Siddhartha lay down on his bed
오두막에서 시다르타는 침대에 누워 있었습니다.
after a while Vasudeva came to him
얼마 후 바수데바가 그에게 왔습니다.
he offered him a bowl of coconut-milk
그는 그에게 코코넛 밀크 한 그릇을 제공했습니다.
but he was already asleep
하지만 그는 이미 잠들어 있었습니다

Om
옴

For a long time the wound continued to burn
오랫동안 상처는 계속 타올랐다
Siddhartha had to ferry many travellers across the river
시다르타는 많은 여행자들을 강 건너로 데려가야 했습니다.
many of the travellers were accompanied by a son or a daughter
많은 여행자들은 아들 또는 딸과 함께 있었습니다.
and he saw none of them without envying them
그는 그 중 어느 것도 보지 못하였으므로 그들을 부러워하였다
he couldn't see them without thinking about his lost son
그는 잃어버린 아들을 생각하지 않고는 그들을 볼 수 없었습니다.
"So many thousands possess the sweetest of good fortunes"
"수천 명이 가장 달콤한 행운을 가지고 있습니다"
"why don't I also possess this good fortune?"
"나도 왜 이런 행운을 가지고 있지 않을까?"
"even thieves and robbers have children and love them"
"도둑과 강도도 자식을 두고 사랑한다"
"and they are being loved by their children"
"그리고 그들은 자녀들에게 사랑을 받고 있습니다"
"all are loved by their children except for me"
"나를 제외한 모든 사람들은 자식들에게 사랑을 받는다"
he now thought like the childlike people, without reason
그는 이제 이유 없이 어린아이 같은 사람들처럼 생각했습니다.
he had become one of the childlike people
그는 어린아이 같은 사람이 되었습니다.
he looked upon people differently than before
그는 사람들을 이전과는 다르게 바라보았다
he was less smart and less proud of himself

그는 덜 똑똑했고 자신에 대해 덜 자랑스러워했습니다.
but instead, he was warmer and more curious
하지만 그 대신 그는 더 따뜻하고 호기심이 많았습니다.
when he ferried travellers, he was more involved than before
그가 여행자들을 태워다 주었을 때, 그는 이전보다 더 많은 일에 관여했습니다.
childlike people, businessmen, warriors, women
어린아이 같은 사람들, 사업가, 전사, 여성
these people did not seem alien to him, as they used to
이 사람들은 그에게 낯선 사람이 아니었습니다.
he understood them and shared their life
그는 그들을 이해하고 그들의 삶을 공유했습니다.
a life which was not guided by thoughts and insight
생각과 통찰력에 의해 인도되지 않는 삶
but a life guided solely by urges and wishes
그러나 욕망과 충동에 의해서만 인도되는 삶
he felt like the the childlike people
그는 마치 어린아이 같은 사람들 같았다
he was bearing his final wound
그는 마지막 상처를 안고 있었다
he was nearing perfection
그는 완벽에 가까워지고 있었다
but the childlike people still seemed like his brothers
그러나 어린아이 같은 사람들은 여전히 그의 형제들처럼 보였습니다.
their vanities, desires for possession were no longer ridiculous to him
그들의 허영심, 소유욕은 더 이상 그에게 우스꽝스럽지 않았습니다.
they became understandable and lovable
그들은 이해할 수 있고 사랑스러워졌습니다
they even became worthy of veneration to him
그들은 그에게 경의를 표할 만한 사람이 되었습니다.
The blind love of a mother for her child

자식을 향한 어머니의 맹목적인 사랑
the stupid, blind pride of a conceited father for his only son
자기 외아들에 대한 오만한 아버지의 어리석고 눈먼 자존심
the blind, wild desire of a young, vain woman for jewellery
보석에 대한 젊고 허영심 많은 여자의 맹목적이고 거친 욕망
her wish for admiring glances from men
그녀는 남자들의 칭찬받는 시선을 원한다
all of these simple urges were not childish notions
이 모든 단순한 충동은 유치한 생각이 아니었습니다.
but they were immensely strong, living, and prevailing urges
그러나 그들은 엄청나게 강하고 생생하며 우세한 충동이었습니다.
he saw people living for the sake of their urges
그는 사람들이 자신의 충동에 따라 사는 것을 보았습니다.
he saw people achieving rare things for their urges
그는 사람들이 자신의 충동으로 희귀한 일을 이루는 것을 보았습니다.
travelling, conducting wars, suffering
여행, 전쟁 수행, 고통
they bore an infinite amount of suffering
그들은 무한한 고통을 겪었다
and he could love them for it, because he saw life
그리고 그는 그것을 사랑할 수 있었습니다. 왜냐하면 그는 삶을 보았기 때문입니다.
that what is alive was in each of their passions
살아있는 것은 각자의 열정 속에 있었다
that what is is indestructible was in their urges, the Brahman
파괴할 수 없는 것은 그들의 충동에 있었고 브라만이었습니다.
these people were worthy of love and admiration
이 사람들은 사랑과 존경을 받을 만한 사람들이었다

they deserved it for their blind loyalty and blind strength
그들은 맹목적인 충성심과 맹목적인 힘 때문에 그것을 받을 자격이 있었습니다.

there was nothing that they lacked
그들에게는 부족한 것이 아무것도 없었다

Siddhartha had nothing which would put him above the rest, except one thing
시다르타는 다른 사람들보다 우월하게 만들어 줄 만한 것이 하나도 없었습니다. 단 한 가지만은요.

there still was a small thing he had which they didn't
그들이 가지고 있지 않은 작은 것이 아직 남아 있었습니다.

he had the conscious thought of the oneness of all life
그는 모든 생명의 일체성에 대한 의식적인 생각을 가지고 있었습니다.

but Siddhartha even doubted whether this knowledge should be valued so highly
그러나 시다르타는 이 지식이 그렇게 높이 평가되어야 하는지 의심했습니다.

it might also be a childish idea of the thinking people
그것은 또한 생각하는 사람들의 유치한 생각일 수도 있습니다.

the worldly people were of equal rank to the wise men
세상 사람들은 지혜로운 사람들과 동등한 지위에 있었습니다.

animals too can in some moments seem to be superior to humans
동물도 어떤 순간에는 인간보다 우월해 보일 수 있습니다.

they are superior in their tough, unrelenting performance of what is necessary
그들은 필요한 일을 끈기 있고 끈기 있게 수행하는 데 있어 뛰어납니다.

an idea slowly blossomed in Siddhartha
시다르타에게 천천히 꽃피운 아이디어

and the idea slowly ripened in him
그리고 그 생각은 그에게서 천천히 익어갔다
he began to see what wisdom actually was
그는 지혜가 실제로 무엇인지 보게 되었습니다.
he saw what the goal of his long search was
그는 자신의 긴 수색의 목표가 무엇인지 보았습니다.
his search was nothing but a readiness of the soul
그의 탐색은 단지 영혼의 준비에 불과했다
a secret art to think every moment, while living his life
삶을 살면서 매 순간 생각하는 비밀의 예술
it was the thought of oneness
그것은 하나됨의 생각이었습니다
to be able to feel and inhale the oneness
일체감을 느끼고 흡입할 수 있게 되다
Slowly this awareness blossomed in him
이러한 인식은 그에게서 천천히 꽃을 피웠습니다.
it was shining back at him from Vasudeva's old, childlike face
그것은 Vasudeva의 늙고 어린아이 같은 얼굴에서 그에게 다시 빛나고 있었습니다.
harmony and knowledge of the eternal perfection of the world
조화와 세상의 영원한 완전성에 대한 지식
smiling and to be part of the oneness
미소 짓고 일체감의 일부가 되세요
But the wound still burned
하지만 상처는 아직도 타들어가고 있었다
longingly and bitterly Siddhartha thought of his son
시다르타는 아들을 그리워하며 몹시 생각하였다.
he nurtured his love and tenderness in his heart
그는 그의 마음 속에 그의 사랑과 부드러움을 키웠다
he allowed the pain to gnaw at him
그는 고통이 자신을 갉아먹도록 내버려 두었다
he committed all foolish acts of love
그는 모든 어리석은 사랑의 행위를 저질렀습니다

this flame would not go out by itself
이 불꽃은 스스로 꺼지지 않을 것이다

one day the wound burned violently
어느 날 상처가 격렬하게 타올랐다
driven by a yearning, Siddhartha crossed the river
그리움에 이끌려 시다르타는 강을 건넜다
he got off the boat and was willing to go to the city
그는 배에서 내려 도시로 가려고 했습니다.
he wanted to look for his son again
그는 다시 아들을 찾고 싶어했다
The river flowed softly and quietly
강물은 부드럽고 조용하게 흘러갔다
it was the dry season, but its voice sounded strange
건기였지만 그 목소리는 이상하게 들렸다
it was clear to hear that the river laughed
강물이 웃는 소리가 분명하게 들렸다
it laughed brightly and clearly at the old ferryman
그것은 늙은 나룻배꾼을 향해 밝고 분명하게 웃었다.
he bent over the water, in order to hear even better
그는 더 잘 듣기 위해 물 위로 몸을 숙였다.
and he saw his face reflected in the quietly moving waters
그리고 그는 조용히 움직이는 물 속에 자신의 얼굴이 반사되는 것을 보았습니다.
in this reflected face there was something
이 반사된 얼굴에는 무언가가 있었습니다.
something which reminded him, but he had forgotten
그에게 상기시켜준 무언가가 있었지만 그는 잊어버렸다
as he thought about it, he found it
그는 그것에 대해 생각하면서 그것을 발견했습니다.
this face resembled another face which he used to know and love
이 얼굴은 그가 알고 사랑했던 다른 얼굴과 비슷했다.
but he also used to fear this face
하지만 그는 또한 이 얼굴을 두려워했습니다.

It resembled his father's face, the Brahman
그것은 그의 아버지 브라만의 얼굴과 비슷했습니다.
he remembered how he had forced his father to let him go
그는 아버지를 강제로 떠나보내게 했던 일을 기억했다.
he remembered how he had bid his farewell to him
그는 그에게 작별 인사를 한 것을 기억했습니다.
he remembered how he had gone and had never come back
그는 자신이 어떻게 떠났는지, 그리고 다시 돌아오지 않았는지 기억했다
Had his father not also suffered the same pain for him?
그의 아버지 역시 그를 위해 똑같은 고통을 겪지 않았나요?
was his father's pain not the pain Siddhartha is suffering now?
그의 아버지의 고통이 지금 시다르타가 겪고 있는 고통이 아니었나요?
Had his father not long since died?
그의 아버지가 죽은 지 얼마 안 되었나요?
had he died without having seen his son again?
그는 아들을 다시 보지 못하고 죽었을까?
Did he not have to expect the same fate for himself?
그는 자신에게도 똑같은 운명이 닥칠 것을 예상하지 않았는가?
Was it not a comedy in a fateful circle?
그것은 운명의 고리 속의 희극이 아니었나요?
The river laughed about all of this
강은 이 모든 일에 대해 웃었다
everything came back which had not been suffered
겪지 않았던 모든 것이 돌아왔습니다.
everything came back which had not been solved
해결되지 않은 모든 것이 돌아왔습니다
the same pain was suffered over and over again
같은 고통을 계속해서 겪었다
Siddhartha went back into the boat
시다르타는 다시 배로 돌아갔다.

and he returned back to the hut
그리고 그는 오두막으로 돌아갔다
he was thinking of his father and of his son
그는 그의 아버지와 그의 아들을 생각하고 있었습니다
he thought of having been laughed at by the river
그는 강에서 웃음거리가 된 것을 생각했다
he was at odds with himself and tending towards despair
그는 자신과 갈등을 겪고 절망에 빠지기 쉬웠습니다.
but he was also tempted to laugh
하지만 그는 또한 웃고 싶은 유혹을 받았다
he could laugh at himself and the entire world
그는 자신과 온 세상을 비웃을 수 있었습니다.
Alas, the wound was not blossoming yet
아쉽게도 상처는 아직 꽃피지 않았다
his heart was still fighting his fate
그의 마음은 아직도 자신의 운명과 싸우고 있었다
cheerfulness and victory were not yet shining from his suffering
그의 고통에서 아직 기쁨과 승리가 빛나지 않았습니다.
Nevertheless, he felt hope along with the despair
그럼에도 불구하고 그는 절망과 함께 희망도 느꼈다.
once he returned to the hut he felt an undefeatable desire to open up to Vasudeva
그가 오두막으로 돌아오자 그는 바수데바에게 마음을 열고 싶은 억누를 수 없는 욕망을 느꼈다.
he wanted to show him everything
그는 그에게 모든 것을 보여주고 싶어했다
he wanted to say everything to the master of listening
그는 경청의 달인에게 모든 것을 말하고 싶어했습니다.

Vasudeva was sitting in the hut, weaving a basket
바수데바는 오두막에 앉아 바구니를 짜고 있었습니다.
He no longer used the ferry-boat
그는 더 이상 페리선을 이용하지 않았다
his eyes were starting to get weak

그의 눈이 약해지기 시작했다
his arms and hands were getting weak as well
그의 팔과 손도 약해지고 있었습니다
only the joy and cheerful benevolence of his face was unchanging
그의 얼굴의 기쁨과 쾌활한 자비심만이 변함없었다.
Siddhartha sat down next to the old man
시다르타는 노인 옆에 앉았다.
slowly, he started talking about what they had never spoke about
그는 천천히 그들이 한 번도 이야기하지 않았던 것에 대해 이야기하기 시작했습니다.
he told him of his walk to the city
그는 그에게 도시로 걸어가는 이야기를 들려주었다.
he told at him of the burning wound
그는 그에게 불타는 상처에 대해 이야기했습니다.
he told him about the envy of seeing happy fathers
그는 행복한 아버지를 보고 부러워하는 마음을 그에게 말했습니다.
his knowledge of the foolishness of such wishes
그런 소원이 얼마나 어리석었는지에 대한 그의 지식
his futile fight against his wishes
그의 뜻에 반하는 그의 헛된 싸움
he was able to say everything, even the most embarrassing parts
그는 가장 부끄러운 부분까지도 다 말할 수 있었습니다.
he told him everything he could tell him
그는 그에게 말할 수 있는 모든 것을 다 말했다
he showed him everything he could show him
그는 그에게 보여줄 수 있는 모든 것을 그에게 보여주었다
He presented his wound to him
그는 자신의 상처를 그에게 보여주었습니다.
he also told him how he had fled today
그는 또한 오늘 어떻게 도망쳤는지 그에게 말했습니다.

he told him how he ferried across the water
그는 그에게 그가 어떻게 물 건너갔는지
말해주었습니다.
a childish run-away, willing to walk to the city
도시까지 걸어갈 의향이 있는 유치한 도망자
and he told him how the river had laughed
그리고 그는 그에게 강이 어떻게 웃었는지 말했습니다.
he spoke for a long time
그는 오랫동안 말했다
Vasudeva was listening with a quiet face
바수데바는 조용한 얼굴로 듣고 있었습니다.
Vasudeva's listening gave Siddhartha a stronger sensation than ever before
바수데바의 경청은 시다르타에게 그 어느 때보다 더 강한 감각을 주었습니다.
he sensed how his pain and fears flowed over to him
그는 자신의 고통과 두려움이 자신에게 흘러넘치는 것을 느꼈습니다.
he sensed how his secret hope flowed over him
그는 자신의 비밀스러운 희망이 어떻게 흘러넘치는지 느꼈습니다.
To show his wound to this listener was the same as bathing it in the river
이 청취자에게 자신의 상처를 보여주는 것은 강물에 목욕시키는 것과 마찬가지였다.
the river would have cooled Siddhartha's wound
강은 시다르타의 상처를 식혔을 것이다
the quiet listening cooled Siddhartha's wound
조용한 경청은 시다르타의 상처를 식혔습니다.
it cooled him until he become one with the river
그것은 그를 강과 하나가 될 때까지 식혔습니다.
While he was still speaking, still admitting and confessing
그가 아직 말하고 있고, 여전히 인정하고 자백하고 있을 때

Siddhartha felt more and more that this was no longer Vasudeva
시다르타는 이것이 더 이상 바수데바가 아니라는 것을 점점 더 느꼈습니다.
it was no longer a human being who was listening to him
그 사람의 말을 듣는 사람은 더 이상 인간이 아니었다
this motionless listener was absorbing his confession into himself
움직이지 않는 이 청취자는 자신의 고백을 자기 자신 속으로 흡수하고 있었습니다.
this motionless listener was like a tree the rain
움직이지 않는 이 청취자는 비 속에 있는 나무와 같았습니다.
this motionless man was the river itself
움직이지 않는 이 남자는 강 그 자체였다
this motionless man was God himself
움직이지 않는 이 사람은 바로 신 그 자체였다
the motionless man was the eternal itself
움직이지 않는 사람은 영원한 자체였습니다
Siddhartha stopped thinking of himself and his wound
시다르타는 자신과 자신의 상처에 대해 생각하는 것을 멈췄습니다.
this realisation of Vasudeva's changed character took possession of him
바수데바의 변화된 성격을 깨닫는 것이 그를 사로잡았습니다.
and the more he entered into it, the less wondrous it became
그리고 그가 그것에 더 깊이 들어갈수록 그것은 점점 더 이상하게 느껴졌다.
the more he realised that everything was in order and natural
그는 모든 것이 질서 있고 자연스럽다는 것을 더욱 깨달았습니다.
he realised that Vasudeva had already been like this for a long time

그는 바수데바가 이미 오랫동안 이런 상태였다는 것을 깨달았습니다.

he had just not quite recognised it yet
그는 아직 그것을 정확히 인식하지 못했습니다.

yes, he himself had almost reached the same state
네, 그 자신도 거의 같은 상태에 도달했었습니다.

He felt, that he was now seeing old Vasudeva as the people see the gods
그는 이제 사람들이 신을 보는 것처럼 늙은 바수데바를 보고 있다고 느꼈습니다.

and he felt that this could not last
그리고 그는 이것이 오래 지속될 수 없다고 느꼈다

in his heart, he started bidding his farewell to Vasudeva
그는 마음속으로 바수데바에게 작별 인사를 하기 시작했다.

Throughout all this, he talked incessantly
이 모든 일 동안 그는 끊임없이 말했다

When he had finished talking, Vasudeva turned his friendly eyes at him
그가 말을 마치자 바수데바는 그에게 친절한 시선을 돌렸습니다.

the eyes which had grown slightly weak
조금 약해진 눈

he said nothing, but let his silent love and cheerfulness shine
그는 아무 말도 하지 않았지만 그의 조용한 사랑과 쾌활함을 빛나게 했습니다.

his understanding and knowledge shone from him
그의 이해와 지식은 그에게서 빛났다

He took Siddhartha's hand and led him to the seat by the bank
그는 시다르타의 손을 잡고 그를 강둑 옆 자리로 인도했습니다.

he sat down with him and smiled at the river
그는 그와 함께 앉아서 강을 바라보며 미소지었다

"You've heard it laugh," he said
"당신은 그것이 웃는 것을 들었습니다."라고 그는 말했습니다.

"But you haven't heard everything"
"하지만 당신은 모든 것을 듣지 못했습니다"

"Let's listen, you'll hear more"
"들어보세요, 더 많이 들으실 수 있을 거예요"

Softly sounded the river, singing in many voices
강물은 부드럽게 울렸고 많은 목소리로 노래했습니다.

Siddhartha looked into the water
시다르타는 물속을 들여다보았다.

images appeared to him in the moving water
움직이는 물 속에 그에게 이미지가 나타났다

his father appeared, lonely and mourning for his son
그의 아버지가 외롭고 아들을 애도하며 나타났다

he himself appeared in the moving water
그 자신이 움직이는 물 속에 나타났다

he was also being tied with the bondage of yearning to his distant son
그는 또한 먼 아들에 대한 그리움의 속박에 묶여 있었습니다.

his son appeared, lonely as well
그의 아들이 외롭게 나타났다

the boy, greedily rushing along the burning course of his young wishes
그 소년은 어린 시절의 뜨거운 소망을 탐욕스럽게 달려갔다.

each one was heading for his goal
각자는 자신의 목표를 향해 나아가고 있었습니다

each one was obsessed by the goal
각자는 목표에 집착했다

each one was suffering from the pursuit
각자는 추구에 시달리고 있었다

The river sang with a voice of suffering
강은 고통의 목소리로 노래했다

longingly it sang and flowed towards its goal
그것은 그리워하며 노래를 부르며 목표를 향해 흘러갔다
"Do you hear?" Vasudeva asked with a mute gaze
"들리시나요?" 바수데바는 침묵의 시선으로 물었다.
Siddhartha nodded in reply
시다르타는 고개를 끄덕여 대답했다.
"Listen better!" Vasudeva whispered
"더 잘 들어!" 바수데바가 속삭였다.
Siddhartha made an effort to listen better
시다르타는 더 잘 듣기 위해 노력했습니다.
The image of his father appeared
그의 아버지의 모습이 나타났다
his own image merged with his father's
그의 이미지가 그의 아버지의 이미지와 합쳐졌다
the image of his son merged with his image
그의 아들의 이미지가 그의 이미지와 합쳐졌다
Kamala's image also appeared and was dispersed
카말라의 모습도 나타나 흩어졌다.
and the image of Govinda, and other images
그리고 고빈다의 이미지와 다른 이미지들
and all the imaged merged with each other
그리고 모든 이미지가 서로 합쳐졌습니다.
all the imaged turned into the river
모든 이미지가 강으로 변했다
being the river, they all headed for the goal
강이 되어서 모두 목표를 향해 나아갔다
longing, desiring, suffering flowed together
그리움, 욕망, 고통이 함께 흘러갔다
and the river's voice sounded full of yearning
그리고 강의 목소리는 그리움으로 가득 차 있었습니다.
the river's voice was full of burning woe
강의 목소리는 불타는 비애로 가득 차 있었습니다.
the river's voice was full of unsatisfiable desire
강의 목소리는 만족할 수 없는 욕망으로 가득 차 있었다
For the goal, the river was heading

목표를 향해 강은 향하고 있었다
Siddhartha saw the river hurrying towards its goal
시다르타는 강이 목적지를 향해 급히 흐르는 것을 보았습니다.
the river of him and his loved ones and of all people he had ever seen
그와 그의 사랑하는 사람들, 그리고 그가 본 모든 사람들의 강
all of these waves and waters were hurrying
이 모든 파도와 물이 급히 흘러가고 있었습니다
they were all suffering towards many goals
그들은 모두 많은 목표를 향해 고통받고 있었습니다
the waterfall, the lake, the rapids, the sea
폭포, 호수, 급류, 바다
and all goals were reached
그리고 모든 목표는 달성되었습니다
and every goal was followed by a new one
그리고 모든 목표에는 새로운 목표가 뒤따랐다
and the water turned into vapour and rose to the sky
그리고 물은 증기로 변해 하늘로 올라갔습니다.
the water turned into rain and poured down from the sky
물이 비로 변해 하늘에서 쏟아졌다
the water turned into a source
물이 근원으로 변했다
then the source turned into a stream
그런 다음 소스가 스트림으로 바뀌었습니다.
the stream turned into a river
시냇물이 강으로 변했다
and the river headed forwards again
그리고 강은 다시 앞으로 나아갔다
But the longing voice had changed
그러나 그리움의 목소리는 변해버렸다
It still resounded, full of suffering, searching
아직도 울려 퍼지고, 고통으로 가득 차서, 찾고 있었습니다.

but other voices joined the river
그러나 다른 목소리들이 강에 합류했습니다.
there were voices of joy and of suffering
기쁨의 목소리와 고통의 목소리가 있었습니다
good and bad voices, laughing and sad ones
좋은 목소리와 나쁜 목소리, 웃는 목소리와 슬픈 목소리
a hundred voices, a thousand voices
백개의 목소리, 천개의 목소리
Siddhartha listened to all these voices
시다르타는 이 모든 목소리를 들었습니다.
He was now nothing but a listener
그는 이제 단지 듣는 사람일 뿐이었습니다.
he was completely concentrated on listening
그는 완전히 듣는 데 집중했다
he was completely empty now
그는 이제 완전히 비어 있었다
he felt that he had now finished learning to listen
그는 이제 듣는 법을 다 배웠다고 느꼈다.
Often before, he had heard all this
그는 이전에도 이 모든 것을 자주 들었습니다.
he had heard these many voices in the river
그는 강에서 많은 목소리를 들었습니다
today the voices in the river sounded new
오늘 강물 속의 목소리는 새롭게 들렸다
Already, he could no longer tell the many voices apart
그는 이미 많은 목소리를 구별할 수 없게 되었습니다.
there was no difference between the happy voices and the weeping ones
행복한 목소리와 우는 목소리에는 차이가 없었다
the voices of children and the voices of men were one
아이들의 목소리와 남자들의 목소리가 하나였습니다
all these voices belonged together
이 모든 목소리는 서로 어울렸다
the lamentation of yearning and the laughter of the knowledgeable one

그리움의 탄식과 지식인의 웃음
the scream of rage and the moaning of the dying ones
분노의 비명과 죽어가는 자들의 신음소리
everything was one and everything was intertwined
모든 것은 하나였고 모든 것은 서로 얽혀 있었습니다
everything was connected and entangled a thousand times
모든 것이 수천번이나 연결되고 얽혀 있었다
everything together, all voices, all goals
모두 함께, 모든 목소리, 모든 목표
all yearning, all suffering, all pleasure
모든 그리움, 모든 고통, 모든 즐거움
all that was good and evil
모든 선과 악
all of this together was the world
이 모든 것이 합쳐져서 세상이 되었습니다
All of it together was the flow of events
이 모든 것이 사건의 흐름이었습니다.
all of it was the music of life
그 모든 것이 삶의 음악이었습니다
when Siddhartha was listening attentively to this river
시다르타가 이 강물을 주의 깊게 듣고 있을 때
the song of a thousand voices
천 개의 목소리의 노래
when he neither listened to the suffering nor the laughter
그는 고통이나 웃음소리를 듣지 않았을 때
when he did not tie his soul to any particular voice
그가 자신의 영혼을 어떤 특정한 목소리에 묶지 않았을 때
when he submerged his self into the river
그가 강에 몸을 담갔을 때
but when he heard them all he perceived the whole, the oneness
그러나 그가 그 모든 것을 들었을 때 그는 전체, 즉 일체성을 인식했습니다.

then the great song of the thousand voices consisted of a single word
그러면 천 개의 목소리의 위대한 노래는 단 하나의 단어로 이루어졌습니다.
this word was Om; the perfection
이 단어는 옴(Om)이었습니다. 완벽함

"Do you hear" Vasudeva's gaze asked again
"들리시나요?" 바수데바의 시선이 다시 물었다.
Brightly, Vasudeva's smile was shining
바수데바의 미소는 밝게 빛나고 있었습니다.
it was floating radiantly over all the wrinkles of his old face
그것은 그의 늙은 얼굴의 주름 위에 빛나게 떠다니고 있었습니다.
the same way the Om was floating in the air over all the voices of the river
마치 옴이 강의 모든 목소리 위에 공중에 떠 있는 것과 같은 방식입니다.
Brightly his smile was shining, when he looked at his friend
그는 친구를 바라보며 밝은 미소를 지었다.
and brightly the same smile was now starting to shine on Siddhartha's face
그리고 밝게 같은 미소가 이제 시다르타의 얼굴에 빛나기 시작했습니다.
His wound had blossomed and his suffering was shining
그의 상처는 꽃을 피웠고 그의 고통은 빛나고 있었습니다.
his self had flown into the oneness
그의 자아는 일체성으로 날아갔다
In this hour, Siddhartha stopped fighting his fate
이 시간, 시다르타는 자신의 운명에 맞서 싸우는 것을 멈췄습니다.
at the same time he stopped suffering
동시에 그는 고통을 멈췄다
On his face flourished the cheerfulness of a knowledge

그의 얼굴에는 지식의 쾌활함이 번성했습니다.
a knowledge which was no longer opposed by any will
더 이상 어떠한 의지에 의해서도 반대되지 않는 지식
a knowledge which knows perfection
완벽함을 아는 지식
a knowledge which is in agreement with the flow of events
사건의 흐름과 일치하는 지식
a knowledge which is with the current of life
삶의 흐름과 함께하는 지식
full of sympathy for the pain of others
다른 사람의 고통에 대한 동정심으로 가득 차다
full of sympathy for the pleasure of others
다른 사람의 즐거움에 대한 동정심이 가득하다
devoted to the flow, belonging to the oneness
흐름에 헌신하고, 일체성에 속함
Vasudeva rose from the seat by the bank
바수데바는 은행 옆 좌석에서 일어났다.
he looked into Siddhartha's eyes
그는 시다르타의 눈을 들여다보았다.
and he saw the cheerfulness of the knowledge shining in his eyes
그리고 그는 그의 눈에서 지식의 명랑함이 빛나는 것을 보았습니다.
he softly touched his shoulder with his hand
그는 부드럽게 손으로 그의 어깨를 만졌다
"I've been waiting for this hour, my dear"
"나는 이 시간을 기다리고 있었어, 내 사랑"
"Now that it has come, let me leave"
"이제 왔으니 떠나자"
"For a long time, I've been waiting for this hour"
"나는 오랫동안 이 시간을 기다려 왔습니다"
"for a long time, I've been Vasudeva the ferryman"
"나는 오랫동안 나룻배꾼 바수데바였습니다"
"Now it's enough. Farewell"
"이제 그만이야. 안녕"

"farewell river, farewell Siddhartha!"
"안녕, 강아, 안녕, 시다르타야!"
Siddhartha made a deep bow before him who bid his farewell
시다르타는 작별 인사를 하는 그 사람 앞에 깊이 절을 했습니다.
"I've known it," he said quietly
"나는 그것을 알고 있습니다." 그는 조용히 말했다.
"You'll go into the forests?"
"숲으로 들어갈 거야?"
"I'm going into the forests"
"나는 숲으로 들어간다"
"I'm going into the oneness" spoke Vasudeva with a bright smile
"나는 하나됨에 들어가겠습니다." 바수데바는 밝은 미소를 지으며 말했습니다.
With a bright smile, he left
그는 밝은 미소를 지으며 떠났다.
Siddhartha watched him leaving
시다르타는 그가 떠나는 것을 지켜보았다.
With deep joy, with deep solemnity he watched him leave
그는 깊은 기쁨과 깊은 엄숙함으로 그가 떠나는 것을 지켜보았습니다.
he saw his steps were full of peace
그는 자신의 발걸음이 평화로 가득하다는 것을 보았습니다.
he saw his head was full of lustre
그는 자신의 머리가 광채로 가득 차 있는 것을 보았습니다.
he saw his body was full of light
그는 자신의 몸이 빛으로 가득 차 있는 것을 보았습니다.

Govinda
고빈다

Govinda had been with the monks for a long time
고빈다는 오랫동안 승려들과 함께 있었습니다.
when not on pilgrimages, he spent his time in the pleasure-garden
순례를 하지 않을 때는 그는 유원지에서 시간을 보냈다.
the garden which the courtesan Kamala had given the followers of Gotama
창녀 카말라가 고타마의 추종자들에게 준 정원
he heard talk of an old ferryman, who lived a day's journey away
그는 하루 거리에 사는 늙은 나룻배꾼에 대한 이야기를 들었습니다.
he heard many regarded him as a wise man
그는 많은 사람들이 그를 현명한 사람으로 여긴다는 말을 들었다
When Govinda went back, he chose the path to the ferry
고빈다가 돌아왔을 때 그는 페리로 가는 길을 선택했습니다.
he was eager to see the ferryman
그는 나룻배꾼을 만나고 싶어했다
he had lived his entire life by the rules
그는 평생 규칙에 따라 살아왔다
he was looked upon with veneration by the younger monks
그는 젊은 승려들로부터 존경을 받았습니다.
they respected his age and modesty
그들은 그의 나이와 겸손함을 존중했습니다
but his restlessness had not perished from his heart
그러나 그의 불안은 그의 마음에서 사라지지 않았습니다.
he was searching for what he had not found
그는 자신이 찾지 못한 것을 찾고 있었습니다
He came to the river and asked the old man to ferry him over

그는 강에 와서 노인에게 그를 배로 데려가 달라고
부탁했습니다.
when they got off the boat on the other side, he spoke with the old man
그들이 반대편 배에서 내렸을 때 그는 노인과 이야기를
나누었습니다.

"You're very good to us monks and pilgrims"
"당신들은 우리 승려와 순례자들에게 매우 친절합니다"
"you have ferried many of us across the river"
"당신은 우리 중 많은 사람을 강 건너로 데려갔습니다"
"Aren't you too, ferryman, a searcher for the right path?"
"나룻배꾼이여, 당신도 올바른 길을 찾는 사람이
아니냐?"
smiling from his old eyes, Siddhartha spoke
시다르타는 늙은 눈으로 미소를 지으며 말했다.
"oh venerable one, do you call yourself a searcher?"
"오 존경하는 분이시여, 당신은 자신을 탐구자라고
부르십니까?"
"are you still a searcher, although already well in years?"
"당신은 나이가 많이 들었지만 여전히 검색을 하고
있나요?"
"do you search while wearing the robe of Gotama's monks?"
"당신은 고타마의 승려들의 옷을 입고 검색합니까?"
"It's true, I'm old," spoke Govinda
"그렇죠, 저는 늙었어요." 고빈다가 말했다.
"but I haven't stopped searching"
"하지만 나는 검색을 멈추지 않았다"
"I will never stop searching"
"나는 찾는 것을 결코 멈추지 않을 것이다"
"this seems to be my destiny"
"이게 내 운명인 것 같아"
"You too, so it seems to me, have been searching"
"당신도, 내 생각엔, 찾고 있었던 것 같아요"
"Would you like to tell me something, oh honourable one?"

"존경하는 분, 제게 뭔가 말씀하실 건가요?"
"What might I have that I could tell you, oh venerable one?"
"존경하는 분이시여, 제가 당신께 말씀드릴 수 있는 것이 무엇이 있을까요?"
"Perhaps I could tell you that you're searching far too much?"
"아마도 당신이 너무 많은 것을 찾고 있다는 걸 말씀드릴 수 있을 것 같아요."
"Could I tell you that you don't make time for finding?"
"당신은 찾는 데 시간을 들이지 않는다는 걸 말씀드릴 수 있나요?"
"How come?" asked Govinda
"왜요?" 고빈다가 물었습니다.
"When someone is searching they might only see what they search for"
"누군가가 검색할 때 그들은 자신이 검색하는 내용만 볼 수 있습니다."
"he might not be able to let anything else enter his mind"
"그는 아마도 다른 어떤 것도 그의 마음에 들어오지 못하게 할 것이다"
"he doesn't see what he is not searching for"
"그는 자신이 찾고 있지 않은 것을 보지 못한다"
"because he always thinks of nothing but the object of his search"
"그는 항상 자신이 찾는 대상 외에는 아무것도 생각하지 않기 때문입니다"
"he has a goal, which he is obsessed with"
"그는 자신이 집착하는 목표를 가지고 있다"
"Searching means having a goal"
"탐색은 목표를 갖는 것을 의미한다"
"But finding means being free, open, and having no goal"
"하지만 찾는다는 것은 자유롭고, 열려 있고, 목표가 없다는 것을 의미합니다."
"You, oh venerable one, are perhaps indeed a searcher"

"오 존경하는 분이시여, 당신은 아마도 참으로
탐구자이실 것입니다"
"because, when striving for your goal, there are many things you don't see"
"왜냐하면 목표를 위해 노력하다 보면 보이지 않는
것들이 많기 때문입니다"
"you might not see things which are directly in front of your eyes"
"당신은 당신의 눈앞에 있는 것들을 볼 수 없을 수도
있습니다"
"I don't quite understand yet," said Govinda, "what do you mean by this?"
"아직 잘 이해가 안 갑니다." 고빈다가 말했다. "이 말은
무슨 뜻인가요?"
"oh venerable one, you've been at this river before, a long time ago"
"오 존경하는 분, 당신은 오래전에 이 강에
가보셨었습니다."
"and you have found a sleeping man by the river"
"그리고 당신은 강가에서 잠자는 남자를 발견했습니다"
"you have sat down with him to guard his sleep"
"당신은 그의 잠을 지키기 위해 그와 함께 앉았습니다"
"but, oh Govinda, you did not recognise the sleeping man"
"하지만, 오 고빈다, 당신은 잠자는 남자를 알아보지
못했습니다"
Govinda was astonished, as if he had been the object of a magic spell
고빈다는 마치 마법의 주문에 걸린 것처럼 깜짝 놀랐다.
the monk looked into the ferryman's eyes
스님은 나룻배꾼의 눈을 들여다보았다.
"Are you Siddhartha?" he asked with a timid voice
"당신은 시다르타입니까?" 그는 소심한 목소리로
물었습니다.
"I wouldn't have recognised you this time either!"
"이번에도 당신을 알아보지 못했을 거예요!"

"from my heart, I'm greeting you, Siddhartha"
"내 마음에서 당신을 맞이합니다, 시다르타"
"from my heart, I'm happy to see you once again!"
"진심으로, 다시 만나서 너무 기뻐요!"
"You've changed a lot, my friend"
"친구야, 많이 변했구나"
"and you've now become a ferryman?"
"그리고 당신은 이제 나룻배꾼이 되었나요?"
In a friendly manner, Siddhartha laughed
시다르타는 친절하게 웃었다.
"yes, I am a ferryman"
"네, 저는 나룻배꾼입니다"
"Many people, Govinda, have to change a lot"
"많은 사람들이, 고빈다, 많이 바뀌어야 해요"
"they have to wear many robes"
"그들은 많은 옷을 입어야 해요"
"I am one of those who had to change a lot"
"저는 많은 변화를 겪어야 했던 사람 중 한 명입니다"
"Be welcome, Govinda, and spend the night in my hut"
"환영합니다, 고빈다. 내 오두막에서 하룻밤을 보내세요."
Govinda stayed the night in the hut
고빈다는 오두막에서 밤을 지냈다
he slept on the bed which used to be Vasudeva's bed
그는 바수데바의 침대였던 침대에서 잤다.
he posed many questions to the friend of his youth
그는 어린 시절의 친구에게 많은 질문을 던졌습니다.
Siddhartha had to tell him many things from his life
시다르타는 그에게 자신의 삶에서 많은 것을 말해야 했습니다.

then the next morning came
그리고 다음날 아침이 왔습니다
the time had come to start the day's journey
이제 하루의 여행을 시작할 시간이 되었습니다

without hesitation, Govinda asked one more question
망설임 없이 고빈다는 한 가지 질문을 더 던졌습니다.
"Before I continue on my path, Siddhartha, permit me to ask one more question"
"싯다르타, 내가 내 길을 계속 가기 전에 한 가지 질문을 더 하게 해주십시오."
"Do you have a teaching that guides you?"
"당신을 인도하는 가르침이 있나요?"
"Do you have a faith or a knowledge you follow"
"당신은 따르는 신앙이나 지식이 있습니까?"
"is there a knowledge which helps you to live and do right?"
"당신이 올바르게 살고 행동하는 데 도움이 되는 지식이 있습니까?"
"You know well, my dear, I have always been distrustful of teachers"
"당신도 잘 알다시피, 나는 항상 선생님들을 불신했어요"
"as a young man I already started to doubt teachers"
"나는 젊은 시절부터 이미 선생님들을 의심하기 시작했습니다"
"when we lived with the penitents in the forest, I distrusted their teachings"
"우리가 숲속에서 회개자들과 함께 살았을 때, 나는 그들의 가르침을 믿지 않았습니다"
"and I turned my back to them"
"그리고 나는 그들에게 등을 돌렸다"
"I have remained distrustful of teachers"
"나는 선생님들을 불신해 왔다"
"Nevertheless, I have had many teachers since then"
"그럼에도 불구하고 그 이후로 저는 많은 선생님을 만났습니다."
"A beautiful courtesan has been my teacher for a long time"
"아름다운 기생이 오랫동안 나의 스승이 되어주셨습니다"
"a rich merchant was my teacher"
"부유한 상인이 내 스승이었습니다"

"and some gamblers with dice taught me"
"그리고 주사위를 던지는 몇몇 도박꾼들이 나에게 가르쳐 주었다"
"Once, even a follower of Buddha has been my teacher"
"한때 부처님을 따르는 제자도 나의 스승이 되었었다"
"he was travelling on foot, pilgering"
"그는 도보로 여행하고 있었습니다.
"and he sat with me when I had fallen asleep in the forest"
"그리고 내가 숲에서 잠들었을 때 그는 나와 함께 앉아 있었습니다"
"I've also learned from him, for which I'm very grateful"
"저는 그에게서 또한 많은 것을 배웠습니다. 그것에 대해 매우 감사드립니다."
"But most of all, I have learned from this river"
"하지만 무엇보다도 이 강에서 많은 것을 배웠습니다."
"and I have learned most from my predecessor, the ferryman Vasudeva"
"그리고 저는 전임자, 뱃사공 바수데바로부터 가장 많은 것을 배웠습니다."
"He was a very simple person, Vasudeva, he was no thinker"
"그는 매우 단순한 사람이었어요, 바수데바, 그는 사상가가 아니었어요"
"but he knew what is necessary just as well as Gotama"
"그러나 그는 고타마만큼이나 필요한 것이 무엇인지 알고 있었습니다."
"he was a perfect man, a saint"
"그는 완벽한 사람이었고 성인이었습니다"
"Siddhartha still loves to mock people, it seems to me"
"시다르타는 아직도 사람들을 조롱하는 것을 좋아하는 것 같아요"
"I believe in you and I know that you haven't followed a teacher"
"나는 당신을 믿고 당신이 선생님을 따르지 않았다는 것을 압니다"
"But haven't you found something by yourself?"

"하지만 당신 스스로 뭔가를 발견하지 않았나요?"
"though you've found no teachings, you still found certain thoughts"
"당신은 가르침을 찾지 못했지만, 여전히 어떤 생각들을 찾았습니다"
"certain insights, which are your own"
"당신만의 특정 통찰력"
"insights which help you to live"
"당신이 살아가는 데 도움이 되는 통찰력"
"Haven't you found something like this?"
"이런 걸 본 적 없니?"
"If you would like to tell me, you would delight my heart"
"나에게 말씀해 주시면 내 마음이 기뻐질 것입니다"
"you are right, I have had thoughts and gained many insights"
"그렇죠, 저는 생각을 많이 했고 많은 통찰력을 얻었습니다"
"Sometimes I have felt knowledge in me for an hour"
"때때로 나는 한 시간 동안 내 안에서 지식을 느꼈다"
"at other times I have felt knowledge in me for an entire day"
"다른 때는 하루 종일 내 안에 지식을 느꼈습니다"
"the same knowledge one feels when one feels life in one's heart"
"사람이 마음속에서 삶을 느낄 때 느끼는 것과 같은 지식"
"There have been many thoughts"
"많은 생각이 있었어요"
"but it would be hard for me to convey these thoughts to you"
"하지만 내가 당신에게 이 생각을 전달하는 건 어려울 것 같아요"
"my dear Govinda, this is one of my thoughts which I have found"

"사랑하는 고빈다, 이것은 내가 찾은 생각 중 하나입니다."
"wisdom cannot be passed on"
"지혜는 물려줄 수 없다"
"Wisdom which a wise man tries to pass on always sounds like foolishness"
"현명한 사람이 전수하려는 지혜는 언제나 어리석음처럼 들린다"
"Are you kidding?" asked Govinda
"농담이에요?" 고빈다가 물었다.
"I'm not kidding, I'm telling you what I have found"
"농담이 아니라 내가 찾은 것을 말하고 있는 거야"
"Knowledge can be conveyed, but wisdom can't"
"지식은 전달될 수 있지만 지혜는 전달될 수 없습니다"
"wisdom can be found, it can be lived"
"지혜는 찾을 수 있고, 실천할 수 있다"
"it is possible to be carried by wisdom"
"지혜에 의해 운반될 수 있다"
"miracles can be performed with wisdom"
"기적은 지혜로 행할 수 있다"
"but wisdom cannot be expressed in words or taught"
"그러나 지혜는 말로 표현할 수도 가르칠 수도 없습니다"
"This was what I sometimes suspected, even as a young man"
"이것은 내가 젊은 시절에도 가끔 의심했던 일이었습니다."
"this is what has driven me away from the teachers"
"이게 나를 선생님들로부터 멀어지게 만든 거야"
"I have found a thought which you'll regard as foolishness"
"나는 당신이 어리석은 것으로 여길 생각을 발견했습니다"
"but this thought has been my best"
"하지만 이 생각이 내 최선이었어요"
"The opposite of every truth is just as true!"
"모든 진실의 반대는 진실이다!"

"any truth can only be expressed when it is one-sided"
"모든 진실은 일방적일 때만 표현될 수 있다"
"only one sided things can be put into words"
"단일한 측면의 것만이 말로 표현할 수 있다"
"Everything which can be thought is one-sided"
"생각할 수 있는 모든 것은 일방적이다"
"it's all one-sided, so it's just one half"
"모두 일방적이라서 반쪽뿐이에요"
"it all lacks completeness, roundness, and oneness"
"모든 것이 완전성, 원형성, 일체성이 부족합니다"
"the exalted Gotama spoke in his teachings of the world"
"존귀한 고타마께서 그의 가르침에서 세상에 대해 말씀하셨습니다"
"but he had to divide the world into Sansara and Nirvana"
"하지만 그는 세상을 산사라와 니르바나로 나누어야 했습니다"
"he had divided the world into deception and truth"
"그는 세상을 기만과 진실로 나누었습니다"
"he had divided the world into suffering and salvation"
"그는 세상을 고통과 구원으로 나누었다"
"the world cannot be explained any other way"
"세상은 다른 어떤 방식으로도 설명될 수 없다"
"there is no other way to explain it, for those who want to teach"
"가르치고 싶어하는 사람들에게는 그것을 설명할 다른 방법이 없습니다"
"But the world itself is never one-sided"
"하지만 세상 자체는 결코 일방적이지 않습니다."
"the world exists around us and inside of us"
"세상은 우리 주변과 우리 안에 존재합니다"
"A person or an act is never entirely Sansara or entirely Nirvana"
"사람이나 행위는 결코 전적으로 산사라나 전적으로 니르바나가 아니다"
"a person is never entirely holy or entirely sinful"

"사람은 결코 전적으로 거룩하거나 전적으로 죄가 없을 수 있다"
"It seems like the world can be divided into these opposites"
"세상은 이런 반대의 것들로 나뉜 것 같아요"
"but that's because we are subject to deception"
"하지만 그것은 우리가 속기 쉽기 때문입니다"
"it's as if the deception was something real"
"그 속임수가 진짜인 것 같아요"
"Time is not real, Govinda"
"시간은 현실이 아니야, 고빈다"
"I have experienced this often and often again"
"나는 이런 일을 여러 번, 또 여러 번 경험했습니다"
"when time is not real, the gap between the world and the eternity is also a deception"
"시간이 실제가 아닐 때, 세상과 영원 사이의 간격도 속임수다"
"the gap between suffering and blissfulness is not real"
"고통과 행복 사이의 격차는 실제가 아니다"
"there is no gap between evil and good"
"악과 선 사이에는 간격이 없다"
"all of these gaps are deceptions"
"이 모든 격차는 속임수다"
"but these gaps appear to us nonetheless"
"하지만 이러한 격차는 여전히 우리에게는 보인다"
"How come?" asked Govinda timidly
"왜요?" 고빈다가 소심하게 물었습니다.
"Listen well, my dear," answered Siddhartha
"잘 들어요, 내 사랑" 시다르타가 대답했습니다.
"The sinner, which I am and which you are, is a sinner"
"죄인인 나와 당신이 죄인인 것은 다 죄인입니다"
"but in times to come the sinner will be Brahma again"
"그러나 앞으로 죄인은 다시 브라흐마가 될 것입니다"
"he will reach the Nirvana and be Buddha"
"그는 열반에 도달하고 부처가 될 것입니다"
"the times to come are a deception"

"다가올 시대는 속임수다"
"the times to come are only a parable!"
"앞으로 올 시대는 단지 우화일 뿐이다!"
"The sinner is not on his way to become a Buddha"
"죄인은 부처가 되는 길에 있지 않다"
"he is not in the process of developing"
"그는 아직 발전 과정에 있지 않다"
"our capacity for thinking does not know how else to picture these things"
"우리의 사고 능력은 이런 것들을 어떻게 표현할지 모릅니다"
"No, within the sinner there already is the future Buddha"
"아니요, 죄인 안에 이미 미래의 부처님이 계시다"
"his future is already all there"
"그의 미래는 이미 다 거기 있다"
"you have to worship the Buddha in the sinner"
"죄인으로서 부처님을 경배해야 한다"
"you have to worship the Buddha hidden in everyone"
"모든 사람 속에 숨겨진 부처님을 경배해야 합니다"
"the hidden Buddha which is coming into being the possible"
"가능하게 존재하게 되는 숨겨진 부처"
"The world, my friend Govinda, is not imperfect"
"세상은 불완전하지 않습니다, 나의 친구 고빈다"
"the world is on no slow path towards perfection"
"세상은 완벽을 향해 천천히 나아가지 않는다"
"no, the world is perfect in every moment"
"아니, 세상은 모든 순간 완벽해"
"all sin already carries the divine forgiveness in itself"
"모든 죄는 이미 그 자체 안에 신의 용서를 담고 있습니다"
"all small children already have the old person in themselves"
"모든 어린아이들은 이미 자신 안에 노인을 갖고 있다"
"all infants already have death in them"

"모든 유아는 이미 죽음을 가지고 있다"
"all dying people have the eternal life"
"죽어가는 모든 사람은 영원한 삶을 가지고 있다"
"we can't see how far another one has already progressed on his path"
"우리는 다른 사람이 이미 자신의 길에서 얼마나 멀리 진행했는지 볼 수 없습니다"
"in the robber and dice-gambler, the Buddha is waiting"
"도둑과 주사위 도박꾼 속에 부처님이 기다리고 있다"
"in the Brahman, the robber is waiting"
"브라만에는 강도가 기다리고 있다"
"in deep meditation, there is the possibility to put time out of existence"
"깊은 명상 속에서는 시간을 존재하지 않게 할 가능성이 있습니다"
"there is the possibility to see all life simultaneously"
"모든 생명체를 동시에 볼 수 있는 가능성이 있다"
"it is possible to see all life which was, is, and will be"
"모든 생명체가 존재했고, 존재하며, 존재할 것임을 볼 수 있습니다"
"and there everything is good, perfect, and Brahman"
"그리고 거기에는 모든 것이 좋고 완벽하며 브라만이 있습니다"
"Therefore, I see whatever exists as good"
"그러므로 나는 존재하는 모든 것을 선하다고 본다"
"death is to me like life"
"죽음은 나에게 삶과 같다"
"to me sin is like holiness"
"나에게 죄는 거룩함과 같다"
"wisdom can be like foolishness"
"지혜는 어리석음과 같을 수 있다"
"everything has to be as it is"
"모든 것은 그대로 되어야 한다"
"everything only requires my consent and willingness"
"모든 것은 내 동의와 의지만 있으면 된다"

"all that my view requires is my loving agreement to be good for me"
"내가 보기에 필요한 것은 나에게 좋은 것이 되겠다는 사랑의 동의뿐입니다."
"my view has to do nothing but work for my benefit"
"내 견해는 내 이익을 위해 일하는 것 외에는 아무것도 해서는 안 됩니다"
"and then my perception is unable to ever harm me"
"그러면 내 지각은 결코 나에게 해를 끼칠 수 없게 된다"
"I have experienced that I needed sin very much"
"나는 죄가 매우 필요하다는 것을 경험했습니다"
"I have experienced this in my body and in my soul"
"나는 이것을 내 몸과 영혼으로 경험했습니다"
"I needed lust, the desire for possessions, and vanity"
"나는 정욕, 소유욕, 허영심이 필요했습니다."
"and I needed the most shameful despair"
"그리고 나는 가장 부끄러운 절망이 필요했습니다"
"in order to learn how to give up all resistance"
"모든 저항을 포기하는 법을 배우기 위해"
"in order to learn how to love the world"
"세상을 사랑하는 법을 배우기 위해서"
"in order to stop comparing things to some world I wished for"
"내가 바라는 어떤 세상과 사물을 비교하는 것을 멈추기 위해서"
"I imagined some kind of perfection I had made up"
"나는 내가 만들어낸 어떤 종류의 완벽함을 상상했다"
"but I have learned to leave the world as it is"
"하지만 나는 세상을 있는 그대로 두는 법을 배웠어요"
"I have learned to love the world as it is"
"나는 세상을 있는 그대로 사랑하는 법을 배웠습니다"
"and I learned to enjoy being a part of it"
"그리고 나는 그것의 일부가 되는 것을 즐기는 법을 배웠습니다"

"These, oh Govinda, are some of the thoughts which have come into my mind"
"오 고빈다, 이것이 내 마음에 떠오른 생각들 중 일부입니다."

Siddhartha bent down and picked up a stone from the ground
시다르타는 몸을 굽혀 땅에서 돌 하나를 집어올렸다.
he weighed the stone in his hand
그는 손에 돌을 달았다
"This here," he said playing with the rock, "is a stone"
그는 바위를 가지고 놀면서 "여기 있는 것이 돌이다"라고 말했습니다.
"this stone will, after a certain time, perhaps turn into soil"
"이 돌은 어느 정도 시간이 지나면 흙으로 변할지도 모른다"
"it will turn from soil into a plant or animal or human being"
"그것은 흙에서 식물이나 동물 또는 인간으로 변할 것입니다"
"In the past, I would have said this stone is just a stone"
"예전에는 이 돌이 그저 돌일 뿐이라고 말했을 텐데"
"I might have said it is worthless"
"나는 그것이 쓸모없다고 말했을 수도 있습니다"
"I would have told you this stone belongs to the world of the Maya"
"나는 이 돌이 마야 세계에 속한다고 말했을 텐데"
"but I wouldn't have seen that it has importance"
"하지만 나는 그것이 중요하다고 생각하지 않았을 거야"
"it might be able to become a spirit in the cycle of transformations"
"변신의 순환 속에서 영이 될 수도 있을 거야"
"therefore I also grant it importance"
"그러므로 나는 또한 그것을 중요하게 여긴다"
"Thus, I would perhaps have thought in the past"
"그래서 나는 과거에는 아마도 이렇게 생각했을 것이다"

"But today I think differently about the stone"
"하지만 오늘은 그 돌에 대해 다르게 생각합니다"
"this stone is a stone, and it is also animal, god, and Buddha"
"이 돌은 돌이기도 하고 동물이기도 하고 신이기도 하고 부처이기도 하다"
"I do not venerate and love it because it could turn into this or that"
"나는 그것이 이것 또는 저것으로 변할 수 있기 때문에 그것을 숭배하고 사랑하지 않습니다."
"I love it because it is those things"
"그게 바로 그런 것들이기 때문에 좋아요"
"this stone is already everything"
"이 돌은 이미 모든 것이다"
"it appears to me now and today as a stone"
"그것은 지금 그리고 오늘 나에게 돌처럼 보인다"
"that is why I love this"
"그래서 내가 이걸 좋아해요"
"that is why I see worth and purpose in each of its veins and cavities"
"그래서 나는 그 혈관과 구멍 하나하나에 가치와 목적을 봅니다."
"I see value in its yellow, gray, and hardness"
"나는 노란색, 회색, 단단함에 가치를 봅니다"
"I appreciated the sound it makes when I knock at it"
"두드리면 나는 소리가 참 좋았어요"
"I love the dryness or wetness of its surface"
"나는 그 표면의 건조함이나 습기를 좋아한다"
"There are stones which feel like oil or soap"
"기름이나 비누처럼 느껴지는 돌들이 있습니다"
"and other stones feel like leaves or sand"
"그리고 다른 돌들은 잎사귀나 모래처럼 느껴진다"
"and every stone is special and prays the Om in its own way"
"그리고 모든 돌은 특별하고 각자의 방식으로 옴을 기도합니다"
"each stone is Brahman"

"각 돌은 브라만이다"
"but simultaneously, and just as much, it is a stone"
"그러나 동시에, 그리고 마찬가지로 그것은 돌이기도 합니다"
"it is a stone regardless of whether it's oily or juicy"
"기름이 많든 적든 다 돌이다"
"and this why I like and regard this stone"
"그리고 이것이 내가 이 돌을 좋아하고 존경하는 이유입니다"
"it is wonderful and worthy of worship"
"그것은 경이롭고 경배할 만한 일입니다"
"But let me speak no more of this"
"그러나 더 이상 이에 대해 말하지 않겠습니다"
"words are not good for transmitting the secret meaning"
"말은 비밀스러운 의미를 전달하는 데 좋지 않습니다"
"everything always becomes a bit different, as soon as it is put into words"
"모든 것은 말로 표현되는 순간 항상 조금씩 달라진다"
"everything gets distorted a little by words"
"모든 것은 말에 의해 조금씩 왜곡된다"
"and then the explanation becomes a bit silly"
"그러면 설명이 좀 어리석어지네요"
"yes, and this is also very good, and I like it a lot"
"그래요, 이것도 아주 좋아요, 정말 좋아요"
"I also very much agree with this"
"나도 이에 매우 동의한다"
"one man's treasure and wisdom always sounds like foolishness to another person"
"한 사람의 보물과 지혜는 다른 사람에게는 항상 어리석은 것처럼 들린다"
Govinda listened silently to what Siddhartha was saying
고빈다는 시다르타가 하는 말을 조용히 경청했습니다.
there was a pause and Govinda hesitantly asked a question
잠시 멈췄다가 고빈다는 주저하면서 질문을 던졌다.
"Why have you told me this about the stone?"

"왜 돌에 대해서 이런 이야기를 나에게 했어?"
"I did it without any specific intention"
"특별한 의도 없이 그렇게 했어요"
"perhaps what I meant was, that I love this stone and the river"
"아마도 내가 말하고 싶었던 것은 내가 이 돌과 강을 사랑한다는 것이었을 거야"
"and I love all these things we are looking at"
"그리고 우리가 보고 있는 이 모든 것들을 정말 좋아해요"
"and we can learn from all these things"
"그리고 우리는 이 모든 것들로부터 배울 수 있습니다"
"I can love a stone, Govinda"
"나는 돌을 사랑할 수 있어요, 고빈다"
"and I can also love a tree or a piece of bark"
"그리고 나는 나무나 나무껍질 한 조각을 사랑할 수도 있어요"
"These are things, and things can be loved"
"이것들은 사물이고, 사물은 사랑받을 수 있다"
"but I cannot love words"
"하지만 나는 말을 사랑할 수 없어"
"therefore, teachings are no good for me"
"그러므로 가르침은 나에게 좋지 않다"
"teachings have no hardness, softness, colours, edges, smell, or taste"
"가르침에는 단단함도 부드러움도 색깔도 가장자리도 냄새도 맛도 없습니다"
"teachings have nothing but words"
"가르침은 말뿐이다"
"perhaps it is words which keep you from finding peace"
"아마도 당신이 평화를 찾지 못하게 하는 것은 말일 것입니다"
"because salvation and virtue are mere words"
"구원과 덕은 단지 말일 뿐이기 때문입니다"
"Sansara and Nirvana are also just mere words, Govinda"

"산사라와 니르바나도 그저 단어일 뿐이에요, 고빈다"
"there is no thing which would be Nirvana"
"열반이 될 만한 것은 없다"
"therefore Nirvana is just the word"
" 그러므로 열반은 바로 그 단어입니다"
Govinda objected, "Nirvana is not just a word, my friend"
고빈다는 "열반은 그저 단어가 아닙니다, 친구여"라고 반대했습니다.
"Nirvana is a word, but also it is a thought"
"열반은 단어이지만 동시에 생각이기도 합니다."
Siddhartha continued, "it might be a thought"
시다르타는 계속해서 말했습니다. "그것은 생각일 수도 있습니다."
"I must confess, I don't differentiate much between thoughts and words"
"나는 생각과 말을 별로 구별하지 못한다는 것을 고백해야 합니다."
"to be honest, I also have no high opinion of thoughts"
"솔직히 말해서 나도 생각에 대해 별로 좋은 생각은 없어"
"I have a better opinion of things than thoughts"
"나는 생각보다 사물에 대해 더 나은 의견을 가지고 있습니다"
"Here on this ferry-boat, for instance, a man has been my predecessor"
"예를 들어, 이 페리보트에는 한 남자가 내 전임자였습니다."
"he was also one of my teachers"
"그는 또한 나의 선생님 중 한 분이었습니다"
"a holy man, who has for many years simply believed in the river"
"오랫동안 강을 믿어온 거룩한 사람"
"and he believed in nothing else"
"그리고 그는 다른 것은 아무것도 믿지 않았습니다"
"He had noticed that the river spoke to him"

"그는 강이 자신에게 말을 건다는 것을 알았습니다"
"he learned from the river"
"그는 강으로부터 배웠다"
"the river educated and taught him"
"강은 그를 교육하고 가르쳤다"
"the river seemed to be a god to him"
"그에게 강은 신처럼 보였다"
"for many years he did not know that everything was as divine as the river"
"그는 오랜 세월 동안 모든 것이 강처럼 신성하다는 것을 몰랐다"
"the wind, every cloud, every bird, every beetle"
"바람, 모든 구름, 모든 새, 모든 딱정벌레"
"they can teach just as much as the river"
"그들은 강만큼이나 많은 것을 가르칠 수 있다"
"But when this holy man went into the forests, he knew everything"
"그러나 이 성자가 숲에 들어갔을 때 그는 모든 것을 알았습니다"
"he knew more than you and me, without teachers or books"
"그는 선생님이나 책 없이도 당신과 나보다 더 많은 것을 알고 있었습니다"
"he knew more than us only because he had believed in the river"
"그는 강을 믿었기 때문에 우리보다 더 많이 알고 있었습니다"

Govinda still had doubts and questions
고빈다는 여전히 의심과 질문을 가지고 있었습니다.
"But is that what you call things actually something real?"
"하지만 그게 실제로 존재하는 것인가요?"
"do these things have existence?"
"이런 것들이 존재하는가?"
"Isn't it just a deception of the Maya"
"그것은 단지 마야의 속임수가 아닌가요?"

"aren't all these things an image and illusion?"
"이 모든 것이 이미지와 환상이 아닌가?"
"Your stone, your tree, your river"
"너의 돌, 너의 나무, 너의 강"
"are they actually a reality?"
"그게 실제로 현실인가요?"
"This too," spoke Siddhartha, "I do not care very much about"
"이것도," 시다르타가 말했다, "나는 그것에 대해 별로 신경 쓰지 않는다"
"Let the things be illusions or not"
"그것들이 환상이 되든 안 되든"
"after all, I would then also be an illusion"
"그럼 나도 환상이 되는 거잖아"
"and if these things are illusions then they are like me"
"그리고 만약 이것들이 환상이라면 그것들은 나와 같다"
"This is what makes them so dear and worthy of veneration for me"
"이것이 그들이 나에게 매우 소중하고 존경받을 만한 이유입니다."
"these things are like me and that is how I can love them"
"이런 것들은 나와 같고 그래서 사랑할 수 있는 거야"
"this is a teaching you will laugh about"
"이것은 당신이 웃을 수 있는 가르침입니다"
"love, oh Govinda, seems to me to be the most important thing of all"
"오 고빈다, 사랑은 나에게 가장 중요한 것 같아요"
"to thoroughly understand the world may be what great thinkers do"
"세상을 철저히 이해하는 것은 위대한 사상가들이 하는 일일 수도 있다"
"they explain the world and despise it"
"그들은 세상을 설명하고 그것을 멸시한다"
"But I'm only interested in being able to love the world"

"하지만 나는 세상을 사랑할 수 있는 능력에만 관심이 있어요"
"I am not interested in despising the world"
"나는 세상을 멸시하는 데 관심이 없습니다"
"I don't want to hate the world"
"나는 세상을 미워하고 싶지 않아"
"and I don't want the world to hate me"
"그리고 나는 세상이 나를 미워하는 것을 원하지 않는다"
"I want to be able to look upon the world and myself with love"
"나는 세상과 나 자신을 사랑으로 바라볼 수 있기를 원합니다"
"I want to look upon all beings with admiration"
"나는 모든 존재를 존경의 눈으로 바라보고 싶다"
"I want to have a great respect for everything"
"나는 모든 것에 대해 큰 존경심을 갖고 싶습니다"
"This I understand," spoke Govinda
"내가 이해한 것은 이것입니다." 고빈다가 말했습니다.
"But this very thing was discovered by the exalted one to be a deception"
"그러나 이 일은 지극히 높으신 분께서 속임수로 발견하셨느니라"
"He commands benevolence, clemency, sympathy, tolerance"
"그는 자비, 관대함, 동정심, 관용을 명령합니다"
"but he does not command love"
"그러나 그는 사랑을 명령하지 않는다"
"he forbade us to tie our heart in love to earthly things"
"그는 우리가 사랑으로 우리의 마음을 세상적인 것들에 묶는 것을 금하셨습니다"
"I know it, Govinda," said Siddhartha, and his smile shone golden
"알아요, 고빈다." 시다르타가 말했고 그의 미소는 황금빛으로 빛났습니다.
"And behold, with this we are right in the thicket of opinions"

"보라, 이로써 우리는 의견의 덤불 속에 갇혔느니라"
"now we are in the dispute about words"
"이제 우리는 단어에 대한 논쟁을 하고 있습니다"
"For I cannot deny, my words of love are a contradiction"
"내가 부인할 수 없는 것은, 내 사랑의 말이 모순된다는 것입니다"
"they seem to be in contradiction with Gotama's words"
"그것은 고타마의 말씀과 모순되는 것 같습니다"
"For this very reason, I distrust words so much"
"바로 이런 이유로 나는 말을 그렇게도 믿지 않는다"
"because I know this contradiction is a deception"
"왜냐하면 나는 이 모순이 속임수라는 것을 알고 있기 때문입니다"
"I know that I am in agreement with Gotama"
"나는 고타마와 동의한다는 것을 압니다."
"How could he not know love when he has discovered all elements of human existence"
"그가 인간 존재의 모든 요소를 발견했을 때 어떻게 사랑을 알 수 없을 수 있겠는가"
"he has discovered their transitoriness and their meaninglessness"
"그는 그들의 덧없음과 무의미함을 발견했습니다"
"and yet he loved people very much"
"그런데 그는 사람들을 매우 사랑했습니다"
"he used a long, laborious life only to help and teach them!"
"그는 그들을 돕고 가르치는 데에만 길고 힘든 삶을 바쳤습니다!"
"Even with your great teacher, I prefer things over the words"
"위대한 선생님이 계시더라도 나는 말보다 물질을 더 좋아한다"
"I place more importance on his acts and life than on his speeches"
"나는 그의 말보다 그의 행동과 삶을 더 중요하게 여긴다"

"I value the gestures of his hand more than his opinions"
"나는 그의 의견보다 그의 손짓을 더 소중히 여긴다"
"for me there was nothing in his speech and thoughts"
"나에게는 그의 말과 생각에 아무것도 없었다"
"I see his greatness only in his actions and in his life"
"나는 그의 위대함을 그의 행동과 삶에서만 봅니다"

For a long time, the two old men said nothing
두 노인은 오랫동안 아무 말도 하지 않았다.
Then Govinda spoke, while bowing for a farewell
그러자 고빈다는 작별 인사를 하며 말했다.
"I thank you, Siddhartha, for telling me some of your thoughts"
"시다르타, 당신의 생각을 좀 들려주셔서 감사합니다."
"These thoughts are partially strange to me"
"이런 생각은 나에게 부분적으로 이상해요"
"not all of these thoughts have been instantly understandable to me"
"이러한 생각들 중 모든 것이 나에게 즉시 이해되는 것은 아니다"
"This being as it may, I thank you"
"이게 어찌된 일인지, 나는 당신에게 감사드립니다"
"and I wish you to have calm days"
"그리고 나는 당신이 평화로운 하루를 보내길 바랍니다"
But secretly he thought something else to himself
그러나 그는 속으로 다른 생각을 했습니다.
"This Siddhartha is a bizarre person"
"이 시다르타는 이상한 사람이다"
"he expresses bizarre thoughts"
"그는 기괴한 생각을 표현한다"
"his teachings sound foolish"
"그의 가르침은 어리석은 것 같다"
"the exalted one's pure teachings sound very different"
"고귀한 자의 순수한 가르침은 매우 다르게 들린다"
"those teachings are clearer, purer, more comprehensible"

"그 가르침은 더 명확하고, 더 순수하고, 더 이해하기 쉽습니다"
"there is nothing strange, foolish, or silly in those teachings"
"그 가르침에는 이상하거나 어리석거나 어리석은 것이 전혀 없습니다"
"But Siddhartha's hands seemed different from his thoughts"
"그러나 시다르타의 손은 그의 생각과 달랐다"
"his feet, his eyes, his forehead, his breath"
"그의 발, 그의 눈, 그의 이마, 그의 숨결"
"his smile, his greeting, his walk"
"그의 미소, 그의 인사, 그의 걸음걸이"
"I haven't met another man like him since Gotama became one with the Nirvana"
"고타마께서 열반과 하나가 되신 이후로 저는 그와 같은 사람을 만난 적이 없습니다."
"since then I haven't felt the presence of a holy man"
"그 이후로 나는 거룩한 사람의 존재를 느낀 적이 없습니다"
"I have only found Siddhartha, who is like this"
"나는 이런 시다르타만 찾았어요"
"his teachings may be strange and his words may sound foolish"
"그의 가르침은 이상할 수도 있고 그의 말은 어리석게 들릴 수도 있다"
"but purity shines out of his gaze and hand"
"그러나 그의 시선과 손에서 순수함이 빛난다"
"his skin and his hair radiates purity"
"그의 피부와 머리카락은 순수함을 발산한다"
"purity shines out of every part of him"
"그의 모든 부분에서 순수함이 빛난다"
"a calmness, cheerfulness, mildness and holiness shines from him"
"그에게서는 평온함, 명랑함, 온유함, 거룩함이 빛난다"
"something which I have seen in no other person"

"내가 다른 사람에게서 본 적이 없는 것"
"I have not seen it since the final death of our exalted teacher"
"저는 우리의 고귀한 스승의 마지막 죽음 이후로 그것을 보지 못했습니다"
While Govinda thought like this, there was a conflict in his heart
고빈다가 이렇게 생각하는 동안 그의 마음속에는 갈등이 있었습니다.
he once again bowed to Siddhartha
그는 다시 한번 시다르타에게 절을 했습니다.
he felt he was drawn forward by love
그는 사랑에 이끌리는 것을 느꼈다
he bowed deeply to him who was calmly sitting
그는 침착하게 앉아 있는 그에게 깊이 절을 했습니다.
"Siddhartha," he spoke, "we have become old men"
"시다르타," 그는 말했다, "우리는 노인이 되었군요"
"It is unlikely for one of us to see the other again in this incarnation"
"이번 생에서 우리 중 한 사람이 다른 사람을 다시 볼 가능성은 거의 없습니다."
"I see, beloved, that you have found peace"
"사랑하는 이여, 당신이 평화를 찾았다는 것을 봅니다"
"I confess that I haven't found it"
"나는 그것을 찾지 못했다고 고백합니다"
"Tell me, oh honourable one, one more word"
"오 존경하는 분, 한 마디만 더 말씀해 주십시오"
"give me something on my way which I can grasp"
"내가 잡을 수 있는 무언가를 내게 주세요"
"give me something which I can understand!"
"내가 이해할 수 있는 것을 주세요!"
"give me something I can take with me on my path"
"내 길에 가져갈 수 있는 무언가를 줘"
"my path is often hard and dark, Siddhartha"
"내 길은 종종 힘들고 어둡습니다, 시다르타"

Siddhartha said nothing and looked at him
시다르타는 아무 말도 하지 않고 그를 바라보았다.
he looked at him with his ever unchanged, quiet smile
그는 변함없이 조용한 미소로 그를 바라보았다.
Govinda stared at his face with fear
고빈다는 두려움에 사로잡혀 그의 얼굴을 응시했다.
there was yearning and suffering in his eyes
그의 눈에는 그리움과 고통이 있었다
the eternal search was visible in his look
그의 표정에는 영원한 탐색이 드러났다
you could see his eternal inability to find
당신은 그가 영원히 찾을 수 없다는 것을 볼 수 있었습니다.
Siddhartha saw it and smiled
시다르타는 그것을 보고 미소지었다.
"Bend down to me!" he whispered quietly in Govinda's ear
"내게 몸을 숙여!" 그는 고빈다의 귀에 조용히 속삭였다.
"Like this, and come even closer!"
"이렇게 하고, 더 가까이 와요!"
"Kiss my forehead, Govinda!"
"내 이마에 키스해줘, 고빈다!"
Govinda was astonished, but drawn on by great love and expectation
고빈다는 놀랐지만 큰 사랑과 기대에 이끌렸습니다.
he obeyed his words and bent down closely to him
그는 그의 말을 따르고 그에게 가까이 몸을 숙였습니다.
and he touched his forehead with his lips
그리고 그는 입술로 이마를 만졌다
when he did this, something miraculous happened to him
그가 이렇게 했을 때, 그에게 기적적인 일이 일어났습니다.
his thoughts were still dwelling on Siddhartha's wondrous words
그의 생각은 여전히 시다르타의 경이로운 말씀에 머물고 있었습니다.

he was still reluctantly struggling to think away time
그는 여전히 마지못해 시간을 보내는 데 어려움을 겪고 있었습니다.
he was still trying to imagine Nirvana and Sansara as one
그는 여전히 니르바나와 산사라를 하나로 상상하려고 노력하고 있었습니다.
there was still a certain contempt for the words of his friend
그의 친구의 말에 대한 어느 정도의 경멸이 여전히 있었습니다.
those words were still fighting in him
그 말은 아직도 그에게서 싸우고 있었다
those words were still fighting against an immense love and veneration
그 말은 여전히 엄청난 사랑과 존경에 맞서 싸우고 있었습니다.
and during all these thoughts, something else happened to him
그리고 이 모든 생각들 중에 그에게 또 다른 일이 일어났습니다.
He no longer saw the face of his friend Siddhartha
그는 더 이상 친구 시다르타의 얼굴을 보지 못했습니다.
instead of Siddhartha's face, he saw other faces
그는 시다르타의 얼굴 대신 다른 얼굴을 보았습니다.
he saw a long sequence of faces
그는 긴 일련의 얼굴을 보았다
he saw a flowing river of faces
그는 얼굴들의 흐르는 강을 보았다
hundreds and thousands of faces, which all came and disappeared
수백, 수천 개의 얼굴들이 나타났다 사라졌다
and yet they all seemed to be there simultaneously
그런데 그들은 모두 동시에 거기에 있는 것 같았습니다.
they constantly changed and renewed themselves
그들은 끊임없이 변화하고 스스로를 새롭게 했습니다

they were themselves and they were still all Siddhartha's face
그들은 그들 자신이었고 여전히 모두 시다르타의 얼굴이었습니다.

he saw the face of a fish with an infinitely painfully opened mouth
그는 무한히 고통스럽게 입을 벌린 물고기의 얼굴을 보았다

the face of a dying fish, with fading eyes
죽어가는 물고기의 얼굴, 희미해지는 눈

he saw the face of a new-born child, red and full of wrinkles
그는 새로 태어난 아이의 얼굴을 보았는데 얼굴이 빨갛고 주름이 가득했다.

it was distorted from crying
울음으로 인해 왜곡되었다

he saw the face of a murderer
그는 살인자의 얼굴을 보았다

he saw him plunging a knife into the body of another person
그는 그가 다른 사람의 몸에 칼을 꽂는 것을 보았습니다.

he saw, in the same moment, this criminal in bondage
그는 같은 순간에 이 범죄자가 속박되어 있는 것을 보았습니다.

he saw him kneeling before a crowd
그는 그가 군중 앞에 무릎을 꿇고 있는 것을 보았다

and he saw his head being chopped off by the executioner
그리고 그는 사형 집행자가 자신의 머리를 잘리는 것을 보았습니다.

he saw the bodies of men and women
그는 남자와 여자의 몸을 보았다

they were naked in positions and cramps of frenzied love
그들은 광란의 사랑의 자세와 경련 속에서 벌거벗고 있었습니다.

he saw corpses stretched out, motionless, cold, void

그는 시체들이 뻗어 있고 움직이지 않고 차갑고 공허한 것을 보았습니다.

he saw the heads of animals
그는 동물의 머리를 보았다

heads of boars, of crocodiles, and of elephants
멧돼지, 악어, 코끼리의 머리

he saw the heads of bulls and of birds
그는 황소와 새의 머리를 보았습니다.

he saw gods; Krishna and Agni
그는 신을 보았습니다; 크리슈나와 아그니

he saw all of these figures and faces in a thousand relationships with one another
그는 이 모든 인물과 얼굴들이 서로 수천 가지의 관계를 맺고 있는 것을 보았습니다.

each figure was helping the other
각 인물은 서로를 돕고 있었습니다

each figure was loving their relationship
각 인물은 그들의 관계를 사랑하고 있었습니다

each figure was hating their relationship, destroying it
각자의 관계를 미워하고 파괴하고 있었습니다.

and each figure was giving re-birth to their relationship
그리고 각각의 인물들은 그들의 관계를 다시 태어나게 했습니다.

each figure was a will to die
각각의 인물은 죽음에 대한 의지였다

they were passionately painful confessions of transitoriness
그것은 덧없는 삶에 대한 열정적이고 고통스러운 고백이었습니다.

and yet none of them died, each one only transformed
그러나 그들 중 아무도 죽지 않았고 각자는 단지 변형되었습니다.

they were always reborn and received more and more new faces
그들은 항상 다시 태어나고 점점 더 많은 새로운 얼굴을 받았습니다.

no time passed between the one face and the other
한 얼굴과 다른 얼굴 사이에는 시간이 흐르지 않았다
all of these figures and faces rested
이 모든 인물과 얼굴들은 쉬고 있었습니다
they flowed and generated themselves
그들은 흐르고 스스로를 생성했습니다
they floated along and merged with each other
그들은 떠다니며 서로 합쳐졌습니다.
and they were all constantly covered by something thin
그리고 그들은 항상 얇은 무언가로 덮여 있었습니다.
they had no individuality of their own
그들은 그들만의 개성이 없었다
but yet they were existing
하지만 그들은 존재하고 있었다
they were like a thin glass or ice
그들은 얇은 유리나 얼음과 같았다
they were like a transparent skin
그들은 마치 투명한 피부 같았어요
they were like a shell or mould or mask of water
그들은 물의 껍질이나 곰팡이 또는 가면과 같았습니다.
and this mask was smiling
그리고 이 가면은 웃고 있었어요
and this mask was Siddhartha's smiling face
그리고 이 가면은 시다르타의 웃는 얼굴이었습니다.
the mask which Govinda was touching with his lips
고빈다가 입술로 만지고 있던 가면
And, Govinda saw it like this
그리고 고빈다는 이것을 이렇게 보았습니다.
the smile of the mask
가면의 미소
the smile of oneness above the flowing forms
흐르는 형태 위의 일체감의 미소
the smile of simultaneousness above the thousand births and deaths
천생사(千生死) 위에 동시의 미소

the smile of Siddhartha's was precisely the same
시다르타의 미소는 정확히 똑같았습니다.
Siddhartha's smile was the same as the quiet smile of Gotama, the Buddha
시다르타의 미소는 부처님인 고타마의 고요한 미소와 같았습니다.
it was delicate and impenetrable smile
그것은 섬세하고 뚫을 수 없는 미소였다
perhaps it was benevolent and mocking, and wise
아마도 그것은 자애롭고 조롱하는 것이었고 현명한 것이었을 것이다.
the thousand-fold smile of Gotama, the Buddha
고타마 부처님의 천배의 미소
as he had seen it himself with great respect a hundred times
그가 그것을 큰 존경심으로 백 번이나 직접 보았듯이
Like this, Govinda knew, the perfected ones are smiling
이렇게 고빈다는 알았다, 완전한 자들은 미소 짓는다
he did not know anymore whether time existed
그는 더 이상 시간이 존재하는지 알지 못했다
he did not know whether the vision had lasted a second or a hundred years
그는 그 환상이 1초 동안 지속되었는지 아니면 100년 동안 지속되었는지 알지 못했습니다.
he did not know whether a Siddhartha or a Gotama existed
그는 시다르타나 고타마가 존재하는지 몰랐다
he did not know if a me or a you existed
그는 나 또는 당신이 존재하는지 몰랐다
he felt in his as if he had been wounded by a divine arrow
그는 마치 신의 화살에 맞아 상처받은 것 같은 기분을 느꼈다.
the arrow pierced his innermost self
화살은 그의 가장 깊은 자아를 꿰뚫었다
the injury of the divine arrow tasted sweet
신의 화살에 맞은 상처는 달콤했다
Govinda was enchanted and dissolved in his innermost self

고빈다는 자신의 가장 깊은 자아에 매료되어
녹아내렸습니다.
he stood still for a little while
그는 잠시 동안 꼼짝도 하지 않았다
he bent over Siddhartha's quiet face, which he had just kissed
그는 방금 키스한 시다르타의 조용한 얼굴 위로 몸을 숙였다.
the face in which he had just seen the scene of all manifestations
그가 방금 모든 현상의 장면을 본 얼굴
the face of all transformations and all existence
모든 변화와 모든 존재의 얼굴
the face he was looking at was unchanged
그가 바라보는 얼굴은 변함이 없었다
under its surface, the depth of the thousand folds had closed up again
그 표면 아래에는 천개의 주름의 깊이가 다시 닫혀 있었습니다.
he smiled silently, quietly, and softly
그는 조용히, 조용히, 부드럽게 미소지었다
perhaps he smiled very benevolently and mockingly
아마도 그는 매우 자애롭고 조롱조로 웃었을 것이다
precisely this was how the exalted one smiled
이것이 바로 고귀한 분이 미소 짓는 방식이었습니다.
Deeply, Govinda bowed to Siddhartha
고빈다는 시다르타에게 깊이 절을 했습니다.
tears he knew nothing of ran down his old face
그가 전혀 알지 못했던 눈물이 그의 늙은 얼굴에 흘러내렸다.
his tears burned like a fire of the most intimate love
그의 눈물은 가장 친밀한 사랑의 불처럼 타올랐다
he felt the humblest veneration in his heart
그는 마음속으로 가장 겸손한 경의를 느꼈다
Deeply, he bowed, touching the ground

그는 깊이 몸을 숙여 땅을 만졌다.
he bowed before him who was sitting motionlessly
그는 움직이지 않고 앉아 있는 그 사람 앞에 절을 했다
his smile reminded him of everything he had ever loved in his life
그의 미소는 그가 인생에서 사랑했던 모든 것을 떠올리게 했다.
his smile reminded him of everything in his life that he found valuable and holy
그의 미소는 그에게 삶에서 소중하고 신성하다고 생각되는 모든 것을 상기시켰습니다.

www.ingramcontent.com/pod-product-compliance
Lightning Source LLC
Chambersburg PA
CBHW012001090526
44590CB00026B/3812